国境と少数民族

落合雪野 編著　めこん

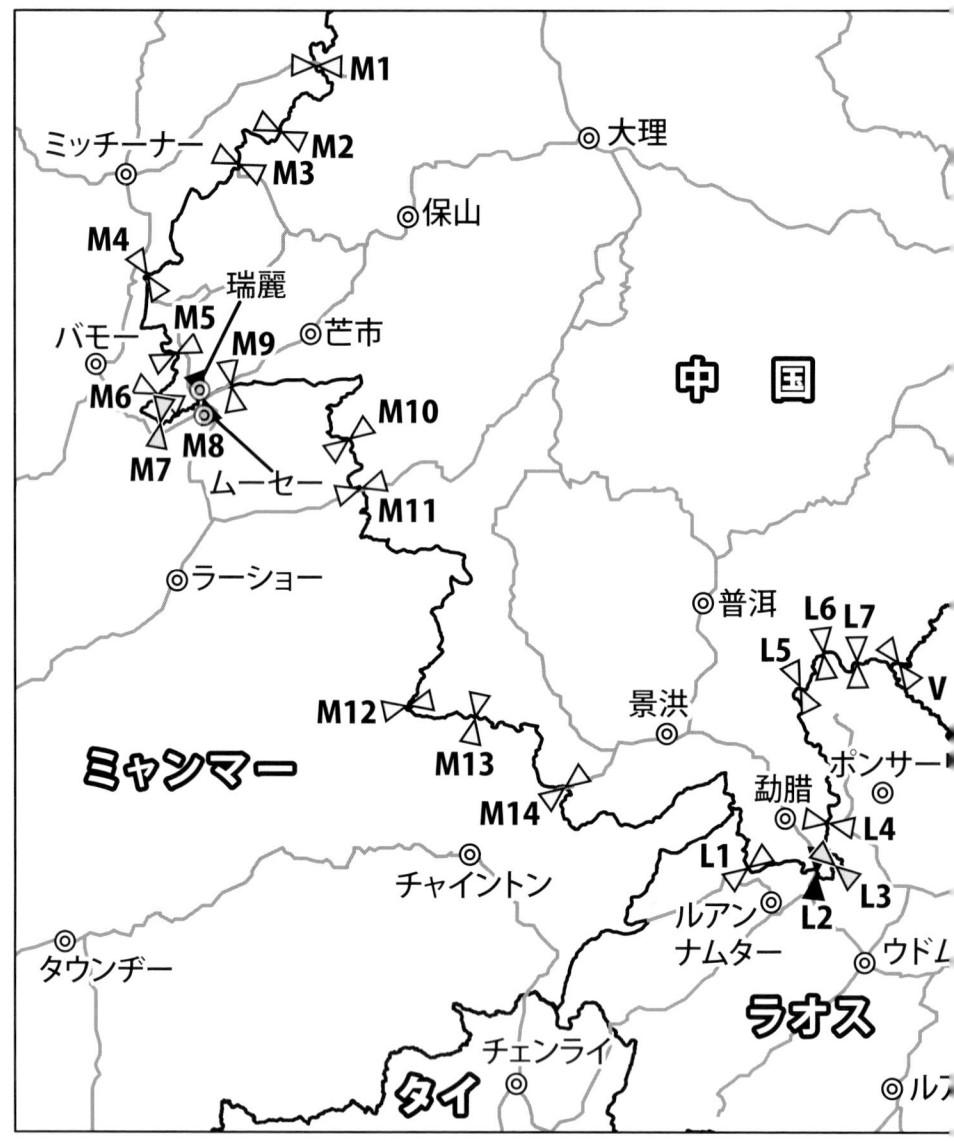

ミャンマー・ラオス・ベトナムと中国の国境ゲート

* 畢世鴻, 2012.「国境地域の少数民族勢力をめぐる中国・ミャンマー関係」
工藤年博編『ミャンマー政治の実像―軍政23年の功罪と新政権のゆくえ』アジア経済研究所

ミャンマーと中国の国境ゲート
M1: チブウィ（カチン州）
M2: パンワー（カチン州）
M3: カンパイティー（カチン州）
M4: ライザ（カチン州）
M5: ルゥエジェー（カチン州）―
　　拉影（雲南省徳宏傣族景頗族自治州）
M6: パンワイン（シャン州）
M7: ナンカン（シャン州）
M8: ムーセー（シャン州）―瑞麗（雲南省徳宏傣族景頗族自治州）

M9: チューゴゥッパンサイ（シャン州）―
　　碗町（雲南省徳宏傣族景頗族自治州）
M10: ラウカイ（シャン州）
M11: チンシュエハー（シャン州）
M12: パンカン（シャン州）
M13: モンピン（シャン州）
M14: モンラー（シャン州）―打洛（雲南省西双版納傣族自治州）

ラオスと中国の国境ゲート
L1: パンハイ（ルアンナムター県）
L2: ボーテン（ルアンナムター県）―

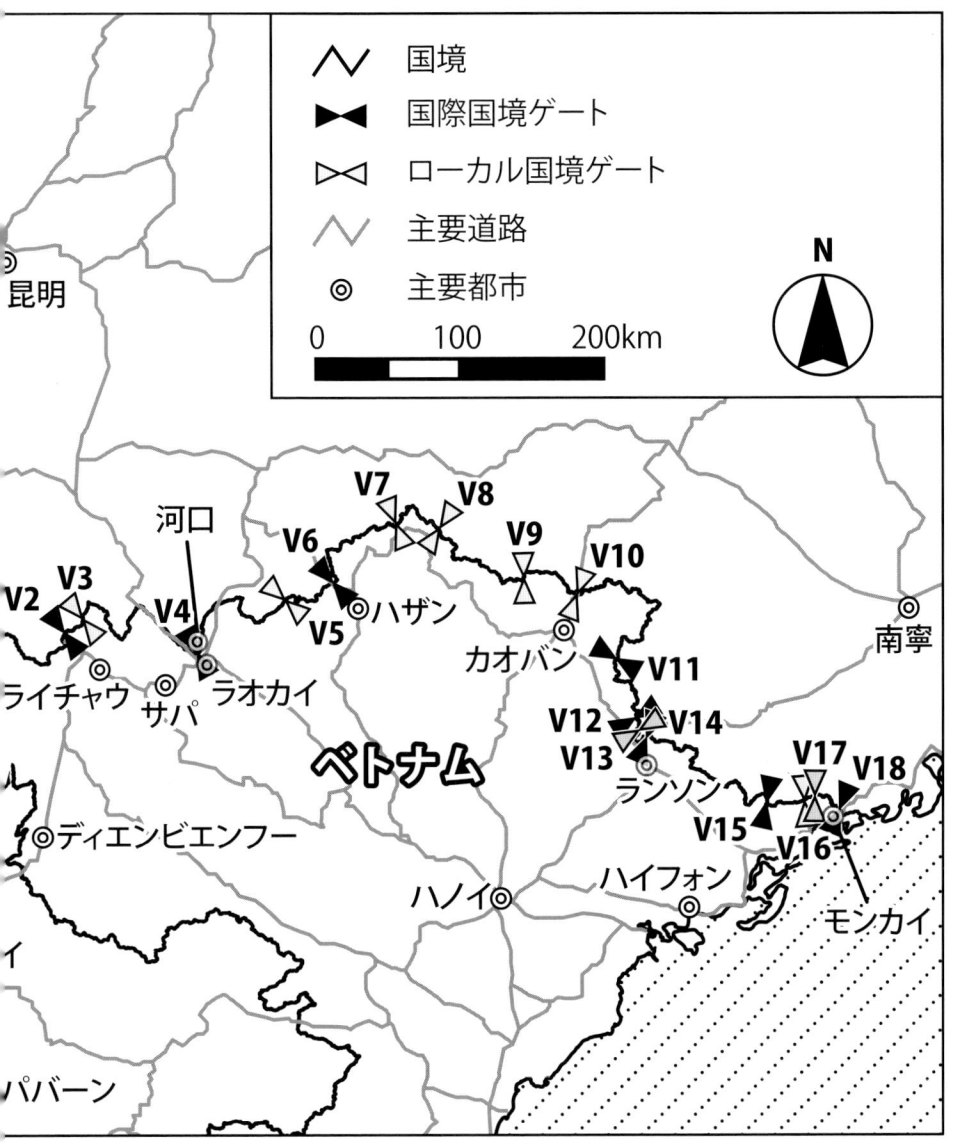

磨憨（雲南省西双版納傣族自治州）
L3: メーオチャイ（ウドムサイ県）
L4: パーカー（ポンサーリー県）
L5: パチャー（ポンサーリー県）
L6: ラーントゥイ（ポンサーリー県）
L7: メンクァポン（ポンサーリー県）

ベトナムと中国の国境ゲート
V1: アパチャー（ディエンビエン省）
V2: マールータン（ライチャウ省）―
　　金水河（雲南省紅河哈尼族彝族自治州）
V3: ヌンタン（ライチャウ省）
V4: ラオカイ（ラオカイ省）―
　　河口（雲南省紅河哈尼族彝族自治州）
V5: シンマン（ハザン省）

V6: タイントゥイ（ハザン省）―
　　天保（雲南省文山荘族苗族自治州）
V7: フォーバン（ハザン省）
V8: サムプン（ハザン省）
V9: ソックザン（カオバン省）
V10: チャーリン（カオバン省）
V11: タールン（カオバン省）―水口（広西荘族自治区崇左市）
V12: タンタイン（ランソン省）―浦寨（広西荘族自治区崇左市）
V13: コックナム（ランソン省）
V14: ヒウギ（ランソン省）―友誼（広西荘族自治区崇左市）
V15: ホアインモー（クアンニン省）―
　　洞中（広西荘族自治区崇左市）
V16: バックポンシン（クアンニン省）
V17: ポーヘン（クアンニン省）
V18: モンカイ（クアンニン省）―東興（広西荘族自治区防城港市）

❖ 目次 ❖

はじめに──国境と少数民族をめぐる背景 ……………… 落合雪野　7

（1）国境域の成り立ち ……………………………………………… 8
（2）少数民族の成り立ち …………………………………………… 12
（3）国境域の変化 …………………………………………………… 15
（4）本書のねらいと構成 …………………………………………… 17

第1部　国境域の特徴

第1章　ミャンマー国境域　………………………… 松田正彦　25

（1）ビルマの「管区」と少数民族の「州」 ……………………… 25
（2）内戦と違法活動 ………………………………………………… 27
（3）国境域の繁栄 …………………………………………………… 29
（4）開かれる国境域 ………………………………………………… 32

第2章　ベトナム国境域　…………………………… 柳澤雅之　33

（1）海の国境と陸の国境 …………………………………………… 33
（2）越北地方と西北地方 …………………………………………… 36
（3）少数民族とキンの新しい統合過程 …………………………… 39

第3章　ラオス国境域　……………………………… 横山　智　43

（1）「内陸国」の誕生 ……………………………………………… 44
（2）周辺から孤立する国へ ………………………………………… 44
（3）「周辺と結ばれる国」への転換 ……………………………… 45
（4）ローカル国境ゲートと国際国境ゲート ……………………… 46
（5）グローバル化時代の国境の機能 ……………………………… 47

第4章　国境の人びと　……………………… ボナンノ・ジャンルカ　53

（1）瑞麗とムーセー ………………………………………………… 53
（2）河口とラオカイ ………………………………………………… 58

第2部 生業

第1章 ミャンマーと中国の国境域 ……………… 松田正彦・柳澤雅之 65

第1節 豊かな農村のつくりかた　　松田正彦 65
（1）闘う少数民族 …………………………………………………… 65
（2）辺境で実現した近代的な稲作 ………………………………… 69
（3）稲作から解き放たれた人びと ………………………………… 82
（4）おわりに ………………………………………………………… 90

第2節 漢人・地方政府と結びついた農業生産　　柳澤雅之 95
（1）瑞麗市と国境 …………………………………………………… 95
（2）農村の暮らし …………………………………………………… 99
（3）国境域に暮らす ………………………………………………… 104

第2章 ベトナムと中国の国境域 ……………………… 柳澤雅之 105

第1節 国家の力、国境の力　　柳澤雅之 105
（1）ベトナムの少数民族として生きる …………………………… 105
（2）ローカルネットワークの時代──1990年代まで …………… 110
（3）ベトナム国の一地方として──2000年代以降 ……………… 118
（4）生産と消費に見るベトナムと中国 …………………………… 125
（5）おわりに ………………………………………………………… 127

第2節 商品経済の浸透との農業　　柳澤雅之 129

第3章 ラオスと中国の国境域 ………………………… 横山 智 134

国境の弾力性と農民の生業変化
（1）ラオス国境域の動態と少数民族 ……………………………… 134
（2）乾季水田裏作での契約栽培 …………………………………… 137
（3）常畑での契約栽培 ……………………………………………… 146
（4）国境を往来する人とモノ ……………………………………… 156
（5）契約栽培の進展と農民の対応 ………………………………… 162

第3部　生活

第1章　着る　　　　　　　　　　　　　　　　　　　　　　　　落合雪野　169

民族衣装とその素材をめぐるつながり

- (1) 衣食住の衣　　　　　　　　　　　　　　　　　　　　　　　169
- (2) アカと哈尼　　　　　　　　　　　　　　　　　　　　　　　172
- (3) カチンと景頗　　　　　　　　　　　　　　　　　　　　　　178
- (4) シャンと傣　　　　　　　　　　　　　　　　　　　　　　　185
- (5) スタイルと伝統を作り続ける　　　　　　　　　　　　　　　195

第2章　眠る　　　　　　　　　　　　　　　　　　白川千尋・落合雪野　199

第1節　土着の蚊帳、国境を越える蚊帳　　　　　　　　　　白川千尋　199

- (1) なぜ蚊帳なのか　　　　　　　　　　　　　　　　　　　　　199
- (2) 土着の蚊帳　　　　　　　　　　　　　　　　　　　　　　　201
- (3) 蚊帳の使用状況　　　　　　　　　　　　　　　　　　　　　205
- (4) 使われなくなる土着の蚊帳　　　　　　　　　　　　　　　　212
- (5) 「近代的な蚊帳」　　　　　　　　　　　　　　　　　　　　　217
- (6) 国境を越える蚊帳を使いこなす人びと　　　　　　　　　　　224

第2節　傣の染織と蚊帳　　　　　　　　　　　　　　　　　落合雪野　228

あとがき　　　　　　　　　　　　　　　　　　　　　　　　　　　　　233

索引　　　　　　　　　　　　　　　　　　　　　　　　　　　　234

はじめに──国境と少数民族をめぐる背景

落合雪野

　本書の目的は、ミャンマー、ラオス、ベトナムが中国と国境を接する東南アジア大陸部の国境域を対象に、東南アジアと中国のはざまで暮らす少数民族が、国家からの政治的、経済的、文化的影響を受けながらも、自らの生業や生活を能動的に変化させ、多様な生存戦略を構成していく、そのプロセスを明らかにすることにある。

　これまで国境域の少数民族は、政治的に、また経済的に国家の周縁に位置づけられ、不利な状況を余儀なくされた人びととしてとらえられてきた。ところが、中国との国境域に居住する少数民族は、中国の政策や経済発展を背景に、開発や投資の恩恵を受け、情報や技術を吸収できるという好条件を得ることとなった。国境域は、このような意味では、最先端の場所となったのである。

　国境域の少数民族は、自分たちを領域に取り込んだ国家からも、また、隣接する中国からも、政治的、経済的、文化的圧力を確かに受けている。しかし、日常生活においては、次々に流れ込んでくる、人、モノ、資金、情報、技術を吟味し、評価し、選択して、自らのアドバンテージをしたたかに確立しつつある。これまでは、伝統的な暮らしを維持する人びととしての側面が強調されることの多かった少数民族であるが、国境域においては、むしろ生業や生活のあり方を主体的に作り変え、多様な生存のための戦略を紡ぎだしているのである。

　本書では、12本の論考によって、国境域の少数民族に関する変化のプロセスを明らかにしていく。そのためのイントロダクションとなる本稿では、まず、国境域という場所、そして、少数民族と呼ばれる人びとについて、それぞれの成り立ちを紹介する。次いで、最近の中国の政策や経済発展のもとで、国境域にどのような変化が生じているのか、その概要について見ておく。最後に12本の論考の構成を紹介し、本書のねらいについてまとめておきたい。

(1)国境域の成り立ち

❖国境線と行政区

　最初に、本書が対象とする地域について、巻頭の地図「ミャンマー・ラオス・ベトナムと中国の国境ゲート」で、その位置と範囲を見ておくことにしよう。ユーラシア大陸の東部に位置する東南アジア、その大陸部の北端に、ミャンマー、ラオス、ベトナムと中国の国境域が、東西約1000km、南北約800kmにわたって広がる。この国境域の東南アジア側を、国家とその行政区に分けると、3ヵ国10行政区、つまりミャンマーのカチン州、シャン州、ラオスのルアンナムター県、ウドムサイ県、ポンサーリー県、ホアパン県、ベトナムのディエンビエン省、ライチャウ省、ラオカイ省、ハザーン省となる。また、ミャンマーからラオス、ベトナムへ、中国との国境線をつないでいくと、その総延長はおよそ4000kmもの距離になる。

　一方、中国側では、中国22省のうちの1つ、雲南(ユンナン)省がミャンマー、ラオス、ベトナムとの境の大部分を占めている。ただし、1つの省といっても、雲南省は大きい。面積は約39万4000㎢、日本とほぼ同じ広さがあり、省都昆明(クンミン)市をはじめとする9市と8自治州が置かれている。このうち、徳宏傣族景頗族自治州(ダーホンタイジンポー)(以下徳宏州)、臨滄(リンツァン)市、普洱(プーアル)市と西双版納傣族自治州(シーシュアンバンナ)(以下西双版納州)の一部がミャンマーと、普洱市と西双版納州の一部がラオスと、紅河哈尼族彝族自治州(ホンフーハニイ)(以下紅河州)と文山壮族苗(ウェンシャンチアンミャオ)族自治州がベトナムと、それぞれ国境を接している。さらに、ベトナムと中国の国境の最東端は、広西壮族自治区(グワンシー)にあたる。

　この国境域では、東南アジア側と中国側とで、人口分布に大きな差がある。東南アジア諸国の人口は、ミャンマーが5729万人、ラオスが586万人、ベトナムが8738万人である［池端2008］。これに対して、雲南省の人口は4500万人、つまり、雲南省1省に、東南アジアの一国家に匹敵する数の人が住んでいる。このような人口の不均衡は、この国境域の特徴の1つである。

❖国境線と国境ゲート

　それでは、国境の風景を眺めてみることにしよう。写真1には、山並みと集落、水田、川の流れが写っている。なにげない農村の風景だが、この中にミャンマーと中国の国境線が横たわっている。この川(南碗河)(ナンワン)の向こうはミャンマー、シャン州の領域、川

写真1　国境域の風景（雲南省徳宏州、2010年8月）

の手前は雲南省徳宏州の領域である。

　この風景に代表されるように、ミャンマー、ラオス、ベトナムと中国の国境線の大部分は、森林や河川、集落、耕地などの上にある。国境ゲートは、国境線と道路が交わる数少ない地点だけに作られている。国境ゲート以外の長い国境線、そのすべてにわたって壁や柵、金網などの障害物、あるいは看板や立て札などが設置されるわけではない。実際のところ、国境線は人の行き来を阻んではおらず、人びとが仕事や買い物のために、日常的に自由に「外国」にでかけるといったことが行なわれている。

　次に、国境ゲートに立ってみることにしよう。国境ゲートには2種類がある。そして、その管理や周囲の景観が異なっている。

　まず、国家が管理する国境ゲートがある（写真2）。本書では、これを国際国境ゲートと呼ぶことにする。国際国境ゲートの特徴は、パスポートや通行許可証を取得した両国の国民や、パスポートを所持した外国人に対して、基本的には通過が認められていることにある。そのため、パスポートや通行許可証を係官がチェックし、出入国手続きを行なうための検問所が整えられている。また、国家ゲートは物流の要所でもある。そこに至る道は幹線道路として整備され、トラックで物資が輸送される。ゲー

写真2　国際国境ゲート、磨憨(モーハン)(雲南省西双版納州、2011年3月)

写真3　中国、ラオス、タイ国際市場(雲南省西双版納州、2011年3月)

写真4　メーオチャイのローカル国境ゲートに至る道路（ラオス、ウドムサイ県、2004年8月）

トの周辺に経済特区や国際市場が設定される（写真3）。

　続いて、地方自治体が管理する国境ゲートがある。本書では、これをローカル国境ゲートと呼ぶことにする。ローカル国境ゲートでは、周辺の住民や通行許可証を得た両国民は通過できるが、外国人は基本的に通過することができない。また、通過した人の行動範囲が両国内の一定の範囲に限定されることが多い。つまり、ゲートを通過したからといって、そこから先に自由に移動できるわけではない。ゲートには出入国手続きを行なうための検問所が設置されているが、国際国境ゲートに比べて小規模である。また、周辺に特別な施設などはほとんどない。集落や森林の中の細い道を進んでいくと、ゲートがいきなり出現することもある（写真4）。

　なお、ミャンマーには、国家や地方自治体が管理するゲート以外に、少数民族組織が独自に管理するゲートが存在する。これは、ミャンマーの領域内に少数民族組織の実効支配地域があり、そこを通過しないと中国との国境に至らない場合に設置されるものである。例えば、私たちが2009年8月にミャンマーで調査した時点では、カチン州と徳宏州の間に、カチン独立機構（Kachin Independent Organization, KIO）が管理するゲートがあった。

国家の境目であることがほとんど意識されず、人びとが自由に行き来する国境線と、国家や地方自治体などの存在が如実に示され、人やモノの移動を管理する国境ゲート、この線と点の対比が、もう1つの国境域の特徴である。

(2) 少数民族の成り立ち

❖近代国家の成立

　東南アジア大陸部の北端には、標高1000mから2000mほどのなだらかな山々が続いている。その間には、エーヤーワディー川、タンルウィン川、チャオプラヤー川、メコン川、ホン川（紅河）などの大河川とその支流が北から南に海岸線に向かって流れる。また山地の間にはいくつもの盆地が点在している。

　13世紀頃、現在の中国南部からこの地に南下してきたタイ系民族は、複数の盆地に拠点を置いて王国を築き、水田での稲作を基盤とした社会を作った。一方、盆地周辺の山地には、森林から動物や植物を得たり、焼畑耕作を行なったりして生活する人びとがいた。タイ系民族の王国はこの盆地と山地をゆるやかに統治した。また、盆地と山地の人びとは産物を交換するなどして、たがいに生業を補い合う関係にあった［石井・桜井1999、ダニエルス2007］。

　当時のタイ系民族の王国では、王が一定の領土を支配するという考え方ではなく、人びとが王に従属するという考え方によって統治が行なわれていた。このため、王国の中心地から離れれば離れるほど、人びとの王への従属意識は弱まる傾向にあった。また、2つの王国の中間地点では人びとが両方の王に対して従属の意思を示すことがあった。したがって、王国が統治する領域は不明確で、複数の王国の領域が重なりあう場所も存在していた［ウィニッチャクン2003］。

　やがて19世紀に入ると、豊かな天然資源を求めて、ヨーロッパ諸国が東南アジアに進出してきた。その結果、東南アジア大陸部にはイギリス領ビルマとフランス領インドシナ連邦という2つの植民地が成立し、その間にはさまれたタイは独立を保つことになった。だが、20世紀初めには、ナショナリズムの高揚とともに、中国、タイ、ミャンマー、ラオスがそれぞれ近代国家として成立していく［石井・桜井1999、加納2012］。そのためには、ヨーロッパ諸国での国家の概念に基づいて、地図上に明確に示すことのできる領域の範囲と、その縁取りである国境線の確定が必要であった。このよう

な経緯を経て、東南アジア大陸部山地が国境線によって分けられたのである。

❖国家の中の少数民族

　東南アジア大陸部には、近代国家が成立する以前から、言語や宗教、文化の異なる多くの民族集団が居住していた。20世紀初め、東南アジア大陸部に成立した近代国家は、この多数の民族集団を国民として内包することになる。その結果、1つの国家の中に、人口の多くを占める多数者、つまり、ミャンマーのビルマ人、ラオスのラーオ人、ベトナムのキン人、中国の漢人と「それ以外」の少数者とが存在する結果を招いた。この少数者が、現在、少数民族と呼ばれる人びとである。つまり、近代国家が成立し、国境の枠の中で人口を数え、その比較ができるようになった結果、少数民族という存在が生み出されたのである。

　では、ミャンマー、ラオス、ベトナム、中国には、いくつの少数民族が住んでいるのだろうか。それぞれの国家は、住民登録や課税をする際、国民を便宜的に民族に分ける。これが国家による民族の公式認定である。その民族の数は、ミャンマーが135、ラオスが49、ベトナムが54、中国が56である。民族を分ける基準は国家によって異なり、またその基準が変更されることもあるので、この数字を単純に比較することはできない。だが、1つの国家が数多くの民族によって構成されていることは明らかである。

　さらに、ある民族集団の居住する範囲が1つの国家にまるごと取り込まれるのではなく、複数の国家の領域に分けられていることも多い。石島［2004］は、雲南省とミャンマー、ラオス、タイ、ベトナムの間で国境を越えて生活する少数民族として、イ、ハニ、タイ、チワン、ミャオ、リス、ラフ、ワ、ヤオ、チンポー、ドゥアン、プイなど15グループがあることを指摘している。同じ民族集団に帰属する人びとが、異なった国家の国民として、国境線や国境ゲートのまわりに隣接して住んでいること、これも国境域の特徴である。

❖少数民族をめぐる状況

　現在、ミャンマー、ラオス、ベトナム、中国では、それぞれの国家の多数者によって政治や経済の実権が担われている。そして、その動向がそのまま国家の動向として伝えられることが多い。少数民族は、その意味では目立たない存在である。しかし、いくつかの場面では、少数民族の存在が強調されることがある。

その1点目は、観光の対象としての少数民族である。旅行者のためのパンフレットやガイドブックには、カラフルな民族衣装を着た人の姿や、自然豊かな村の景観が紹介される。観光地では少数民族による祭りや儀礼などのイベントが開催され、テーマパークには伝統的な住居が再現される。旅行者はダンスや音楽のパフォーマンスを観賞したり、名物料理を味わったり、工芸品を買ったりすることもできる。少数民族の文化は、重要な観光資源なのである。

　2点目は、支援の対象としての少数民族である。少数民族であるがゆえに集団的な差別の対象となったり、就学や就職の機会が狭められて貧困に陥ったりする場合も少なくない。就労する人が劣悪な労働条件を強いられたり、性的労働に従事されられたりすること、乳幼児や子どもが医療や教育を十分に受けられないこともある。このような社会的弱者としての少数民族に対して、さまざまな個人や団体が支援活動を行なっている。

　3点目は、紛争の当事者としての少数民族である。ミャンマーの場合、イギリスの植民地下にあった1947年、ビルマ人の代表者アウンサンとカチン、シャンなどの少数民族の代表が話し合った結果、連邦国家として独立した際には少数民族の自治を認めるという内容で双方が合意した。だが、実際には自治は認められず、中央政府と少数民族が対立するようになった。政府と少数民族勢力との内戦がカチン州、カヤー州、カレン州などで生じ、ミャンマーから中国へ、あるいはタイへ避難した少数民族が難民となることもあった［伊東 2011、速水 2005、吉田 1995、吉田 2000、Pascal Khoo Thwe 2002］。

　4点目は、世界的な政治的対立に巻き込まれる少数民族である。ラオスでは国家が独立するまでの過程で共産主義勢力と自由主義勢力が対立し、当時の東西両陣営の冷戦構造を背景に、それぞれ北ベトナムとアメリカの援助を受けながら内戦を戦った。この時、モンの人びとがアメリカの軍事支援を受けて、最前線で戦闘に参加した結果、多くの犠牲者を出すという悲惨な事態が起きた［スチュワート-フォックス 2010、竹内 2004］。その後モンは政治難民となって海外に移住し、現在、アメリカだけでも約20万人が居住している［吉川 2013］。

　5点目は、違法行為を行なう存在としての少数民族である。ミャンマー、ラオス、タイの国境域は「ゴールデン・トライアングル」とも呼ばれ、ケシの非合法栽培が行なわれ、麻薬のアヘンが生産される場所として知られてきた。その背景には、1949年中華人民共和国の成立によってタイとミャンマーの国境方面に敗走した国民党軍がタ

イ北部に定着し、周辺の少数民族勢力と協調していく動きがあった。そして、中央政府に対抗して武装するための資金源として、アヘンが取引されてきたのである。近年、国家によるケシ栽培禁止政策が進められたが、生産物を化学合成品である覚醒剤に変えて、麻薬取引は続いている［綾部2014］。

このように、少数民族はこれまで、領域に取り込んだ国家、隣接する他の国家などの重層した影響の下に置かれてきた。その状況の中で伝えられる少数民族像は、牧歌的な少数民族、虐げられた少数民族、分断される少数民族、武装抵抗する少数民族など、ある意味極端なものであった。

(3)国境域の変化

❖中国による開発

ミャンマー、ラオス、ベトナムのそれぞれの国家の中で、少数民族は、領域の周辺部にあたる国境域に居住していることが多い。国境域はこれまで、単に国家の中心地から距離が遠いだけではなく、国家の政策や制度が浸透しにくい、インフラの整備が届きにくいなど、格差が生じやすい状況にあった。ところが、2000年以降、東南アジアと中国の国境域に中国からの政策や投資が強化され、人、モノ、資金、情報が急激に流れ込むようになった。その結果、この状況に大きな変化が生じた。

中国の国境域の開発には、次のような背景があった［畢2005］。中国国内では1980年代の改革開放路線以降、沿海地域と内陸地域の地域間格差が広がった。内陸部に位置する雲南省の場合、農民の収入は全国平均の約60%にしかすぎず、総人口の23%は貧困層である。このような状況に対処するため、1999年、中国政府は「西部大開発」戦略を正式に提起し、雲南省政府は「中国-ASEAN自由貿易地域の建設」プロジェクトを開始した。これを受けて、ミャンマー、ラオス、ベトナムは中国の政策や投資を受け入れ、その進出をサポートしつつ、自国の経済発展を図ろうとしている。

❖人、モノ、資金、情報、技術のフロー

では、最近の国境域ではどのような動向が見られるのだろう。

まず人の移動について、国境域の人びとは、親戚や知人を訪問したり、儀礼や行事に参加したりするために国境線を越えることがあった。これに加えて、モノの売り買

いや出稼ぎ、技術の習得といった目的で、盛んに移動するようになった。例えば、ラオス北部で急速に拡大しているパラゴムノキのプランテーションでは、ラオス側の住民が雲南省に出かけて行って講習を受け、パラゴムノキの栽培や管理から天然ゴムの採集や加工まで一連の技術を習得している。そして、人の移動は同時にさまざまな情報のやりとりをもたらす。固定電話をはるかにしのぐ勢いで携帯電話の普及が進み、人びとのコミュニケーションを支えている。

次に、モノの移動である。ミャンマー、ラオス、ベトナムから中国へは米、サトウキビ、熱帯性果物などの農産物や、材木、薪炭材、生薬材料などの森林産物が輸出される。また、ミャンマーから中国への特殊な輸出品に、翡翠やルビーなどの宝石がある。逆に中国からは、バイク、農機具、家庭電化製品、通信機器、衣服や寝具などの繊維製品、台所用品や洗剤などの生活雑貨、調味料や菓子類などを含めた加工食品などがもたらされる。

商取引に用いられる通貨について、ミャンマーはチャット、ラオスはキープ、ベトナムはドン、タイはバーツ、中国は元が公式の通貨で、それぞれの国家では自国の通貨を使用するのが原則である。だが国境域では、経済的優位に立つ隣国の通貨がそのまま使用されることがある。例えば、中国元は、ラオスのルアンナムター県、ウドムサイ県、ミャンマーのシャン州の一部で使用される。

人やモノの移動を支える主な交通手段は陸上交通と河川交通である。陸上交通では拡大メコン圏構想のもとで道路網の整備が進められている［柿崎2005］。その南北回廊には、雲南省昆明を起点に、ベトナムの首都ハノイ、タイの首都バンコクそれぞれを終点とする2本のルートがある。後者は途中で枝分かれし、ラオスとミャンマーの領内を通過している。ルートの一部では既にトラックによる物資の輸送や定期バスによる旅客の輸送が開始されている。河川交通では国際河川としてのメコン川が活用される。2000年に中国、ラオス、ミャンマー、タイの間で商業航行に関する自由化協定調印が結ばれた。雲南省思茅、タイのチェンラーイ県チェンセーン、ラオスのルアンパバーンの間では、貨物船が運行されている（写真5）。

最後に、国境域に域外から人や金をもたらす観光業を見ておこう。特に雲南省ではその規模が大きい［長谷川2005］。2008年には、中国国内からのべ約1億人、外国からのべ250万人の観光客が雲南省を訪れ、663億元の観光収入をもたらした［長谷2011］。また、タイのタイ人が、タイ北部チェンラーイ県からミャンマー、シャン州に出て

写真5 メコン川の水運の拠点、関累港(グワンレイ)(2011年、雲南省西双版納州)

仏教寺院を参拝する、あるいはラオス北部ボーテンの国際国境ゲートを経由して、雲南省西双版納州を訪問するなど、国境域を陸路移動して観光する場合もある。

(4)本書のねらいと構成

　ミャンマー、ラオス、ベトナムと中国との国境域における最近の状況は、中国が主導権を握り、東南アジア諸国をその政治的、経済的、文化的影響下に取り込む動きともとらえられる。しかし、北京政府と東南アジア各国政府の中央対中央の関係を離れ、国境域に焦点を当てれば、その最前線で現実に中国と向かい合っているのは少数民族である。さらに、中国雲南省に目を向けてみると、国境域に居住するのはやはり少数民族である。国境線をはさんだ両側に、同じ民族集団が暮らすことも多い。この人びとが、親族や知人の伝手を頼って経済活動を行なう。そして、それがたまたま国境線を越えたがゆえに、中国の経済圏が東南アジアの域内にまで及ぶことになったという実態もある。

　本書では、東南アジアと中国のはざまで暮らす少数民族が、国家からの政治的、

経済的、文化的影響を受けながらも、自らの生活世界を能動的に変化させる、そのプロセスを明らかにしていく。そのために、次のように構成で議論を進めていくことにする。

「第1部　国境域の特徴」では、ミャンマー、ベトナム、ラオスの国境域に関する基本的な情報を、松田正彦、柳澤雅之、横山智がそれぞれ紹介する。この3つの国では、歴史、政治、経済上の背景の違いから、それぞれに異なった特徴が見られる。それぞれの国境域の少数民族の動向を理解する上で着目すべきポイントを、ここで確認しておきたい。また、ボナンノ・ジャンルカは、国境ゲートの周辺に集まり新たな生き方を模索する人びとの様子をレポートする。

「第2部　生業」では、ミャンマー、ベトナム、ラオスのそれぞれの国境域に関する3本の論考により、少数民族が営む生業活動、特に農業に焦点を当て、それぞれの変化のありさまをたどる。

「第1章　ミャンマーと中国の国境域」の松田正彦は、ミャンマー北部のシャン州に居住する2つの少数民族シャンとパオーを取り上げる。ミャンマーでは、国の中央部に多数派民族であるビルマ人が居住する「管区」が位置し、その周辺を少数民族が居住する「州」が取り巻いている。シャンやパオーはシャン州の国境域で稲作や畑作に従事していたために、農業技術に関する情報を入手したり、農産物の販売先を確保したりすることができ、結果的に「豊かな農村」を作り上げることに成功した。これまで少数民族が居住する州では中央政府に対する抵抗が続き、武装グループによる武力紛争も生じてきたが、松田はこのシャンやパオーの生き方に「普通の人びととの無言の闘い」を見出し、その巧みな戦略を明らかにしている。

「第2章　ベトナムと中国の国境域」の柳澤雅之は、ベトナム北部ライチャウ省に居住する少数民族モンを取り上げる。ベトナムが国家として独立を果たすまでの戦争期間中、モンはフランスやアメリカ側のゲリラとなって独立勢力と対峙した。このためモンはベトナム独立後も中央政府や多数派であるキンと距離をおき、別の経済システムの中で生きてきた。そして、それを可能にしたのは、国境をはさんで雲南省紅河州に住む同じ少数民族のモンとの交流にあった。柳澤はこのようなプロセスを説明した上で、モンが中央政府と政治的経済的に統合されていく最近の様子を、農業による生産活動と定期市での消費活動に関する調査をもとに描きだす。そこには、紅河州に住む知人や親戚とのつながりがもたらす国境のメリットを維持しつつ、ベトナ

ムという国家から得られるメリットをも最大限に活用する、したたかな生き方が見出される。

「第3章　ラオスと中国の国境域」の横山智は、ラオス北部のポンサーリー県やルアンナムター県に居住する少数民族を取り上げる。ラオスの場合、ミャンマーやベトナムに比べると、中央政府と少数民族との関係は敵対的ではない。また、中央政府による管理は比較的弱い。このため雲南省からの経済進出に直面し、国境域で何らかの対応を迫られるのは県や郡レベルの地方行政と地元の農民である。例えば雲南省西双版納州のタイ・ルーがラオスのポンサーリー県を訪れ、同じタイ・ルーの農民に作物の契約栽培を持ちかける。作付けを依頼される作物の種類はめまぐるしく変わり、森林を破壊して大規模な農園を開く者も現れる。雲南省の農産物市場に隣接するという立地を活かしつつ、いかに地元の農民の立場を擁護し、また地方のルールを順守するか。横山は中国との最前線で、その変化に対応していく地方の人びとの「弾力性」を明らかにしている。

「第3部　生活」では、着ることと眠ることに関係したモノを取り上げた2本の論考で、少数民族の生活とその変化について議論する。ここでは、少数民族に影響を及ぼす国家として、中国だけでなく、タイについても取り上げる。東南アジア大陸部において植民地期から独立を保ってきたタイは、順調な経済発展を維持しつつ、ASEAN内の大国として近隣諸国へ政治的経済的影響を及ぼしている。特にその市場経済が着ることや眠ることに関するモノのやりとりにも大きく関与している。

「第1章　着る」の落合雪野は、民族衣装に着目する。少数民族の民族衣装は、実用品の衣服であると同時に、少数民族の存在を外見的に印象づけるアイコンとしての役割を持つ。ラオス北部、ミャンマーのシャン州やカチン州、雲南省の徳宏州や西双版納州の人びとは、国境を越えて流通する衣服素材を組み合わせたり、あるいは伝統とされるデザインを国境の向こうから取り入れたりして、それぞれに民族衣装を製作し続けている。さらに、タイから民族衣装の素材やデザインがもたらされることもある。落合はこのような状況を指摘し、少数民族が多所性と多数性を背景に、それぞれの伝統を柔軟に継承していくありさまを描き出す。

「第2章　眠る」の白川千尋は、蚊帳に着目する。ラオス北部では、タイ・ダムやタイ・デーンによって「伝統的な蚊帳」が製作され、夫婦が眠るための空間を確保するのに使われてきた。また最近では、政府のマラリア対策や市場経済の影響により、主

にタイで作られた「近代的な蚊帳」が流入した。「伝統的な蚊帳」は「近代的な蚊帳」に急速に置き換えられつつあるが、現在の「近代的な蚊帳」の使い方には、「伝統的な蚊帳」のプライバシー確保の機能が継承されている。白川は、2 種類の蚊帳のモノとしての特徴や使い方の対比を軸に、少数民族が主体的、能動的にモノを選択し、使いこなしていく経緯を明らかにする。

　本書では、ミャンマー、ラオス、ベトナムの少数民族の生業や生活に主眼を置きながらも、雲南省の状況を併せて伝え、その相互の関係を記述している。「第 1 部第 4 章　国境と人びと」のボナンノ・ジャンルカ、「第 2 部第 3 章　ラオスと中国の国境域」の横山智、「第 3 部第 1 章　着る」の落合雪野は、それぞれの論考の中で、雲南省の状況と対応させながら、ミャンマー国境域やラオス国境域の状況を紹介している。また、「第 2 部第 1 章第 2 節　漢人・地方政府と結びついた農業生産」ではミャンマー側のシャン州に隣接する雲南省側徳宏州の状況について、「第 2 部第 2 章 2 節　商品経済の浸透と棚田の農業」ではベトナム側のライチャウ省に隣接する雲南省側紅河省金平県の状況について、柳澤雅之がそれぞれ情報を付け加えている。また、「第 3 部第 2 章　眠る」については、落合雪野が雲南省の「伝統的な蚊帳」について報告している。

　これまで「照葉樹林文化圏」[佐々木1982]、あるいは「シャン（タイ）文化圏」[新谷1998]として把握されてきた東南アジア大陸部は、急激に変貌し、新たな様相を見せている。ミャンマー、ラオス、ベトナム、雲南省でフィールドワークを行なう中で、本書の筆者 6 名はそのことを強く感じつつ、ものごとを観察し、人びとから話を聞いてきた。特に国境域については、景観［Sturgeon 2005］、経済［石田 2010］、仏教実践［小島 2011］といった点から、研究成果が集まりつつある。このような流れを踏まえつつ、本書の筆者 6 名は、国境域のフィールドワークでの経験を社会に開くために本書を刊行し、国家による中央集権的な政策決定やグローバルな経済原理だけでは把握しえない地域の動態を、地域社会の目線から描き出すことを試みた。本書が、東南アジア大陸部の国境域という地域、そして、そこに暮らす少数民族と呼ばれる人びとについて、理解のきっかけになれば幸いである。

【参考文献】

綾部真雄．2014.「ケシの残像と生きるリスの人びと」落合雪野・白川千尋編『ものとくらしの植物誌──

東南アジア大陸部から』臨川書店.271-294.
池端雪浦他編.2008.『東南アジアを知る事典』平凡社.
石井米雄・桜井由射雄編.1999.『東南アジア史I』山川出版社.
石島紀之.2004.『雲南と近代中国――"周辺"の視点から』青木書店.
石田正美編.2010.『メコン地域国境経済をみる』アジア経済研究所.
伊東利勝編.2011.『ミャンマー概説』めこん.
ウィニッチャクン、トンチャイ（石井米雄訳）.2003.『地図がつくったタイ――国民国家誕生の歴史』明石書店.
柿崎一郎.2005.「拡大メコン圏(GMS)の交通開発――新たな『回廊』の形成に向けて」『科学』75(4):475-480.
加納啓良.2012.『東大講義 東南アジア近現代史』めこん.
小島敬裕.2011.『中国・ミャンマー国境地域の仏教実践――徳宏タイ族の上座仏教と地域社会』風響社.
佐々木高明.1982.『照葉樹林文化の道――ブータン・雲南から日本へ』NHKブックス.
新谷忠彦.1998.『黄金の四角地帯――シャン文化圏の歴史・言語・民族』慶友社.
スチュワート-フォックス、マーチン（菊池陽子訳）.2010.『ラオス史』めこん.
竹内正右.2004.『ラオスは戦場だった』めこん.
ダニエルス、クリスチャン.2007.「国境なき山地民――タイ文化圏の生態誌」『自然と文化そしてことば』3号.
長谷千代子.2011.「仏塔のある風景――雲南省徳宏州における宗教観光」『中国21』34:207-224.
長谷川清.2005.「メコン観光の行方――中国雲南省・西双版納から」『科学』75(4):460-461.
速水洋子.2005.「タイとビルマのカレン」綾部恒雄監修、林行夫・合田濤編『講座世界の先住民族――ファーストピープルズの現在 02 東南アジア』明石書店.
畢世鴻.2005.「雲南の開発――その問題と展望」『科学』75(4):470-474.
吉川太惠子.2013.『ディアスポラの民モン――時空を超える絆』めこん.
吉田敏浩.1995.『森の回廊――ビルマ辺境民族解放区の1300日』NHK出版.
────.2000.『北ビルマ、いのちの根をたずねて』めこん.
Pascal Khoo Thwe. 2002. *From the land of green ghosts*. Flamingo. London.
Sturgeon, Janet C. 2005. *Border landscape, the politics of Akha land use in China and Thailand*. Chiang Mai. Silkworm Books.

第1部

国境域の特徴

第1章
ミャンマー国境域

松田正彦

　ミャンマーにおいて少数民族は「周縁」と近い関係にある。多くの民族の暮らす東南アジア大陸部で、近代国家としてのミャンマーがビルマ人(バマー、ビルマ民族)を多数派民族として成立しているからだ。国家の形態としては連邦制をとっているが、たとえそれが機能したとしても、ある多数派民族が中心となって国を成り立たせている以上、少数派民族は政治的にも空間的にもそのまわりに配置されがちになる。つまり、ミャンマーの国境域を理解することは、この国における少数民族の動静やその変遷を把握することとほぼ同義だと言える。本稿では、歴史的な観点からミャンマーの少数民族と国境域の成り立ちと位置づけを概観するとともに、この国境域の現在を特徴づける事象を確認したい。

(1) ビルマの「管区」と少数民族の「州」

　現在、ミャンマーの国土は行政上、14に分けられている。そこには大きく2種類の行政区分がある。1つはビルマ語で「タインデータージー」と呼ばれる「地方域」である。ヤンゴン地方域やマンダレー地方域などで、これが全部で7つある。2011年までは「タイン(管区)」と称されていた区分だ。もう1つはビルマ語で「ピーネー」と呼ばれる「州」である。シャン州やカチン州などで、これも7つある。大ざっぱに言うと、現行のこれらの行政区分からミャンマーにおける「中央」と「周縁」の区分が見て取れる。

　まず、7つの地方域は、国土の地理的な中心部に相当する。国土を南北に縦断するエーヤーワディー川の中流域に広がる中央平原地帯や、下流域に形成された広大なデルタ地帯が含まれる領域である。国内の最大都市であるヤンゴン、旧王都でもある第2の都市マンダレー、そして新首都として近年建設されたネーピードーなど、この国の政治や経済の中枢を担っている都市はいずれもこの中心エリアに位置して

いる。比較的人口密度が高く、多数派民族のビルマ人が数多く暮らしている。このように、7つの地方域に相当する領域は、地理的な中央部を構成しているだけでなく、政治・経済的な中心でもある。

　一方、ミャンマーの少数民族、つまりビルマ人以外の人びとの多くは、中央にある低地を取り囲む山岳地帯で暮らしている。この国土を縁取る山地部が行政的には7つの州にあたり、それぞれの州の名称には代表的な民族の名が1つずつ冠せられている。カチン州、カレン州、カヤー州、シャン州、チン州、モン州、そしてヤカイン州である。ここでは森林など未開発の土地の占める割合が比較的高く、全体として人口密度は低い。モン州の沿岸部にあるモーラミャインを例外として、人口の集中した大きな都市はない。

　ミャンマーでは135の民族が公式に認められており、ビルマ人以外の少数民族が人口のおよそ3〜4割程度を占めてきた［伊東 2011、クレーマー 2012］。各州の中では、州名としてあげられている民族の人口が比較的多いものの、ビルマ人も含めた複数の民族が混じりあって暮らしている［伊東 2011］。現在利用できる唯一の人口センサス（1983年）によると、例えばシャン州におけるシャン人の占める人口割合は76％で、ビルマ人は11％である。カチン州におけるカチン人は38％、シャン人が24％、そしてビルマ人が29％である。逆にビルマ人が多く居住する7つの地方域においても、もちろんビルマ人だけが住んでいるわけではない。地方域においては8〜9割がビルマ人であるが、エーヤワディー地方域ではカレン人が20％を占める。このようにけっして厳密な棲み分けではないことを承知しつつも、ここでは便宜的に行政区分上の7つの地方域（管区）にあたる国家の中心的な領域を「管区ビルマ」、行政区分上の7つの州にあたる周辺領域をまとめて「少数民族州」と呼ぶ。国土の外縁部を構成している少数民族州は、当然ながら隣国との境界を持つ。よって、ミャンマーの国境域とはおおよそ少数民族州にあたる。中でも、シャン州とカチン州が本書で注目している中国との国境域に相当する。

　現在の管区ビルマと少数民族州の地理的範囲が明確化したのは、19世紀後半に始まるイギリスによる植民地支配の時代であった。イギリスはこの国を治めるにあたり、中央平原やデルタなどビルマ人の居住するエリア（Burma Proper）と少数民族の住む辺境エリア（Frontier）をはっきりと分けた。そして、前者においては植民地政府のインド総督による直接的な統治システムを適用し、一方で、後者においては在来

の少数民族社会の首長を介した間接的な統治を行なった。いわゆる「分割統治」である。1948年のミャンマー独立後に両者はそれぞれ7管区と7州に再編されたのだが、現在まで続く行政区分にはイギリス植民地時代の統治区分の名残が色濃く残っているのだ。

　管区ビルマと少数民族州の地理的範囲にそれぞれビルマ人と少数民族とが対応するという構図は、さらに長い歴史的スパンで見てみると、けっして固定的ではなかった。イギリス植民地となる以前、この土地では多くの民族が中央平原の覇権を争い、いくつかの王朝の繁栄があった。古くはピュー人による最初の国家形成がなされ、11世紀には初めてビルマ人の統一王朝であるパガン王朝が成立した。それ以降、ビルマ人が支配するタウングー王朝とコンバウン王朝の合間には、ビルマ人やシャン人、モン人などの間での対立と融和が繰り返された。19世紀、3度のイギリスとの戦争に敗れ、植民地支配を受け入れることになった時、この国を統一していたのはコンバウン王朝であった。ビルマ人によるコンバウン王朝の誇った最大版図がそのままイギリス領インドのビルマ州となった。現在ある管区ビルマと少数民族州の民族地理的な構図はここに源があると言える。また、長期にわたる民族の盛衰と移動の変遷は、現存する民族間の関係を理解しようとする際にその動的な側面に注意を払うことの重要性をも示している。

(2) 内戦と違法活動

　現代のミャンマー国境域には内戦のイメージが強くあるだろう。実際に1948年の独立以降、少数民族州は常に政治的に不安定であった。独立の直前にミャンマー建国の父と称されるアウンサンと主要な少数民族グループのリーダーが会談を持ち、少数民族の各州に自治権を与える連邦国家を目指すことに合意した。パンロン協定である。しかし結局、独立後には多くの少数民族勢力が全土にわたって激しい反政府活動を繰り広げることとなった。少数民族側はビルマ人が優越する国家システムに対して自らの権利の確保を要求してきたが、内戦が激化、そして長期化していった背景にはミャンマー国内の民族対立以外の外部要因も働いた。その1つが隣国の中国である。ミャンマーの少数民族組織の反政府活動は、中国の政治変動によって直接および間接に後押しされたのだ。まず、1950年代に中国共産党に敗れた国民党

写真1　カチン独立機構(KIO)の支配地域の中にあるミャンマー国軍の陣地。建物が竹矢来で囲われている。(2009年8月)

軍がシャン州東部に流入した。彼らはミャンマーの少数民族組織を支配下に置いて、この地域のケシ栽培とアヘン生産と販売ネットワークを構築した[吉田 2013]。1960年代前半に国民党軍が離散した後にも、残されたケシ栽培が少数民族組織に貴重な活動資金をもたらすことになった。また、1960年代後半から80年代にかけては、中国の支援を得たビルマ共産党がシャン州北部における内戦に拍車をかけた。いずれも中国と国境を接する地域であったがゆえに引き起こされた展開であろう。

　1989年から20年以上続いたミャンマー軍事暫定政権の時代にも、国軍と少数民族勢力の交戦は続いたが、一方で複数の少数民族組織と停戦・和平合意が締結された。その際、合意と引き替えに、少数民族組織は天然資源の採掘権などの経済的利権を得て[クレーマー 2012]、彼らの支配領域は「特別区」としての行政的な自治権を与えられた。さらに、ミャンマーでは20年ぶりとなった総選挙を経て2011年に登場した新政府も、積極的に少数民族組織との和平プロセスを進めようとしている。独立当時から戦闘を続けてきたカレン民族同盟(KNU)を含む、主だった反政府勢力との停戦協定が結ばれた。また、1994年に1度は停戦合意したものの2013年11

月現在は再び交戦状態にあるカチン独立機構(KIO)とも停戦交渉が続けられている(写真1)。依然として和平交渉の具体的な落としどころは明らかではないが、現在、少数民族州は過去にない安定のひと時にあると言える。

　ミャンマー国境域には無法地帯といったイメージもつきまとう。長きにわたる中央政府のガバナンスの弱さが、少数民族州での違法な経済活動を活発にさせてきたからだ。非合法な行為が反政府活動を資金的に支えてきた側面もある。いわゆるゴールデン・トライアングルの一部を成すシャン州でのケシ栽培や麻薬生産であり、カチン州における森林の違法伐採である。しかし、反政府勢力の財源を絶ちたいというミャンマー政府の思惑は、国際社会の麻薬撲滅に向けた取り組みと一致した。そして、停戦合意の進んだ2000年代に入ってからは、ケシ栽培の代替を念頭に置いた農地開発事業などの活動がミャンマー政府により少数民族州で広く展開された。麻薬撲滅への国際的な支援も取り入れながら、ケシ栽培の減少に一定の成功を得ている[吉田 2013]。この点において中国とも密接な協力関係にあり、2000年代後半からは中国政府による農村開発事業や民間企業による麻薬代替事業がシャン州とカチン州で数多く展開されている[畢 2012]。これらの動きは近年、少数民族州においてミャンマー政府をはじめとした外部者の影響力が浸透していることを表していると言える。

(3)国境域の繁栄

　このような事実から、ミャンマー国境域が経済的な発展から取り残されている様子を想像するかもしれないが、必ずしもそうではない。ミャンマー経済が社会主義時代から軍政時代にかけて低迷する一方で、隣国のタイや中国が経済発展に成功した。ミャンマーと近隣国の間で経済的な格差が広がりつつも、少数民族州、中でも国境に近いエリアではタイや中国の経済発展の恩恵を受け、むしろ管区ビルマより経済活動が活発でさえあった(写真2)。2000年代の公式統計を見ても、人びとの家計における支出額の水準が、少数民族州において国家の中心である管区ビルマよりも高くなっている。

　これは、近年の少数民族州の政治的な安定が、国境貿易をはじめとする合法的な経済活動の活発化を促してきた結果でもある。ムーセーにある中国との国際国境

写真2　ミャンマーの中国国境の町には、あちこちにミャンマーの通貨チャットと中国の通貨元を両替する者がいる（2002年12月）

写真3　ミャンマーの中国国境の町ムーセーの国境ゲート。ここは両国間の国境貿易の多くを担うメインゲートで、積み荷を満載した車両が行き来する（2004年10月）

ゲートが中央政府の管理下で公式に開かれたのは1996年である。その後、ミャンマーと中国との国境貿易は急増した(写真3)。当時、少数民族組織との停戦・和平交渉が進展したことによって、中央政府は、国境貿易の要所となるこの国境ポイントと、ここに至るまでのメインルートを管理下に入れることに成功したのだ。後に主要ルートとなったムーセー国際国境ゲートの公式な開通から10年後の2000年代半ばには、国境貿易による中国への年間輸出額はおよそ200億円に達し、輸入額は500億円を超えた(畢 2012)。

写真4　ムーセーの国際国境ゲート付近。一時的にミャンマーに入国した中国人の観光客で賑わっている(2009年8月)

　モノの流通が増大するとともに、合法的に国境を越える人びとの動きも活発化した。2009年当時、ムーセーではミャンマー国民向けに有効期間が1週間の「一時越境許可証」が1000チャット(約100円)で発行されていた。さらにムーセーに居住する者は有効期間1年間の許可証が得られる。このような制度を利用して中国とのビジネスに携わる多くの人びとが国境を行き来していた。逆に、ミャンマー側へ一時入国してくる中国人もいる(写真4)。ムーセーやナンカンといった国境の町では、観光目的にやってきた中国人グループと出会うこともある。

　他方、「非合法」な人やモノの移動も多い。国境線付近で昔から暮らす人びとにとっては、国境とは、心理的にも遠く離れた中央政府同士の都合によって後から引かれたラインである。中央政府の厳格な管理が伴わない国境線は、現地の人びととの社会的、経済的な繋がりを隔てる力を持たない。今でも川ひとつを挟んで向き合う「外国」と日常的な行き来を繰り返している人びとは多い。また、少数民族組織が管理している国境ゲートもある。例えばカチン州にはKIOの支配する国境ゲートが存在し、組織の活動資金源となってきた。これまで国境域における中央政府の干渉は弱く限定的

であったのだ。

(4)開かれる国境域

　今、ミャンマーの少数民族州は新しいフェイズに入ろうとしている。中央政府は、反政府組織との和平交渉を進めながら、経済的な要所である国境ゲートとメインルートの管理を確固たるものとしている。これらの「点」と「線」を足場として、経済活動や行政サービスによる影響力を面的に拡大させ、少数民族州は新しい国家の枠組みの中に取り込まれようとしている。今後、必ずしも中央政府と少数民族組織と和平交渉のすべてが完了せずとも、実質的に停戦の状態が続き合法的な経済活動が発展していくことで、この地域における中央政府のプレゼンスはさらに増大し、国境の管理も強まるだろう。また、これまで少数民族組織が支配力を発揮してきた「特別区」の多くは、ミャンマーの新政権が樹立した2011年以降、新憲法の定めた「自治区」として再編されようとしている。長く中央政府の介入を退けてきたミャンマー国境域にもその統制が浸透し、国境域の人びとが「中央政府」と向き合う場面も、より日常的なものになりつつある。

【引用文献】

クレーマー、トム．2012.「ミャンマーの少数民族紛争」工藤年博編『ミャンマー政治の実像――軍政23年の功罪と新政権のゆくえ』アジア経済研究所．139-166.

畢世鴻．2012.「国境地域の少数民族勢力をめぐる中国・ミャンマー関係」工藤年博編『ミャンマー政治の実像――軍政23年の功罪と新政権のゆくえ』アジア経済研究所．

吉田実．2013.「麻薬問題とその統制――中国国境地域のケシ栽培」田村克己、松田正彦編『ミャンマーを知るための60章』明石書店．274-278.

伊東利勝編．2011.『ミャンマー概説』めこん．

第2章
ベトナム国境域

柳澤雅之

　ベトナムは南北に1000km以上の細長い国土を持ち、東は南シナ海に、西は東南アジア大陸部の山地に挟まれた国である。現在、東の海では中国や東南アジア島嶼部と、北部では中国と、西部ではラオスと、南部ではカンボジアとそれぞれ国境を接する。また、陸の国境域は少数民族が居住する地域であり、彼らをベトナムという1つの国民国家の国民に統合することがベトナムという国の根幹にかかわる政治的に重要な課題であった。そのため、ベトナム政府は1945年以降、さまざまな少数民族政策を打ち出したが、その具体的な方法や成果は民族や地域によって異なった。一口に国境域と言っても、国境を接する国とベトナムとの国際関係や、ベトナムの多数派民族であるキン(ベト)の人たちと少数民族との関係など、地政学的な特徴や歴史的経緯を反映し、国境域の特徴は異なる。本稿では、国境域全体を視野に入れながらも、主にベトナムと中国の陸の国境域に焦点を当て、国境が画定した経緯や国境域の特徴、そして1980年代後半以降の少数民族とキンの新しい統合過程について概観する。

(1)海の国境と陸の国境

　東部の海の国境線は、中国や東南アジア島嶼部の国々を巻き込んだ領海紛争に発展したチュオンサー諸島(南沙諸島)およびホアンサー諸島(西沙諸島)と、中国との2ヵ国で領海確定を行なったトンキン湾の2つの海域にまたがる。
　チュオンサー諸島では現在、ベトナムと中国だけでなく、台湾やマレーシア、フィリピン、ブルネイが全島あるいは一部の島々の領有権を主張している。ホアンサー諸島ではベトナムと中国が領有権を争って激しく対立している。これらの島々では、ベトナムと中国との間でも、実効支配をめぐって何度か軍事衝突が発生した。ホアンサー諸島ではベトナム戦争終結前の1974年に当時のベトナム共和国(南ベトナム)

政府と中国の間で軍事衝突が発生し、チュオンサー諸島では国交が回復する以前の1988年に軍事衝突が発生し、ベトナム側に多数の死者が出る惨事となった。チュオンサー諸島やホアンサー諸島をめぐっては多国間の領土領海問題に発展し、依然として解決の糸口が見えない国境紛争が続いている。

　一方、ベトナムと中国の間では、両国の国交を回復した1991年以降、国境線を確定するための交渉が進展し、中国との二国間の領海問題として取り上げられたトンキン湾でも、領海画定や排他的経済水域、漁業協力、大陸棚の境界画定に関する各協定が、2000年、正式に調印された［牛山 2004］。

　陸の国境は北部と西部と南部にあり、それぞれ、中国、ラオス、カンボジアと接している。これらの国境線が引かれたのは19世紀の植民地期であった。中国と領土を接する北部と、ラオスと接する西部では、中国雲南省の山地部、あるいはインドシナ半島の脊梁山脈（チュオンソン山脈）の中に国境線が引かれ、ここには少数民族が多数居住する。本書第2部第2章で取り上げる国境域は北部にあり、中国と国境を接する。以下、およそ北緯20度以北のベトナム山地部を「北部山地」と呼ぶ。

　陸の領土に国境線が引かれたのは19世紀であると述べたが、それ以前に現在の国民国家の領域を示すような明確な国境線は存在しなかった。

　19世紀以前、北部山地における重要な政体は、タイ系の人たちによって山間の小規模な盆地に形成された「ムアン」と呼ばれる自律的政治単位であった。ムアンの連合体のうち、ベトナム北部山地には「シプソンチュータイ」と呼ばれる政治単位があった。そして、これらのムアン連合体は、その周辺に取り巻くように位置する、清やシャム、ルアンパバーン、ベトナムといった大国と複数の朝貢関係を築き、領域としてはあいまいさを残したまま、域内の政治運営を行なっていた（写真1）。

　18世紀以降、ムアン連合体は外部社会によって大きな変容を強いられることになった。国際市場において金銀銅や中国向けの漢方薬の原料の需要が高まり、多数の華人が東南アジア大陸部に入って、鉱山開発を進めたり、茶園の開発や森林資源の採集を行なったりした。それにより東南アジア大陸部の内陸交通が発達すると同時に、ベトナムや清といった大国は鉱山開発や森林資源管理を強化するため、役人の配置や税の徴収の強化など、ムアン連合体に介入する度合いを強めてきた。そして、ベトナムのシプソンチュータイの場合、こうした変化の中でギアロ盆地のように、大国の政治的中心地から遠い比較的大面積のムアンでは、より集権的な権力が成

写真1　ダー川沿いのかつてのムアン（ソンラー省イエンチャウ盆地、2001年6月）

立するようになったという［岡田2011］。

　19世紀になり、ベトナムを植民地化したフランスと清、シャムなどの大国との間で、東南アジア大陸部山地の中に国境線が引かれるようになった。ベトナムは、19世紀のグエン朝ミンマン帝の時代、ラオスやカンボジアの支配をめぐってシャムと激しく争った。フランスは1858年ダナンの攻撃、1863年カンボジアの保護国化、1867年直轄植民地コーチシナ確立等を経て、1887年コーチシナ、カンボジア、アンナン、トンキンを合わせて、フランス領インドシナを形成した。ラオスは1893年にこのフランス領インドシナに組み込まれた。この時の国境線が、西や南で接するラオスやカンボジアとの国境線の基礎資料となった。また、フランスは清と、1887年および1895年に議定書を調印して国境線を確認し、この時の議定書が、ベトナムと中国が国交を回復した後、陸の国境画定のための基礎資料となった。

　ただし、19世紀になって大国間の国際関係の中で国境線が引かれたものの、それによりただちに国民国家の領域が明瞭になったわけではなかった。ヨーロッパの植民地宗主国から持ち込まれた測量技術によって地図上に線引きがなされたものの、実際の国民国家の統合には、それぞれの国が政治や教育を通じて実体化される必

要があった[ウィニッチャクン 2003]。

(2)越北地方と西北地方

　現在、ベトナムと中国の間には、およそ1350kmの国境線が引かれている。中国と接するベトナム北部は、紅河の流れを境にして、東岸の越北地方と西岸の西北地方に分けられる。越北地方に含まれる行政区は、おおよそ、現在のハザン省、カオバン省、バッカン省、トゥエンクアン省、タイグエン省、ランソン省、バクザン省の全域とクアンニン省の山地部であり、西北地方は、ライチャウ省、ディエンビエン省、ソンラー省、ホアビン省の全域である。また、紅河が省を二分するラオカイ省、イエンバイ省、フート省は、東が越北地方、西が西北地方に属する。越北地方と西北地方は、地形や民族分布、多数派民族であるキンと少数民族との関係性など、性格を異にする。

　越北地方は、東部を中国広西壮族自治区と国境を接する。この国境域ではタイーやヌンなどの少数民族が多く居住し、その多くの親戚が中国側では壮と呼称される民族である。中国とベトナムの双方に居住するタイー、ヌン、壮の総人口はおよそ2000万人に達する[伊藤正子 2003]。これらの人びとは、そもそも中国南部からベトナム北部に居住しており、11世紀以降、タイーやヌン、壮へと分化した[同書]。

　まず生業について見ると、越北地方は古くから国境貿易の舞台となってきた。1979年の中越戦争で一時的に往来が中断したものの、1991年に両国が正式な国交を回復する前の1983年頃から違法な取引が開始されていた。国境域に居住する人びとによって中国から布地、懐中電灯、薬品、靴、酒などがベトナムに持ち込まれ、ベトナムからはニワトリ、アヒル、イヌ、ネコ、獣皮などが中国に持ち込まれた[塚田 2006]。当時の様子をランソン省山地部の村人に聞くと、ベトナムと中国の間にある山の中の道を荷物を担いだ人が夜毎往来し、山の斜面には延々と懐中電灯の光が点滅していたという。商取引が国境域の村の人たちの主要な現金収入源となり、「万元戸」と呼ばれる大邸宅が村の中に出現したのもこの時期である。

　1991年に両国間の正式な国交が回復されると、国境ゲートや市場が整備され、正式な許可を得た商人が本格的に物流を担うようになり、こうした違法な物流はほとんど姿を消すことになった。やがて1990年代後半になると、中国沿岸部の急速

な開発やベトナムの経済成長の影響により、この地域の物流がさらに活発なものになった。大規模な物流を専門の商人が担う一方、全体的な経済レベルの底上げにより、国境域に居住する人たちによる物流もまた盛んになった。袁は、中国側の国境地帯の村の生業体系を「農商文化」と呼び、農業生産と商取引とが基盤をなしていることを特徴として指摘した［袁 2006］。この特徴はベトナム側の村々にも同様に見られる。

次に政治について見ると、越北地方の少数民族は西北地方の少数民族に比べ、ベトナム中央政府との結びつきが相対的に強いという特徴がある。フランス植民地期以前、タイーやヌンの地方有力者である土司は、ベトナムの朝廷と結びつくことによって権威を保っていた。しかし、少数民族の首長をベトナムとは切り離して直接に掌握するというフランス植民地政府の政策により、土司の権威は廃れた。植民地開発の中で新たに台頭した地方有力者は子弟をベトナム人と同じ学校に送り、社会的な地位の確保に努め、その結果、タイーやヌンの中にベトナム人と共に共産主義運動に加わる者が出てくるようになった［古田 1995］。中でも、1941年に共産党最高指導部メンバーにまで上り詰めたホアン・バン・トゥが有名である。ホーチミンを含む多数の共産ゲリラが越北地方の各地で逃亡生活を送り、独立宣言の起草や政治的闘争など、さまざまな政治活動を行なった時代に、タイーやヌンの共産主義者はキンと共に独立闘争を経た。そのため1945年の独立以降も、タイーやヌンとキンとの間では、中央政府や地方政府への登用あるいは農村開発プログラムの実施など、政治的つながりは重視された。実際、2001年から2011年までベトナム共産党総書記を務めたノン・ドゥック・マインは、バッカン省出身のタイーであった。越北地方の少数民族はベトナム中央政府と経済的にも政治的にも近い関係にあったと言える。

一方、西北地方は、中国雲南省と国境を接し、前近代におけるシプソンチュータイの範囲にほぼ相当する。この地域は、モンやザオ、ターイ、ハニーなど、多数の少数民族が居住するという点においては越北地方と同様であるが、経済や政治に関しては越北地方と異なる（**写真2**、**写真3**）。

まず、近年著しいのは経済的な条件の差異である。越北地方は、ベトナムのハノイや紅河デルタ、中国の沿岸部諸都市といった巨大マーケットをつなぐ複数の物流ルート上にある。これに対し、西北地方では、遠距離の大都市を結ぶような物流ルートは発達していない。もちろん歴史的に見れば、ベトナムのダー川やマー川、そ

写真2　ターイの村での水車（1999年11月）

してギアロ盆地やディエンビエン盆地、ラオスのウー川やルアンパバーンをつなぐような交易ルートが、華人の移動と内陸交通が盛んになった18世紀以降、西北地方で発達した[岡田2011]。また、フランス植民地期に、紅河沿いに、昆明、ラオカイ、ハイフォンをつなぐ鉄道が建設されたが、西北地方の諸都市を中継するような流通網が発達したわけではなかった。現在の西北地方でも、ベトナムの大都市と山地部の主要都市を結んで物流が盛んに行なわれているわけではない。

　政治について見ると、西北地方の少数民族とベトナム中央政府の政治的結びつきは越北地方に比べて一般的に弱かった。フランス植民地政府による、山地の少数民族社会とベトナム人社会を分断して統治する政策は、そもそもベトナム人との結びつきが強かった越北地方においてよりも、西北地方で有効に作用した。ただし、分断の結果は、政治的安定をもたらしたというよりはむしろ首長層の間の対抗関係を複雑なものとした[古田1991]。また、キンが西北地方の少数民族の人たちを共産主義運動へ巻き込むための運動は、越北地方に比べてはるかに小規模なものであった[古田1995]。そのため、1945年の独立以降もキンとの政治的な関係は弱く、西北地方では少数民族による地方自治が長期間行なわれた。例えばターイ・メオ自治区

(1955年〜62年）や西北自治区(1962年〜75年）といった行政区分である。このように、西北地方は越北地方に比べて中央政府から遠い存在であった。

(3) 少数民族とキンの新しい統合過程

　1945年以降、ベトナム政府は国内の民族数を54と設定し、国民統合を開始した。その後、市場経済制度を導入したドイモイが1986年に開始されたことはよく知られているが、少数民族政策のドイモイと言われる22号政治局決議が1989年

写真3　モンの女性が苗取をしたのち田植えに向かう（2000年5月）

に打ち出された。この決議により、さらなる国民統合のために、平地部に居住するキンと山地部の少数民族との間の経済格差を解消するための政策が採用された。中でも経済的なインパクトが大きかったのは1998年から開始された「山間部と僻地の特別に困難な村の経済・社会発展プログラム（通称135プログラム）」であった［伊藤正子 2008］。

　一連の新しい経済政策に、山地部のいくつかの少数民族もいち早く適応した。例えばソンラー省ではモンは焼畑やケシ栽培から転換し、傾斜地での飼料用トウモロコシやプラムの栽培を急速に展開するようになった（写真4）。その結果、現金収入が周辺の山間盆地で栽培される水稲作から得られる収入の何倍にも及ぶことがあった［Yanagisawa 2004］。また、地方のインフラ整備の改善は観光業にも影響を及ぼし、ライチャウ省サパやラオカイ省バクハーでは華やかな民族衣装を着た少数民族が開催する定期市に多くの観光客が訪れるようになり、このことがまた、少数民族の現金収入の増加にもつながった。

　国内の政治的にも、少数民族を国家に取り込むための活動が行なわれるようにな

写真4　山の頂上まで販売用のトウモロコシが栽培される（ソンラー省チエンハック村、2001年6月）

った。例えば、教育を受ける機会の民族間の格差是正のために少数民族子弟を対象とした奨学金や大学入試制度での優遇政策などを実施するようになり、高等教育を受けることのできる子弟の数が増大した［伊藤美帆 2011］。この他にも、歌や民族舞踊などの文化交流を民族間で促進するなど、少数民族をサポートするようなさまざまな政策がとられるようになった。こうした過程を経て、少数民族は多数派キンの政治経済的な制度に組み込まれ、新たな経済的社会的統合が進んだ。

【引用文献】

伊藤正子. 2003.『エスニシティ＜創世＞と国民国家ベトナム――中越国境地域のタイー族・ヌン族の近代』三元社.
―――― 2008.『民族という政治――ベトナム民族分類の歴史と現在』三元社.
伊藤美帆. 2011.「ドイモイ期ベトナムにおける少数民族優遇政策と高等教育進学――少数民族大学生の属性分析を通じて」『東南アジア研究』49(2): 300-327.
牛山隆一. 2004.「90年代後半以降の対外政策」白石昌成編著『ベトナムの対外関係――21世紀の挑戦』暁印書館. 39-66.
袁少芬. 2006.「中越辺境民族文化振興与経済互動的考察」塚田誠之編『中国・東南アジア大陸部の国境地域における諸民族文化の動態』国立民族学博物館調査報告63. 219-247.

岡田雅志. 2011.『18-19世紀ベトナム・タイバック地域ターイ(Thai)族社会の史的研究』大阪大学文学研究科博士学位申請論文.
塚田誠之. 2006.「中国広西壮(チワン)族とベトナム・ヌン族の民族間関係——文化の比較と交流を中心として」塚田誠之編『中国・東南アジア大陸部の国境地域における諸民族文化の動態』国立民族学博物館調査報告63. 129-147.
ウィニッチャクン、トンチャイ(石井米雄訳). 2003.『地図がつくったタイ——国民国家誕生の歴史』明石書店.
古田元夫. 1991.『ベトナム人共産主義者の民族政策史——革命の中のエスニシティ』大月書店.
――――. 1995.『ベトナムの世界史——中華世界から東南アジア世界へ』東京大学出版会.
Yanagisawa, M. 2004. "Development process of cash crops in the Northern mountains region of Vietnam: A case study in Moc chau District of Son la Province, Vietnam". In *Ecological destruction, health, and development: Advancing Asian paradigm*, edited by Furukawa, H.; Nishibuchi, M.; Kono, Y.; and Kaida, Y. 467-479. Kyoto. Kyoto University Press.

第 3 章
ラオス国境域
横山智

　インドシナ 3 国にとって、1980 年代後半から 1990 年代前半は激動の時代であった。1985 年にソ連の共産党書記長に就任したゴルバチョフが経済改革政策の「ペレストロイカ」を打ち出したことにより、1986 年に旧ソ連と同じく社会主義体制を堅持していたラオスとベトナムは、それぞれ「チンタナーカーンマイ(新思考)」と「ドイモイ(刷新)」と呼ばれる経済改革政策を打ち出した。その激動の最中、1988 年 8 月にタイの首相に就任したチャーチャーイは、首相就任演説で「インドシナを戦場から市場へ」と呼びかけ、1991 年のパリ和平協定でカンボジア和平が実現すると、インドシナ 3 国は、市場経済化路線をまっしぐらに突き進み現在に至っている [Maisrikrod 1992; Murray 1994]。

　インドシナ 3 国の市場経済化の進展は、グローバル化した経済の恩恵というよりも、むしろ、その原動力は、地域内での人やモノの流れの活性化が大きく寄与しているように思われる。特に、東南アジアで唯一海に面しておらず、鎖国状態であった「内陸国(landlocked country)」のラオスが、市場経済化に大きく舵を切ったことは、地域経済連携の構図を大きく塗り替えた。ラオスは中国とタイ、ベトナムとタイの間に挟まれており、地政学的に非常に重要な位置に立地している。ラオスは、これまでは海に面していないことで発展が妨げられてきたが、1990 年代に入ってからは、中国、ベトナム、タイと国境を接することを利用して発展する方向を目指し始めた。それが、「周辺と結ばれる国(land-linked country)」という、新たな方向への政策転換である。ここでは、ラオスが「内陸国」から「周辺と結ばれる国」へと変わっていく過程を述べた上で、特にインドシナ 3 国の市場経済化の最前線として位置づけられるラオス国境域の状況を記してみたい。

(1)「内陸国」の誕生

　現在のラオスの国境線は、1893年のシャム・フランス条約によって確定したものである。13世紀から16世紀の東南アジア大陸部は、タイ系民族が主要な盆地にムアンと呼ばれる「くに」を形成し、その盆地の首長であるチャオムアンが、その盆地一帯を治めていた。特に現在のタイ北部からラオス北部、そしてベトナム北部にかけてのムアンに対して勢力を誇っていた連合王国がラーンサーン王国であった。しかし、1560年にラーンサーン王国のセーターティラート王がビルマ軍の進攻から逃れるために王都を北部のムアン・サワー（現在のルアンパバーン）から中部のチャンタブリー（現在のヴィエンチャン）に遷都した。王都がチャンタブリーに遷都した後も、ルアンパバーンはラーンサーン王国の文化の中心地であったが、18世紀に入ると、ラーンサーン王国の王位継承をめぐって、ルアンパバーン王国、ヴィエンチャン王国、チャムパーサック王国の3王国に分裂した。その後、フランスが侵入し、1893年のシャム・フランス条約によって3王国が仏領インドシナ連邦に編入され、その時に引かれた国境線が現在に至っている。

(2)周辺から孤立する国へ

　経済発展が阻害され、かつ他国との交流も限定された「内陸国」としてのラオスの負の歴史は、フランスが1949年7月にラオス王国としての限定的独立を認め、現在の国民国家の領域が形成されたところから始まる。独立を果たしたにもかかわらず、王国政府と解放勢力のパテート・ラーオの間で内戦が繰り広げられることになったのである。最終的には、1975年12月にパテート・ラーオによって、王政の廃止と人民民主共和国の成立が宣言され、共産党である人民革命党が組織化された。人民民主共和国の樹立直後の最重要課題は、約25年間続いた内戦からの復興であった。特に約70万人の国内難民の定着が急務とされた[Stuart-Fox 1986]。しかし、1970年代後半までに、経済危機、厳しい政治統制、そして恣意的検挙による再教育などの不安から、大量の難民を排出することになった[ibid.]。そうした中、人民革命党は早くも1979年に農業集団化の中止、余剰生産物の市場での販売許可などの改革を実施し、市場社会主義の方向へと転換を試みた[ibid.]。

1980年代に入り、食料自給に目処が付いた人民革命党は、国有企業の経営改革を軸とした改革に乗り出した。同時に、先に述べたように、ソ連のゴルバチョフ書記長によって開始されたペレストロイカ政策のラオス版であるチンタナーカーンマイ(新思考)政策を1986年に導入した。これにより、社会主義枠内での経済自由化を促進し、かつ政治と社会の両面においても自由化がもたらされ、ラオスは閉鎖的な「内陸国」としての約40年の歴史にピリオドを打った。

(3)「周辺と結ばれる国」への転換

1990年代以降、人民民主共和国の樹立以降封鎖されていた国境を徐々に開放し、隣接するタイ、中国、ベトナムとの間の人とモノの流れを復活させた。約20年前までは、国境を越えることは死を賭けた行為であった。今は、そんなことなど信じられないぐらい、人とモノの越境移動が盛んになった。特に国境域に住む人びとは、「今日はタイに買い出しに行く」とか、「ベトナムの友人のところに行く」といった日常行為として国境を越えることも多い。

その契機は、1992年にアジア開発銀行が主導する拡大メコン圏(Greater Mekong Sub-region：以下GMS)の経済協力プログラムが実施されたことに端を発する。GMSとは、タイ、カンボジア、ラオス、ベトナム、ミャンマーの5ヵ国と中国の雲南省と広西壮族自治区にまたがるメコン川流域の国や地域が、経済開発を促進するために、当該地域をまたがる経済回廊のインフラ整備や貿易の円滑化、民間参加による競争力強化、人材育成、環境保護などで協力しあうプログラムである［Mya Than 1997］。ラオスはGMSへの積極的な関与および全方位外交の実施によって、1997年7月にASEANに加盟、翌1998年にはASEAN自由貿易地域に参加し、国際社会の一員としての地位を得ている。したがって、ラオスの国境域の開発と安定した国境の管理運営は、ラオスだけの問題ではなく、GMSの発展にも大きく影響する。そこで、タイ、カンボジア、ベトナム、ミャンマーの4ヵ国と接しているラオスは「周辺と結ばれる国」という、新たな方向を目指したのである［Jerndal & Rigg 1999; Lintner 2008］。

写真1 ルアンナムター県パーンハイ国境ゲート(2008年12月)

(4)ローカル国境ゲートと国際国境ゲート

　現在、ラオスの国境には、ローカル国境ゲートと国際国境ゲートの2種類の国境ゲートがある。ローカル国境ゲートの通過には、2国の住民に特別に発給された国境通行証が必要である。すなわち、パスポートしか持たない外国人は通過できない。一方の国際国境ゲートを通過するためにはパスポートが必要となることは言うまでもないが、国境通行証も利用できる。例えば、中国と接する北部ルアンナムター県のローカル国境ゲート、パーンハイ(写真1)での2008年12月の聞き取りでは、国境域に住む住民には、有効期限1年間の数次(何度も行き来ができる)国境通行証が手数料5ドルで発給されていた。その国境通行証を使ってラオスから中国に行く場合、1回の通行料は人が1ドル、車が5ドル、バイクが0.5ドルで、雲南省西双版納傣族自治州に10日間まで滞在することが許されている。ところが、ベトナムと接するサワンナケート県の国際国境ゲート、デーンサワン(写真2)の場合、数次国境通行証の発給手数料はパーンハイ国境ゲートと同額だが、ベトナムに滞在できる日数が最大

写真2 サワンナケート県デーンサワン国境ゲート（2011年3月）

15日間まで、またベトナム領内ならどこでも旅行でき、さらに平日ならば通行料が無料とされている［白石 2010］。

　ラオスの場合、国境ごとに規則が異なっている。その違いは、国境ゲートごとに交わされる覚書の違いによるものである。国際国境ゲートの場合は、国が管理しており、覚書は2国間で交わされる。そして、ローカル国境ゲートの場合は、ラオス・タイ・中国の場合は県、カンボジアは州、ベトナムは省が管理しており、覚書はそれら2地域間で交わされる。越境する際にかかる手数料、滞在可能な日数、また旅行できる範囲が、覚書を交わす相手によって異なるので、越境先が同じであっても、どの国境ゲートを利用するかによって、条件が異なる場合もある。

(5) グローバル化時代の国境の機能

　ラオス情報・文化・観光省のデータによると、2011年末の時点で、タイが7ヵ所、中国が1ヵ所、ベトナムが6ヵ所、カンボジアが1ヵ所の計15ヵ所に国際国境ゲートが設置されている［Tourism Development Department 2012］（図1）。ラオスには、その

凡例
- -・-・- 国境　――― 主要道路　――― 主要河川　+++++ 鉄道　▨ 湖沼
- ■ 首都　◎ 主要都市

【国際国境（タイ）】① 第1友好橋　② 第4友好橋　③ パークサン　④ 第3友好橋　⑤ 第2友好橋　⑥ ワンタオ　⑦ ムアングン　⑧ ケーンターオ

【国際国境（中国）】⑨ ボーテン

【国際国境（ベトナム）】⑩ デーンサワン　⑪ ナムカーン　⑫ ナムパーオ　⑬ ナーパオ　⑭ パーンホック　⑮ ナムソーイ　⑯ プークーア　⑰ ララィ

【国際国境（カンボジア）】⑱ ノーンノックキアン

図1　ラオスの国際国境ゲート（2011年）出典：Tourism Development Department 2012

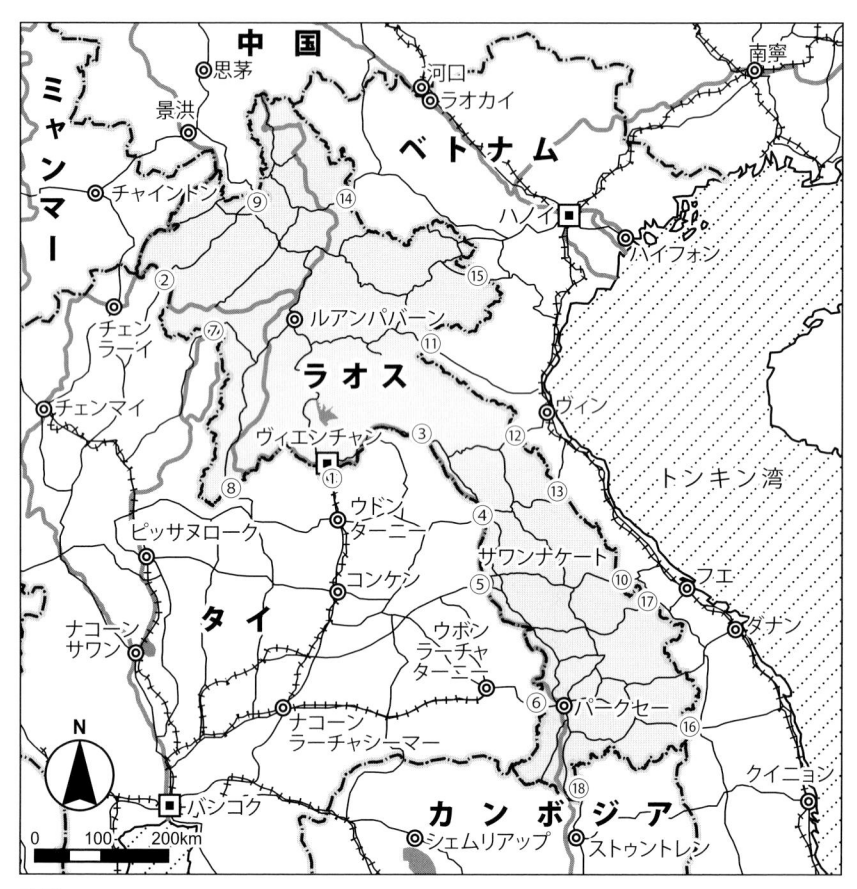

国際ゲートの間を結ぶ、重要な国際ルートが2つあり、GMSの経済回廊として重点的な整備が行なわれている。1つは、昆明とバンコクを結ぶ南北経済回廊の一部をなすボーテン(図1⑨)からフエイサーイ(図1②)のルートである。フエイサーイの国境には、2013年に中国雲南省からの投資でラオスとタイを隔てているメコン川に第4友好橋が架けられた。もう1つはベトナムのドンハーからミャンマーのモーラミャインに至る東西経済回廊の一部をなすデーンサワン(図1⑩)から第2友好橋(図1⑤)のルートである。これら2つの国境では、貿易と輸送を円滑化し、GMSの人とモノの越境の活性化と自由化の促進を目的とする越境交通協定が適応される［右田 2010］。GMSの発展にとって、ラオスは「周辺と結ばれる国」として、地政学的に重要な役割を担っており、ラオスの国境および国境を結ぶ道路の整備が、人とモノの流れの活性化を促すキーになっていることが図1からもわかるであろう。これまでは中央から地理的に遠く離れ、周辺とされていた南北経済回廊や東西経済回廊の付近は、開発が急速に進むことになり、特に南北経済回廊には中国からの援助と投資、そして東西経済回廊にはタイとベトナムからの援助と投資が多く見られる。

　中国とタイ、タイとベトナムなど、互いに国境を接しない国と国とを結ぶための役割が強調されがちな国際国境ゲートであるが、当然、ラオス国民の人とモノの流れの活性化にも大きく貢献している。白石［2010］によると、デーンサワン国境ゲートでは正規の輸出入以外に、国境域に住むベトナムとラオスの住民には、特別に1日1人200万ドン(2013年8月のレートで約9120円)分までの関税免除枠があるという。これによって、ラオス国民が農産物をベトナムで販売したり、ベトナム人が雑貨をラオスで販売したりしても、少額であれば税金を支払わなくても良い。また、先述の通り、デーンサワン国境ゲートでは、平日ならば通行料が無料なので、両国の国境域に住む住民は国境線を全く意識せずに小規模な経済活動ができるのである(写真3)。

　ローカル国境ゲートの周辺も、国際国境ゲートと同様に両国民の小規模な経済活動が活発に行なわれている。ラオスにおける国際国境ゲートは15ヵ所であるが、ローカル国境ゲートの数は正確に把握できていない。これまで私がラオス各地を訪れて見聞きした範囲では、中国とのローカル国境ゲートに関しては5地点が開かれていることは確認している。ローカル国境ゲートは、第2部第3章で詳しく取り上げるが、ラオス国境域からの農林産物を輸出、また中国、タイ、ベトナムからの各種商品の輸入するためのゲートとして機能している(写真4)。ラオスでは、中央政府が管理し

写真3　サワンナケート県セーポーン郡からバナナを持ち帰るベトナム人（2012年9月）

写真4　ポンサーリー県ラーントゥイ国境ゲートで、中国で購入した商品をラオスのトラクターに乗せ替える商人（2012年3月）

ている国際国境ゲートと異なり、ローカル国境ゲートは県が管理しているため、各地域の経済活動に応じて、県の裁量で弾力的な運営ができるのが特徴である。

　ラオスの国境は、2つの機能を持ち合わせている。1つめは、ローカルな空間スケールにおいては、国境域の生業を成り立たせるための農林産物の輸出、また国境域に安価な商品を安定的に供給するための日常的に利用されるゲートとしての機能である。この機能に着目すると、国境は線として2国を隔てるものではなく、2国を挟んだ国境域を1つの等質地域としてとらえることができる。2つめに、リージョナルな空間スケールにおいては、ラオスの国境は周辺国を結びつける架け橋としての役割を果たしている。ラオスだけを見るのではなく、GMSというリージョナルな空間スケールでラオス南部と北部の国境域を見ると、けっして周辺ではなく、開発の最前線だととらえることができるだろう。

【引用文献】

石田正美. 2010.「越境交通協定（CBTA）と貿易円滑化」石田正美編『メコン地域 国境経済をみる』アジア経済研究所. 181-108.

白石昌也. 2010.「東西経済回廊――ラオバオ＝デンサワン国境ゲート――」石田正美編『メコン地域 国境経済をみる』アジア経済研究所. 181-216.

Jerndal, R. and Rigg, J. 1999. "From buffer state to crossroads state." G. Evans ed., *Laos: Culture and Society*, Chiang Mai. Silkworm Books. 35-50.

Lintner, B. 2008. "Laos: at the crossroads." *Southeast Asian Affairs*. 2008. 171-183.

Maisrikrod, S. 1992. "Thailand's policy dilemmas towards Indochina." *Contemporary Southeast Asia*. 14(3). 287-300.

Murray, D. 1994. "'From battlefield to market place'—regional economic co-operation in the Mekong zone." *Geography*. 79(4), 350-353.

Mya Than. 1997. "Economic co-operation in the Greater Mekong Subregion." *Asian-Pacific Economic Literature*. 11(2). 40-57.

Stuart-Fox, M. 1986. *Laos: Politics, economy and society*. London. Frances Pinter.

Tourism Development Department. 2012. *2011 Statistical Report on Tourism in Laos*. Vientiane. The Ministry of Information, Culture and Tourism.

第4章
国境の人びと
ボナンノ・ジャンルカ

　1990年代以降、国際機関の主導で地域内を縦横につなぐ3つの経済回廊の建設が進められ、東南アジア大陸部と中国南部の経済的な結びつきはいっそう高まってきた。このマクロな地域統合の動きの中で、国境域の様子は一変した。商人、労働者、投資家、役人、さまざまな思いや使命を持った人びとが国境ゲートに惹きつけられるように集まってきた。そして国境域に居住してきた少数民族の暮らしも変化を余儀なくされた。本稿では、国境の両側で垣間見た国境に暮らす人びととの様子を伝えたい。

　私は東南アジア大陸部の国々と中国南部の国境域へ幾度か足を運んできた。2005年から2013年までの間に、29ヵ所に及ぶ国境ゲートを繰り返し訪れた。本稿ではそのうちの2ヵ所、ミャンマーと中国、ベトナムと中国の国境ゲートを取り上げる。そして、程度の差こそあれ、この地域の国境域で共通して見られた事象について紹介したい。

(1) 瑞麗とムーセー

　一般に人びとが自ら住む土地を離れて移動する時には、都市が目的地の第一候補となる。見知らぬ世界へ出る際に、経済的なチャンスが多いところを選択するというのは、誰にでも理解しやすい。しかし、中国では、過去およそ20年にわたり、膨大な数の人びとが都会に向かって移動し、結果としてそこにあるチャンスのほとんどが既に奪われてしまった感がある。都会に出てきたはよいが農村にいた時よりもひどく苦労している人びとのストーリーは、中国に限らず東南アジアの大都市ではいくらでも聞こえてくる。したがって最近では、大都市の次に控える中規模の都市や、近い将来の発展が望める地域に向かう人びとが急激に増えてきている。この後者こそが国境域である。入り組んだ国境線を持つ中国と東南アジア諸国の国境域は恰好の目的地となるのだ。

過去20年ほどの間に、中国とミャンマーとの経済関係は深まり、モノと人の移動が増えた。中国における劇的な経済発展と対照的なミャンマー経済の低迷は、中国とミャンマーの国境域にどのようなギャップを生み出しているのだろう。
　瑞麗(ルイリー)は中国の大都会から離れたミャンマーとの国境の町だ。長距離トラックで通過していく者も多いが、この町にとどまって日常生活を送りながら経済活動に参加している人の方が多い。町全体が昼夜にかかわらず賑やかで、中国の発展の中心地から遠く離れているとは感じられない。周囲は農村に囲まれているが、市街区に入ると最新のデパートや店舗の入った立派な建物が並んでいる。ファッションをはじめ、車、マンションなど、新しいデザインのモノがあふれている。お金が十分に流れ込んできている町だということが肌で感じられる。瑞麗の人びとと話した際、総じて彼らは前向きで将来の希望が見えているという印象を持った。
　しかし、だからと言って、貧困や社会的な問題がない町かと言えばそうではない。むしろ、急激な経済発展によって、新たな問題が発生している。例えば、移入してきた人びとが新しい仕事と暮らしに慣れないまま、手慣れた商人にだまされたり、違法行為に巻き込まれたりするケースは数多い。特にエンターテインメント産業のまわりに渦巻く悪循環にはまる者が後を絶たないと聞く。
　1990年代と比べても、瑞麗の町にはホテルやさまざまな店が増えた(**写真1**)。景気の良い中国人の中産階級が遊べる場所も増加し、高級ホテルの近くでは、立派な建物の中に店を構えたバーやクラブなどを容易に見つけられる。こういった店のまわりには、時間を潰しているように見える人たちがたむろしている。多くの場合、特定の仕事に就いていない男性である。彼らは、機会があればホテルのドライバーやにわか仕立ての観光ガイドになったりして収入が得られるらしく、その周辺をうろうろする価値があるのだと言う。元々何か事業を興すような資金はないため、少人数で組んで、こういったインフォーマルなビジネスで生計を成り立たせている人びとがかなり増えてきているようだ。グループ内でシフトを考えて1台の車を使いまわし、必要があれば同じグループのメンバーを呼ぶ。困ったときは仲間で助け合い、自分たちの生活を守っている。
　ミャンマー側のムーセーへ渡る国境ゲートは瑞麗の市街区から離れたところにある。国境線沿いの管理が行き届いていないため、地方政府は国境線に近い土地をできるだけ使わないようにしているからだ。日常的に瑞麗からムーセーへ向かう人の

写真1　瑞麗の高級ホテル。このようなホテルの近くに「何でも屋」がたむろする。（2012年9月）

数は多いが、バスなどは通じていない。町から国境ゲートまでの移動はかなり不便である。ここに瑞麗の町にたむろする人たちの仕事が生まれる。彼らが車やバイクで送り迎えを請け負うのだ。彼らの役目はそれだけではない。瑞麗では観光客が増えてきているが、私もその団体に入って行動する機会が多く、彼らの働きをつぶさに見てきた。彼らは、ドライバーとしてだけではなく、宿泊場所の手配やレストランの紹介など細かなサポートをするために終日同行してくれる。もちろん知り合いのホテルやレストランを紹介して得られるコミッションも彼らの取り分である。サービス産業がまだ発達していない瑞麗では、このような人たちが活躍する余地が大きいのである。彼らはなんでも引き受ける。場合によっては、闇市場の取引に手を出すことも少なくないようだ。違法なモノや人身の売買に関わることで、自身の身を危険にさらすこともあるという。しかし、発展途上の国境域は、彼らのような便利な存在を必要としているのである。ムーセーに繋がる国境ゲートは、外国人にとっては容易に通過することはできない関門であった。私が初めて瑞麗からムーセーへ入ろうとした2009年、国境域周辺での移動は厳しく管理されていた。私が背の高い白人であることや、過去にミャンマーに入国した記録がパスポートに残っていることも、問

写真2　ミャンマー側の国境の町であるムーセーのメインストリート（2009年9月）

題をややこしくするに十分であった。ビザ取得のためにさまざまな書類を準備していたが、予想通り、長い足止めを余儀なくされた。担当官や軍人らも、めったにないケースに戸惑ったようであったが、結局2時間ほどやりとりを続けた後、パスポートを預けるのと引き替えにビルマ語でなにやら手書きされた紙1枚を渡され、ムーセーへ入ることを許された。パスポートは戻ってきたときに返すということだ。

　国境ゲートを越えた瞬間、ムーセーの町が経済発展の影響をほとんど受けていないことに気づいた。道路の舗装状態は悪く、建物が安普請であることは一目でわかる。たった今通過した国境ゲートの建物は中国政府によって建てられたものだと確信した。スタイルはもちろん、建物が立派に建造されており、そのことがミャンマーよりも中国の経済レベルへの近さを表しているからだ。ムーセーの町自体においても、瑞麗と違い、国境の町の特徴がまだはっきりと残っている。つまり、国境ゲートに向かう道路に沿った区域にだけ賑わいが見られるのだ（写真2）。

　ムーセーの人口は瑞麗と比べると少ない。瑞麗と違い、町への移住がそんなに激しくないようだ。この国境域の人口のほとんどが少数民族であり、高地や低地の少数民族が共存している。こちら側に住んでいる中国人も昔からいるが、ミャンマー

の他地域からの移住は少ないようだ。中国政府の移住政策もあって、瑞麗には数多くの漢人が遠くからやってきているのとは対照的である。

　ムーセーの現状を見て、両国間の経済的なギャップが反映されているだけと判断してしまうのは少し気が早いだろう。私にも徐々に第一印象とは異なる事実が見えてきた。ムーセーの人びとの生活にも確かな変化が起こっているのだ。国境を挟んだ2つの世界がだんだんと近づいてきているのである。そのことは、例えばバイクと携帯電話の普及状況に現れていた。

　ムーセーには多くの電動バイクが走っている。人びとの言う電動バイクに乗る理由は、ガソリン代の節約もあるが、越境移動の自由を求めてのことだという。実際、現在の両国の法律では電動バイクは自転車と同じ扱いであるため車両の登録が不要である。したがって、国境ゲートを通過するにも特別の書類は要らないので、地元の人びとにとって便利な交通手段となっている。台数自体は瑞麗の方が多いだろうが、この数年の間でムーセーでもかなり増加しているようだ。

　バイクは中国製で瑞麗から持ち込まれたものである。登録は不要なので、自由にムーセーへ乗り入れられる。私も2度目の訪問の時には電動バイクで瑞麗からムーセーに入った。電動バイクでの越境移動が当局に許されているのは、1度の充電で走行できる距離が短いからだと言われている。実際に瑞麗からムーセーに入ってしばらくするとバッテリーが切れる。しかし、ムーセーより先の町まで日常的に電動バイクで移動している人も多くいるようだ。ムーセーの多くのレストランでは食事の間に充電してくれる有料サービスを提供しており、遠くまで足を延ばす時にはこのようなレストランなどを乗り継いで行けばよいという。

　また、私の持っていた中国の携帯電話はムーセーでもそのまま使うことができた。ムーセーの町には多くの携帯電話ショップが軒を連ねており、中国のSIMカードが瑞麗と同じ値段で売られていた。課金手続きも中国同様に簡単にできる。ムーセーで売られている電話機本体も、通信会社も中国のものだ。つまり、使用する電波も含めて、携帯電話システムすべてが中国のものだ。この事実はムーセー、つまりミャンマー側の経済的な遅れを表していると言えるが、地元の人びとにとってみたらどちらの国のサービスであるかは大きな問題ではない。国境の両側に分かれて居住している家族にとっても、商人にとっても、人びとの距離をさらに短くし、スピーディーなコミュニケーションを実現している。このように、ムーセーの人びとの生活も数年前

には想像もできなかったペースで変化しているようであった。

(2) 河口とラオカイ

　中国とベトナムの国レベルの統計データは確かに両国の経済発展を証明している。ベトナム北部の中国国境域に居住する少数民族は経済発展の影響を良きにつけ悪しきにつけミャンマーやラオスよりも比較的多く受けていると言え、現地の人びとの移動も激しくなっている。特に、中国の河口(フーコウ)とベトナムのラオカイの国境ゲートを中心とする半径80kmの円に囲まれる地域ではその変化が顕著である。

　1999年に河口・ラオカイが「一級国際国境ゲート」に格上げされ、この地域が変わりはじめた。その前までは、両国間の外交関係が良好であるとは言えなかったので、越境移動はほとんどなく、地元の人びとが生活のために国境を越えていたに過ぎなかった。しかし、1992年に始まったアジア開発銀行の拡大メコン圏を対象とした経済開発プロジェクトの下、中央政府や国際的な経済援助が徐々に入りはじめ、国境の町の都市化が進んできたのだ(写真3)。すぐに中国内陸部とベトナム北部からさまざまな企業がこの地域への進出を開始した。域内の人口が増えるとともに訪れる観光客も増え、店舗や旅行会社などが明らかに増えた。この人口の増加は、労働者などとしてこの地域に集まってくる、元々この地域に居住しない両国の多数派民族の移動によるものである。つまり、中国側では漢人が、ベトナム側ではキンがこの10年間で一気に増えたのだ。それにより、この地域では従来あまり接触することのなかった民族の間で経済的あるいは社会的な摩擦が生じている。

　モンとキンの生活変化を紹介しよう。従来、モンの生活は、自家消費用のモノは自分たちで生産し、その他のモノは中国製品を購入することで成り立ってきた。彼らの家に行くとすぐにわかるが、置いてあるモノのほとんどが中国製品である。これらのものは国境を越えて定期的に運ばれてきて、市場や個人にもたらされる。尋ねてみると、モノを運ぶ商人は中国側に住んでいるモンや漢人であるという。当然、モンにも中国語を理解し、話せる人は多い。

　その一方で、キンは商人としてこの地域に入ってきたものが多く、ほとんどがベトナム製品の販売に関わりながら、ベトナム製品を使用しており、中国との関係は弱い。国際国境ゲートに格上げされてから、近隣のイエンバイ省やトゥエンクアン省などか

写真3　若者向けの店やクラブなどが多く出店している駅ビル。ラオカイの町で若者に人気のスポットである。（2011年4月）

らの移住が始まり、当初は単身で移ってきた商人のほとんどが今ではラオカイで家族と一緒に生活している。公安や辺境軍の駐在者も同様である。

　2000年以降はモンの若者たちが村での農業から離れて、町に出るケースが増えてきている。徐々に国境の管理が厳しくなりモノと人の移動や土地利用に制限がかかるようになる中、現代的な経済システムに慣れたキンが現地に流れ込んできた。そこで商売に興味を持ったモンの若者らはこういったキンの商人らとの接触を深めていくようになったのだ。もちろん得た収入で村に残った家族を助けたいといった一面もある。

　ラオカイの町で若者を観察する。キンとモンのどちらであるか、10年前には服装や話し方ですぐに区別できたが、いまでは難しくなりつつある。私が出会ったモンの若者（24歳）はキンの友人とのつきあいについて次のように話してくれた。「彼ら（キン）はバイクも最新型の携帯電話も、もちろん金も持っている。何でも買える。（服を指しながら）見てみろよ。アメリカのブランドだろう。毎日、仕事が終わったら（キンの）友達を誘って遊びに行く。僕の村では電気もないし、一日中村で仕事をしたら

疲れすぎて早く寝るしかない。学校に行く人は町に出ていくから、村に残っていたら（モンの）女の子たちも（キンに）奪われてしまうよ。彼らは僕たちを仲間に入れてくれる。何か悪いことでもある？」。私には「仲間」というにはおぼつかない関係にも見えたが、彼にとっては問題ではなさそうだった。

　この若者は、新しく発展しつつある経済システムに入っていくような反応を見せたが、もちろんこの動きが地域全体に一様に見られるわけではない。起こっている変化をチャンスとしてとらえる者がいる一方で、それを避けようとする保守的な者もいる。

　地域の東部と西部とで少し事情が異なるようだ。河口とラオカイの国境ゲートより西へ広がるエリアは、モンの人口が多いところで、険しい山が森林に覆われている。観光客の増加もあって、多くのキンの移住先になっている。移り住んできたキンは基本的に商人であり、道路に沿って家や店を建てる。そして、それを嫌ったモンの一部が町や道からより遠く離れた場所へと追いやられていくケースが多く見られている。地形的に中国側への越境は難しいため、彼らは国境を越えない。彼らはキンと組んで商売をすることを選ばなかったわけだが、経済発展によって地域全体の物価が上昇する中で、生活に必要な品物を購入するのに現金の獲得は必須であるため、自分たちが作ったモンの工芸品を市場で観光客に販売するなどしている。

　一方、河口とラオカイの国境ゲートの東方では、中国側に大きなモン・コミュニティーが展開しており、国境を越えるのも比較的簡単である。ここは複数の少数民族が居住しているエリアでありながら、国道沿い以外では公安や辺境軍のパトロールが緩いからである。また、地形的にも険しい山が少なく、国境を跨いだ道が昔から多くある。よって現在でも越境移動が頻繁である。ここでは、ベトナム側に居住しているモンが国境を越えて中国側へ移住するケースが多く見られる。なぜ中国側へ向かうのだろうか。話を聞けば、一家全員で移住することはあまりなく、両親や祖父母の希望で子どもを中国側に送るケースがほとんどであるようだ。中国側には親戚が多くいるため、家族としては安心らしい。中国側で子どもたちに教育を受けさせ、同じモンの人と結婚させるのが彼らの望みだという。

　両親や祖父母の世代も経済発展を恐れているわけではないようだ。生活習慣が時代とともに変わることも覚悟している。しかし、彼らの一番の懸念は、子孫がモンではなくなることだという。特にキンと結婚してしまうと、国民登録上の区分が「モン」ではなくなるので、将来何かがあった場合に家族や親戚の立場ではなく国家の

側に立つのではないかと心配する声をよく聞いた。彼らの世代には「中国人」でも「ベトナム人」でもなく「モン人」という認識が強いようで、子どもらを、特に女子を中国側へ送りたいのだという。

　しかし、このような理由も若者を説得するには十分ではない。モンの若者、つまり子ども側の気持ちは違ったものである。前述したように、彼らは経済発展に憧れており、村に残りたくないという者が最近増えている。バイクを使って町に簡単に出られるようになってからは、町で友人たちと過ごす生活のほうが楽しく感じられるのだろう。若者らしいライフスタイルを求めるという純粋な選択に見えるが、彼らはモンであると同時に「ベトナム人」であるため、町に出るという選択はベトナム側でしか実現できない。モンの子どもたちの中国側への越境移動は法的に認められないため、中国側では村の周辺でしか生活できないからである。したがって、現代的なライフスタイルを送りたいモンの若者には、ベトナム側の町へ出ることしか選べないのだ。

　これまでの暮らしを続けるか、現代的な世界に入り込むか、ベトナム北部のモンだけが抱えるジレンマではない。前世代の人びとには、新しい動きから離れた場所での生活を望むものが多い。若い人びとは、より経済的に発展しているところ、将来のチャンスの多いところに向かおうとする。ただ、現状では町に出たとしても彼らの期待に応えられる場所はそう多くない。いずれにせよ、東南アジア大陸部の大きな社会的経済的な変化の中に生きる国境の人びとは、この過渡的な時代の主人公である。

第2部

生業

第1章
ミャンマーと中国の国境域

松田正彦・柳澤雅之

第1節　豊かな農村のつくりかた

松田正彦

(1) 闘う少数民族

　長い間、ミャンマーの少数民族は闘ってきた。この国の内戦は世界でもっとも長く続いている武力紛争の1つとも言われる[クレーマー 2012]。ミャンマー(ビルマ)は1948年1月に国家として独立したが、それは同時に今に続く内戦時代のはじまりでもあった。

　第2次世界大戦後、イギリスによる植民地支配とそれに次ぐ日本軍の侵攻からようやく解放されたミャンマーは、新たな国づくりに向けて動きだした。国家統一に向け、1947年2月にシャン州のパンロンで、後に「建国の父」と称されるアウンサンと少数民族のリーダーたちによる会談が持たれた。そこでは独立後の少数民族による自治権の保障が約束された。民族間の連帯に向けた一歩が踏み出されたかに見えた。しかし、ここで結ばれたパンロン協定に、民族間の協調をただちに実現できるほどの力はなかった。そもそも会談に参加したのは限られた少数民族組織であり、付与される自治権においても組織間で一貫性を欠いていた[同書]。この年の7月に会談の当事者であったアウンサンが暗殺されたことも、その後の不和に少なからず影響を与えただろう。結局、独立前に民族闘争の火種を消すことはできず、1948年の独立と同時に、ビルマ人(バマー、ビルマ民族)が主導する中央政府と少数民族勢力との間の内戦がはじまりを告げた。さらに、建国時に中央から排除され地下組織化したビルマ共産党による反政府活動などもあいまって、混乱は複雑化していっ

た[畢 2012]。1962年のクーデターに始まった後のネーウィン時代においても、パンロン協定に込められた意志が顧みられることはなく、ミャンマーの内戦は全土で激化していった。

　1988年に登場した暫定軍事政権は、少数民族組織との停戦協議を積極的に進めたが、ここでもすべての組織が停戦に合意したわけではなかった。また、たとえ停戦合意下であっても国軍と武装グループとの間での戦闘は起こっていた。その後、2008年の憲法制定、2010年の総選挙を経て発足したミャンマーの新政府は、これまでに和平協定に応じていなかった少数民族武装グループに対して国軍への統合や国境警備隊への編入を打診するなど交渉を具体的に進めつつも、一方では躊躇なく軍を動かした。長く厳しい敵対関係にあったカレン民族同盟（KNU）との間で停戦合意に至り、主要な反政府少数民族組織のほぼすべてと停戦が実現し、交戦状態にあるカチン独立機構（KIO）とも交渉が続けられている（2013年11月現在）。和平プロセスは大きく前進したかに見えるが、合意されているのはあくまでも一時的な停戦であり、今後の交渉の見通しが明るいわけではけっしてない。国境域での戦火はいまだ燻ったままと言える。

　現在もミャンマーの少数民族は闘っているのだ。ミャンマー少数民族の中央政府に対する闘いは、まさに銃を手に、血を流しながら続けられており、時には戦闘に巻き込まれた人びとが難民として隣国へ避難を余儀なくされる。メディアなどで重ねて協調されるこのようなミャンマー少数民族の姿は確かな事実であろう。しかし、少数民族の人びとの間では、仮に自らの属する集団の権利を確保するための戦略として闘争の意義を理解していたとしても、武力衝突に対して厭気がさしている者も少なくない[クレーマー 2012]。実際、1990年前後には、多くの少数民族組織が、停戦協定と引き替えに自らの支配する区域を「特別区」として中央政府に認めさせ、政治的あるいは経済的な権利を確保することを選んでいる。2008年の国民投票で承認された新憲法の下、自治権をめぐる交渉を続ける手段として、政党として政治参加することを決めた組織も複数ある。これらの動きの背後には、長期にわたる内戦により蔓延している厭戦気分があるに違いない。

　ミャンマーでは少数民族が人口のおよそ3分の1を占めるとされるが、少数民族組織の活動に政治的にせよ軍事的にせよ積極的に関与しているのは、そのごく一部である。ミャンマーの少数民族は武闘派としての横顔が強調されることが多いが、

写真1　ミャンマーの少数民族の多くは農村で暮らし、農業を生業とする(シャン州タウンヂー郡南部、2008年8月)

皆が中央政府に対して直接的に闘っているわけではない。また、これほど長く続いてきた闘争の中で、少数民族組織内部の指導者たちと一般の人びととの間に、求める方向性にズレが生じていたとしても不思議ではないだろう。考えてみれば当然のことであるが、少数民族と呼ばれる者の大半は農山村で平穏に暮らしている人びとなのである(写真1)。しかし、センセーショナルな行動を見せるわけでもなく、大きな声をあげるでもない彼らの暮らしぶりを私たちが知る機会はそれほど多くはない。

　農村に生きる少数民族の「普通」の人びとは、いったいどのような暮らしを営んでいるのだろう。「大国」として立ちはだかるミャンマー政府に彼らはどう対峙しているのだろう。アジアの最貧国の1つと言われるミャンマーの、さらに辺境とも言える土地で、ひっそりと貧困にあえいでいるのだろうか。過去に中央政府との停戦合意と引き替えに与えられた自治権は、農村で暮らす人びとに何かをもたらしたのだろうか。あるいは、彼らもまた彼らなりの方法で闘っているのだろうか。

　本稿では、ミャンマー新政権が発足する前の2000年代に、私が訪れたミャンマーの少数民族の村々において人びとが日常的に営んでいる生業、農業のありようを紹介する。そして、その実態を糸口にして、一見すると平穏な農村の中に見え隠

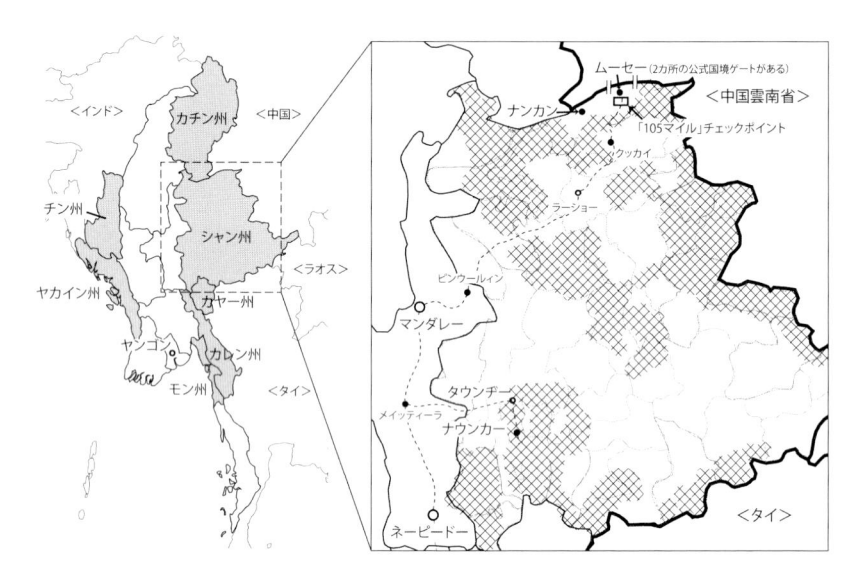

図1. ミャンマーの少数民族州の位置とシャン州で少数民族が支配する領域

左図では全14の地方域（管区）・州のうち7つの少数民族州の位置を着色して示している。着色されていない7地方域が多数派民族であるビルマ人が多く居住する「管区ビルマ」である。右図ではシャン州内で少数民族が支配してきた領域を網掛けしている（特別区もこれに含まれる）。本稿の第2節で取り上げるムーセーとナンカン、第3節で取り上げるナウンカーの位置を示した。また、現地調査時の主な移動ルート（幹線道路）を点線で示した。
出典：シャン州の少数民族支配区域は[UNOCD 2007]を参考にして作図

れするマイノリティならではの戦術とでも言えるものをクローズアップしたい。つまり、私なりの印象と行き着いた解釈を先に言えば、「普通」に暮らす少数民族の農民もまた静かに「闘って」いたのである。そして、移ろいやすい特殊な社会環境の下で、経済的な豊かさを手にすることに成功していたのだ。

　ミャンマーの少数民族世界は、国土を縁取る山岳地帯である。国家の中枢を担っている「管区ビルマ」とは対照をなしている。そして、この少数民族世界の内部を見てみると、中央政府の統制が行き届いている区域と少数民族組織（武装グループを伴う政治組織など）の支配力が強い区域に分けることができる。その境界線は入り組んでいるが、中央政府によっていくらかの自治を認められてきた「特別区」をはじめ、和平合意に至っていない少数民族の勢力が実行支配する区域の多くは7州の国境沿いのエリアを中心に分布している。特にシャン州の場合には、国境沿いだけではなく州の全域にモザイク状にこれらの支配区域が広く存在する（図1）。

本稿で紹介する2つの事例の舞台は、このシャン州の農村である。次の第2項で取り上げるのはシャン州北部のムーセー郡とナンカン郡にあるシャン人の村々で、中国雲南省徳宏傣族景頗族自治州と直に接した、まさに国境域と呼べるところである。まわりは少数民族組織の支配する区域が取り囲んでいるが、ムーセーやナンカンの町や国境ゲート、その近郊の農村は、一応中央政府の統制下にある。第3項の舞台は、シャン州南部タウンヂー郡にあるパオー人の住む山村である。タウンヂーはシャン州南部の行政中心都市なので、当然ながらその市街部は中央政府の管轄となっているが、タウンヂー郡の南部はパオー人組織の「特別区」であり、中央政府の支配力は限定的であった。事例として紹介するナウンカー村落区はこの特別区の中に位置する村だ(図1)。両事例では、2000年代にそれぞれの農村で営まれていた生業の実態を描くとともに、それらを取り巻くユニークな社会経済環境をミャンマーの中央部、つまり管区ビルマと対比することによって浮き彫りにし、彼らがいかにして豊かさを手に入れようとしているのかを明らかにする。

(2)辺境で実現した近代的な稲作

❖シャン州北部の中国国境の町

　ミャンマーの中国国境の町、ムーセーには活気がある。国境に独特の人やモノの動きのスピード感や混沌とした雰囲気だけではない。ミャンマーの他の町と比べて、単純にモノが豊かで経済的な賑わいがある。夜になっても明るく照らされたメインストリートには、ビルマ語と中国語の両方で書かれた看板を掲げたさまざまな商店が軒を連ね、市場には中国製の商品があふれている。外国人が泊まれる民営のゲストハウスを探すにもあまり困らない。ミャンマーの中心部、管区ビルマの地方都市とは、どれをとっても比較にならない充実ぶりである。店頭に並ぶ商品は、物によってはマンダレーやヤンゴンよりも品揃えがよく、町の電力事情も安定している。ヤンゴンから車を走らせ3日間かけてムーセーにたどり着いたら、国境の町の活力を感じ、「ミャンマー」からの開放感を味わうことができる。もっとも、これらはミャンマー側からムーセーに入ってきた者が持つ印象である。逆に国境の向こう側、つまり中国側からやってきた者は、経済発展のめざましい中国の都市との落差をもって、ムーセーは経済的に何ランクか劣る田舎町とみなすだろう。

写真2　中国国境の町ムーセーの手前にある「105マイル・チェックポイント」では、人やモノの出入りが政府当局によって厳しく精査される（2002年12月）

　私はこれまでに3度、このシャン州北部の中国国境域に足を踏み入れる機会を得た。初めて訪れたのは2002年12月で、2度目は2004年9月から10月にかけて、そして3度目は2009年8月であった。いずれもヤンゴンで借り上げた車を使ってマンダレー経由でシャン州に入り、そのまま中国国境を目指して北上するルートをとった。管区ビルマにあるマンダレーから、その東方にあるピンウールィン（別名メイミョー）の町までの約30kmの道のりで、標高が一気に上がる。そして、かつて植民地政府の官僚の避暑地として開発されたこの町を過ぎたところでシャン州へ入域する。後は、ビルマ人の影がめっきり薄くなったシャン高原の盆地を縫うようにひたすら進んでいく。マンダレーとムーセーを結ぶこの幹線道路は、戦前にイギリスによって整備された「援蒋ルート」の一部分であり、現在もミャンマーと中国との間の国境貿易の主要な流通経路となっている。

　マンダレーからムーセーまでの間には、数ヵ所のチェックポイントが設けられている。中央政府の役人が通過する人とモノを見定める「関所」である。2004年時には道中に4ヵ所ほど設置されていたが、2009年には2ヵ所に減っていた。各チェックポイントでは、それなりに時間をかけて提出された書類や車内が検査される。それ

が際立って入念に行なわれるのが、ムーセー市街の手前約5kmのところに構える「105マイル・チェックポイント」と呼ばれる検問所である（写真2）。ここでは、大型トラックの山積みにされた荷物もすべて解かれて念入りに検査される。このチェックポイントはちょうど山あいの谷間を抜けるところに設けられているので、マンダレー側からムーセーに入る車両はすべてここを通過することになる。地形を活かした効果的な取り締まりを意図しているのだろう。

　マンダレー方面からきた車両は、このチェックポイントを通過してほどなくムーセーの市街区に入ることができる。つまり、105マイル・チェックポイントが中国まで抜けようとする人やモノにとってはミャンマー側にある最後のハードルで、後は国境ゲートの検問所を残すのみとなる。中国との国際国境ゲートは、ムーセー市街の西部にある。人びとの通行用ゲートの周辺には中国人観光客が多く見られ、貨物用ゲートの近くには通関検査待ちのトラックが列をなしている。統計によると、中国からはさまざまな日用品や家電製品などが輸入されており、ミャンマーからは果実やマメ類などの農産物が輸出されている。このムーセー・ゲートが公式に開いたのは1996年である。それ以前はムーセー郡東部チューゴッパンサイにある小さな国境ゲートだけが機能していた。近年でも水産物の輸出などはこちらのゲートが慣習的に用いられているようで、ミャンマー沿海部で獲れた、生きたカニの箱詰めが続々と運び出されていた。

❖国境の農村と豊かな稲作農家

　ミャンマーと中国を隔てる国境線は、本項で取り上げる2つの郡、ムーセー郡とナンカン郡のあたりでは、東西に流れるシュエリー川の両岸を縫うように引かれている。両郡は、シュエリー川つまり国境線に沿った細長い河谷平地と、南側に広がる山地からなっている。それぞれの郡中心部や国境ゲートの付近には市街区が形成されているが、そこから少し離れるとのどかな農村地帯が広がっている。山裾に集落が点在し、平地に水田が広がる。山地に踏み入ると、焼畑や茶畑とともに、谷沿いに形成された美しい棚田が見られる。全体に水田が占める割合が高いからか、日本の農村とどこか似通った景観には懐かしさを感じる。

　この地域には複数の少数民族が暮らしているが、もっとも人口が多いのはシャンである。ナンカン郡の人口統計によると全体の半数近くがシャンで、彼らは主に低

写真3　中国国境域の低平地に広がる水田（2002年12月）

平地をテリトリーとしている。また、郡南部の山斜面には、パラウン、コーロンリーショー、カチンの集落があり、標高毎におおよその棲み分けが見られる。一方、ビルマ人の居住者はきわめて少数であり、農村に居住する者はほとんどおらず、町に住む商人や政府役人などに限られている。

　ところで、国境線というのは、人びとがこの地域に定住した後に、国家の都合で引かれたものである。国境の向こう側といっても小さな川の向こう岸であり、国境を跨いで同じ文化的な繋がりを持った人びとが住んでいる。つまり、彼らの文化圏や生活圏の広がりは国境を跨いで広がっており、今でもローカルなネットワークは健在である。

　川沿いの低平地にあるシャンの村では、水田稲作を中心とした農業が生活の基盤となっている（写真3）。標高は海抜800mほどであり、気候は1年を通じて温暖だが、12月や1月には摂氏4度ぐらいまで冷え込むこともある。年間の降雨量はおよそ1500mmで、5月頃から10月頃までが雨季である。水稲の雨季作では、6、7月頃に苗が本田へ移植され、11月頃に収穫される。稲作は雨季だけでなく、乾季にも行なわれる。乾季作のためには12月から1月頃のもっとも寒い時期に育苗を始め

ざるを得ないので、低温による障害を避けるために苗代がビニールシートで覆われる。低平地では水稲の二期作が広く行なわれているが、その他にも雨季稲作とコムギ、ナタネ、スイカといった多彩な作物の冬作とを組み合わせた作付けパターンも見られる。

さて、この国境域の農村における少数民族の人びとの暮らしぶりであるが、私には総じて物質的に豊かだと感じられた。経済発展レベルの観点からは「後発発展途上国」とされるミャンマーの農村地帯をあちこち巡っていた者の印象であるから、もちろん上方にバイアスがかかって

写真4　低地の稲作農家のほとんどが小型バイクを所有していた(2004年10月)

いることは否定できない。しかし、ミャンマーの中心部である管区ビルマの農民の当時の暮らしぶりとは明らかに違った。特に、低平地にあるシャンの稲作村で、それは際立っていた。村人は中国製の小型バイクを所有しているのが当たり前で、複数台持っている世帯も多くある(写真4)。小型の耕耘機や、「トラジー」と呼ばれる乗用トラクターなども同様である。当然、テレビの所有者も珍しくはない。聞き取り調査で私が村を訪れた際に、話し相手であった農家の携帯電話に着信があって、彼に席をはずされた時には唖然とした。このあたりは中国の携帯電話サービスを借用しているので、比較的安価に携帯電話を手に入れることができるのだが、当時はヤンゴンでも携帯電話の利用者がほとんどいなかったから、驚いたのだ。なにか割のよい副業で稼いでいるのだろうかと思ったが、話を聞けばなんのことはなかった。稲作が儲かるというのだ。

写真5　コンバインでの水稲の収穫作業。当時、管区ビルマではまず見ることはなかった(2004年10月)

写真6　乾季作のために中国製ビニールを用いた被覆苗代を準備している(2002年12月)

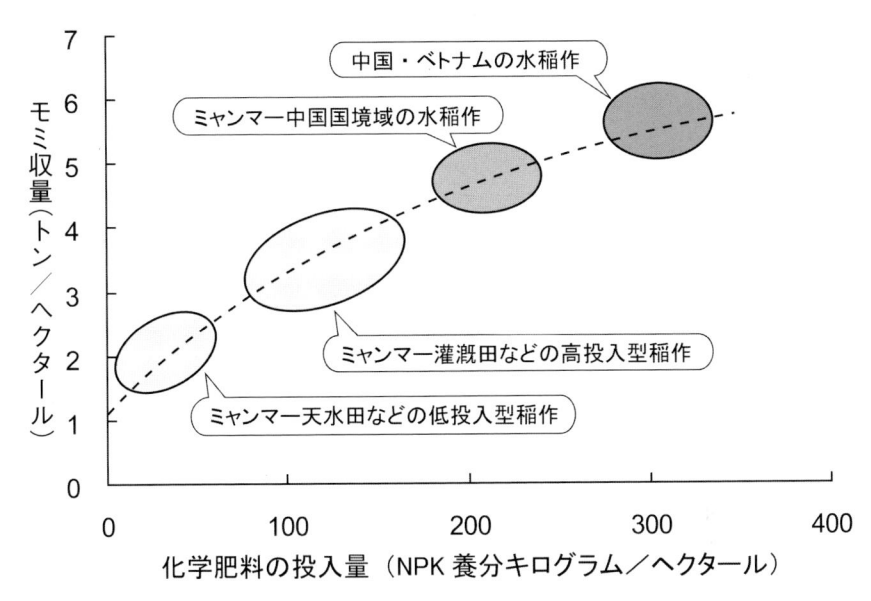

図2 ミャンマー中国国境域の水稲作における化学肥料投入と収量のレベルと他地域との比較

ミャンマー中国国境域は2004年、その他は2000年前後のデータ。出典：[Matsuda 2011] と [松田2012] を基に作成

❖シャン人による近代的稲作の実態と成り立ち

 のどかな田園が広がる古き良き農村というのはこちらの勝手な思い込みで、実のところ彼らはずいぶんと近代的な稲作を実践していた。まず、栽培しているイネの品種を聞いていくと、ハイブリッド品種(F1品種) がとても多い。当地では「シンシュエリー」と呼ばれる、中国で開発された品種群で、中国企業が生産した種子を用いている。このハイブリッド品種の潜在能力を十分に発揮するために、普通の改良品種(純系品種) の場合にも増して、化学肥料を大量に投与している。農薬の施用も多い。加えて、農作業における動力源の機械化が進んでいて、ほとんどの農家が自ら所有する農業機械で耕耘し、役畜としてウシやスイギュウを用いる者はとても少ない(写真5)。低平地では、もはやウシやスイギュウがほとんどいなくなった村が多くある。また、寒冷期の育苗のため、保護苗代を設置する際には、これまた中国製のビニールシートを惜しみなく使用する(写真6)。さらに、乾季作の補助灌漑のためには、各々の農家が資金を出して井戸を掘削し、ディーゼルポンプで揚水する。このように稲

作に対して資金をつぎ込むことに、農家の迷いは見られない。

　結果として、農家は高水準の収穫量を実現している。1ヘクタールあたりの籾収量で5トンを超えることも珍しくない。当時のミャンマーにおける一般的な稲作農家と対比すると、この中国国境域の稲作における技術の集約化度合いの突出が鮮やかに見て取れる。ミャンマー国内で比較的高投入型の稲作が行なわれている灌漑水田の乾季作でも、その収量は1ヘクタールあたり3.5トン程度であるし、投入されている化学肥料にも2倍ほどの開きがある（図2）。また、機械化は徐々に進んでいるとはいえ、依然としてウシやスイギュウが主な動力源であることに変わりなく、稲作における農薬の使用量は少ない。ムーセーやナンカンの近代的稲作は、まだ中国や北部ベトナムのレベルまでは達してはいないものの、それに近い水準にあるのだ。このような技術変化は、生産プロセスで化石資源が用いられる化学肥料の利用効率や環境負荷の観点から見れば過剰投入の側面があるので手放しで賞賛はできないだろうが、ここでは持続可能性をめぐる議論はひとまず脇に置いておこう。

　収穫した稲籾は、ほぼすべて売る。自家消費分をいくらか取っておく者もいるが、ハイブリッド品種の米は硬くて不味いため収穫物は残さず売りはらい、食用には他品種の米を改めて買うという者が多い。あるいは自家消費用としてハイブリッドではない品種、例えば在来品種や雲南省から古くに導入されたという高収量品種を栽培する。収穫物は村にやってくるシャン人の商人に売り渡されるが、その際はミャンマーの通貨チャットではなく中国元で取引されている。

　このような、積極的に近代的な農業技術を導入し商業的な稲作に取り組む農家の姿は、細かな収支の試算結果を見るまでもなく、ここでの稲作から十分な利益が得られることを物語っている。

　ところで、この地域の稲作技術の近代化はどのような経緯で進展してきたのだろう。農家の話によると、シュエリー川の対岸、つまり中国に属する隣村において定着してきた新しい技術をミャンマー側にも取り込むかたちで、徐々に変化してきたという。村の人びとは日常的に「中国」と「ミャンマー」を行き来してきた。市街区を離れたら、国境線であってもフェンスなどの物理的な障壁は特に設けられていないので、川を渡りさえすれば容易に出入りできる。このような状況下では、村人が中国側の農村で新しい技術に触れる機会はいくらでもあり、それを模倣しようとするのも自然なことであった。

例えばナンカン低地部のある村では、1980年頃に、シュエリー川の向こう岸の村々で始まっていた二期作に倣って、初めて乾季稲作を導入したという。その後、ビニールシートを用いた被覆苗代技術の普及によって、90年代に入ってから乾季作がより広まっていったそうだ。このビニール苗代も、中国側で行なわれていた方法を真似して取り入れたものである。同じ頃、90年代の半ばには、イネの高収量品種や化学肥料、農業機械などの近代的稲作を構成する技術要素が、在来品種やスイギュウ、堆厩肥などの伝統的な稲作技術に取って代わっていった。いずれも中国側からの影響であった。また、中国政府の肝いりで開発され、熱心に普及がなされたイネのハイブリッド品種は、90年代初頭に中国全土における普及面積が最大となっていた。ミャンマーと国境を接する雲南省では少し遅れて90年代半ばにピークを迎えたのだが、その頃にはミャンマー側でも試しに栽培してみる者が現れていたという。その後、中国の劇的な経済成長と市場の拡大も後押ししてか、私の2度目の訪問時（2004年）には中国のハイブリッド品種がこの村でもっともポピュラーな品種となっていた。2009年に再訪した際には、農家が自前で多くの井戸を掘削して乾季作の面積をさらに安定的に確保し、そこでハイブリッド品種を用いた高投入型の稲作が熱心に行なわれていた。ミャンマー側におけるハイブリッド品種の普及と定着はこの村に限ったものではなく、ナンカン郡全体でも2000年代にその栽培面積を急増させていた。

　このように、国境域のシャン人の農村における近代的稲作は、中国に属する隣村に普及してきた技術を少し遅れて取り込みながら形成されていったものだ。用いられている種子や化学肥料などの投入資材も、ナンカンやムーセーの市場や、中国側で入手した中国製である。国境線は引かれたものの、シャンの人びとの間での情報（技術）やモノの流れはそれによって遮られることはなかったのだ。

❖ 米増産政策として現れるミャンマー中央政府の姿

　ここまで、国境域のシャン人の農村で行なわれている近代的稲作が示す高い生産性や良好な収益性を強調してきた。それは、ミャンマー農業の文脈で見るとそれが例外的な事例であるからだ。同時期のミャンマー国内、特に管区ビルマの事情に照らしてみると、いずれも抜きん出たレベルなのである。なぜこのような稲作が国境地域の農村で実現できているのかを理解するためには、ミャンマーの農業関連政策の大きな枠組みの中で、一般的な稲作農家が置かれている状況を説明する必要が

表1　ミャンマーの生態区毎の米の生産割合(%)

	デルタ部	沿岸部	中央平原部	山地部
1960年	66.3	14.7	12.9	6.1
1970年	62.1	12.7	15.5	9.7
1980年	65.4	11.4	13.4	9.7
1990年	60.6	12.6	16.1	10.7
2000年	59.9	11.9	17.2	11.0
2009年	50.1	12.2	22.9	14.7

出典[Matsuda 2009]と[CSO 2011]のデータを基に作成

あるだろう。

　ミャンマー政府は長い間、農業政策におけるもっとも重要な目標として、「米の増産」を掲げてきた。社会主義時代から、イネを含む主要作物について作付面積や生産量の目標値を設定している。そして、それを達成するために農地の国有制度に基づいた作付計画の遂行が時には強引に実行されることもあり、「強制栽培制度」とすら呼ばれた[髙橋 2000]。加えて技術普及事業の推進には行政力の集中的な行使が続けられ、軍事政権時代には灌漑排水事業への惜しみない財政投資も行なわれてきた[Matsuda 2009]。制度面と技術面の両サイドから、一貫して米の増産を促してきたのである。

　この増産政策は全国で展開された。ミャンマーにおける米増産の第1期と言える1970年代中頃から1980年代初頭にかけては、「緑の革命」技術の導入、つまり同国で初めての高収量品種の導入がなされた。第2期である1990年代初頭には、乾季稲作の拡大による二期作化が推進された。これら第1期と第2期の増産は、米どころであるエーヤーワディー・デルタや中央平原に点在する伝統的な灌漑地帯を主な舞台としていた。しかし、2000年代に入ってからの第3期の増産は、中央平原におけるダム建設などの灌漑開発とともに少数民族山地における稲作集約化による成果が顕著であった。政府統計データから算出した生態区毎の米生産量の割合を見ると、長く6割以上を占めてきたデルタの生産割合が徐々に低下し、山地部や中央平原での割合が増加していることがわかる(表1)。この山地部における増産は、すなわち中央政府の政策や行政システムが徐々に浸透し、少数民族州においてもその影響を与えうる範囲を拡大しつつあることを暗示している[Matsuda 2009]。

　しかし、米の増産を強く促す一方で、米の国内価格は低く抑えられ続けてき

た。そのための方策の1つとして、米の供出制度があった。稲作農家は、市場価格よりも低い政府価格で一定量の収穫物を政府に供出することが義務づけられていた。さらに、米の輸出は、国内の米価格の高騰を懸念するミャンマー政府の厳しい統制下に置かれ、事実上はほとんど輸出を禁じた状態が続いてきた。元来、米の増産政策には輸出量の増大による外貨の獲得を目指すという意図があったとされるが、実態としては低価格の米を安定的に国民に供給することで社会不安を回避する、つまり政権維持の手段としての意味合いが強いと評価されている［藤田・岡本 2005］。米の供出制度は2003年に廃止され、2011年に樹立した新政権は米の輸出の自由化を進め、イネの「強制栽培制度」も緩和されているようだ。しかし、米の増産を重視する農業政策の本質的な方向性は現在も変わっていない。

　要するに、長い間、米の価格政策を含めた中央政府の農業政策は、稲作農家の側よりも、町住みの消費者の側を向いたものであり、国内に出回る米は「安ければ安い方がよい」とされてきたのである。稲作農家にとってみると、政府から増産の強い要請がありつつも、一方で籾米の販売価格が低く抑えられた状況下で、彼らの投資意欲が高まるはずはなかった。この結果として、生産コストのかさむ「高投入―高生産」型の稲作技術への転換は、政府の思いとは裏腹に、それほど進むことはなかったのである（図2）。

　さて、翻ってシャン州北部の中国国境域の実態である。ここもまたミャンマー中央政府が山地部で適用しようとした農業政策と無縁ではなかった。米の増産に向けた稲作技術普及に対する行政の意欲は高い。例えば乾季作の面積拡大やハイブリッド品種の導入に代表されるような集約的技術は、中央政府系の農業技術普及組織によってバックアップされていた。種子や化学肥料の輸入販売を代行して行なったり、展示圃場を設営したりしていた。とはいえ、この国境域の稲作農家は、そのような支援とは関係なく、雲南省から新しい技術や資材を直接得ることで自分たちの稲作を進歩させてきたのである。農家の眼は常に中国側を向いていた。彼らの情報や流通網は、普及組織の一歩も二歩も先を行ったもので、政府の主導する事業がそれを見て後追いしているような状況であったのだ。

　また、当然ながら、この地域でも米の輸出は基本的に禁止されていた。つまり、政府当局の許可なくして、ムーセーの国境ゲートを通じて中国側に米を運び出すことは認められていない。しかし、ナンカンやムーセーの稲作農家には、ミャンマー政

府によって米の価格が抑制されている管区ビルマとは違い、米販売価格の低さにあえいでいる様子は見られない。だからこそ彼らは主体的に稲作技術の近代化を進めているわけであり、そこから確実に経済的な利潤を得ている。つまり、彼らは中国側へ米を「密輸」しているのである。

❖国境を跨ぐローカル・ネットワークで繋がる

「密輸」と言えば聞こえは悪いが、要は現在も生きているローカルな活動圏の中で米の流通が自由に行なわれているということだ。確かに公式には国境がこの領域を明確に分断している。ムーセーやナンカンには中央政府が管理する国境ゲートがあり、ここを通じた行き来しか公式には認められていない。しかし現実には、国境線と重なるシュエリー川の岸辺に、いくつもの船着き場が設けられており、すぐ先に見える対岸の中国側との間で、ボートが頻繁に行き交っている。中国へ出す積み荷を載せた車両が、公式の国境検問所の前を素通りし、堂々とこの船着き場を出入りしている。国境線に沿って数多く存在するこれらの非公式な「ゲート」を通じて、人もモノも自由に行き来できる状況が、現在まで続いてきたのだ。こと稲作に関して言えば、新しい技術の情報や投入資材が容易にもたらされるのはもちろん、たとえ中央政府によって輸出が厳しく規制されている米であっても、ここではいともたやすく中国側へ運び出すことができるのである。農村での籾米の売買が中国元で行なわれているのも、その方が都合がよいからだろう。

では、なぜミャンマー政府は国境域での非公式な人やモノの出入りを取り締まらないのか。地形的に見てムーセーやナンカンあたりの国境には容易に行き来できるポイントが無数にある。それらをもれなく管理できるほど、中央政府の支配力が浸透していないのだ。監視したくてもできないのである。上述したように、シャン州ではすべての地域に中央政府の眼が行き届いているわけではない。このムーセーやナンカンの中国国境域でも、市街とそのまわりの農村域については中央政府が直接管轄する地域となってはいるが、取り囲むように少数民族組織の支配する区域が存在する。また、政府直轄地といっても治安状態は流動的である。2009年8月の現地調査では、時を同じくしてシャン州北東部でコーカン人組織と国軍との武力衝突があり、ミャンマー中央政府と少数民族組織の間で軍事的緊張が高まっていた。そのような状況下、政府側の入域許可を得た外国人調査者である私が農村部で移動す

る際には、武装した警官を乗せた警護車両がサイレンを鳴らして同行することになった。また、別の機会では、聞き取り調査の相手が腰に拳銃を差していたこともあった。幹線道路と公式の国境ゲートこそ中央政府の手に握られているものの、そこから離れれば離れるほど政府の統治力は弱まるのである。

　一方、中央政府は国境線を完全に管理するのを放棄する代わりに、その手前にある105マイル・チェックポイントでの取り締まりに力を入れて、効率的にコントロールを効かせようとしている。谷間における隘路状地形を利用したこのチェックポイントが、実質的な「国境検問所」の役割を担っているというわけだ。だからこそ、ここでは時間をかけて細かく必要書類や積み荷が精査されているのである。禁輸出品目を掲げた立て看板には、筆頭に「米」があげられており、政府の許可なくここをくぐり抜けるのは至難の業である。105マイル・チェックポイントの内と外での米の価格差が、それを裏付けている。2004年の訪問時、ムーセーやナンカンの町では、ハイブリッド米は中国側と同程度、つまり相対的に高い価格水準で取引されていたが、チェックポイントの内側(ミャンマー側)では低い価格しかついていなかった。このことは、国境側(チェックポイントの外側)は中国の米市場と事実上繋がっていることと、チェックポイントの内側はそこから断絶されていることを示唆している。ちなみに政府系機関によるハイブリッド品種の栽培奨励事業は「内側」でも盛んに推進されていたが、農家は受け入れに消極的であった。「外側」の成功は、出入りの管理が緩い国境域の特殊な経済状況下だからこそ達成できたのである。チェックポイントを回避してムーセー側に抜ける山越えの細道もあるが、ウマを使って嵩張る米を無理して運んだところで経済的なうまみはないのだろう。

　ムーセーやナンカンの国境域、つまり105マイル・チェックポイントの外側は、ミャンマー政府の直轄地でありながら、その支配が十分に行き届いているとは言えない特異な社会・経済状況にあった。この状況が生み出され、継続させられてきた背景には、少数民族組織による過激な闘いの歴史と今も続く緊張関係がある。しかしながら、ここに暮らすシャン人の稲作民たちもまた、武器は持たずとも、彼らなりのやりかたで「闘い」ながら、自らの生活を守ってきたと言えるだろう。彼らは、上から被された国境線とその管理を現場レベルで拒絶し続け、ローカル・ネットワークを脈々と機能させ、中国側の農業技術や資材を自在に取り入れるとともに、無尽蔵の中国市場に繋がることによって、近代的な稲作を主体的に発展させてきた。2つの

写真7　シャン州南部における中央政府の行政中心地、タウンヂーの町並み（2008年2月）

「大国」の狭間で、1つの大国（ミャンマー中央政府）には非合法的な手段で対抗し、もう1つの大国（中国）の技術や市場を巧みに取り込むことによって、あやうさを脇に従えつつも豊かさを手に入れていたのだ。

(3) 稲作から解き放たれた人びと

❖ シャン州南部の少数民族「特別区」

　シャン州南部は、同じシャン州であっても州北部と比べると、物理的にも心理的にもミャンマーの中心部からより近く感じられる。首都ネーピードーからだと、車で朝に出発すれば、明るいうちにシャン州南部の中心都市であるタウンヂーに到着することができる。メイッティーラ付近から東へ向かういくつかの道路が、かつてミェラッ（ビルマ語で「（ビルマとシャンの）中間の土地」の意）と呼ばれたシャン世界への入り口とも言える地域を横切っており、そこで標高を徐々に上げてシャン州南部へ通じている。タウンヂーまでの道中には有名な観光スポットがいくつかある。英領期に避暑地として知られたカローでは少数民族の山村をめぐるトレッキング・ツアーなどが行

なわれており、インダー人の水上集落や湖面でのトマト栽培で有名なインレー湖はタウンヂーのすぐ西に位置している。タウンヂーまでは観光ビザで特別な許可なく入域することができるため、外国人旅行者の姿を目にすることも珍しくない。タウンヂー近郊のヘーホー空港にヤンゴンやマンダレーとの間を結ぶ航空便が毎日発着していることも、この地域との距離感をさらに縮めている。

　タウンヂーは標高約1400mの高台にある町で、英領期に植民地政府により南シャン州の監督局が置かれた後に拓かれた(写真7)。現在もそのままシャン州南部における中央政府の行政中心としての役割を担っている。町にはビルマ人も住んでいるが、パオー人やシャン人などの少数民族が多数を占めている。

　行政区画としてのタウンヂー郡は南北に細長く、タウンヂーの街区を含む郡北部と農山村が広がる郡南部とで2つの支郡に分けられている。郡南部をなすチャウタロンヂー支郡は、パオー民族機構(PNO)と称するパオー人の組織が政治的に支配する区域であった。PNOは反政府勢力として長く中央政府と敵対してきたが、1991年に停戦協定を結んだ。その後、後にチャウタロンヂー支郡となるタウンヂー郡南部と近隣のいくつかの郡に跨がる領域が「第6特別区」として中央政府に公認され、PNOはこのエリアでの一定の自治権を獲得したのだ。形の上では、中央政府から派遣された内務省役人がチャウタロンヂー支郡の長として任命されていたが、他地域同様の実権は発揮できていないようであった。

　PNOは特別区内における自治権を得るとともに、シャン州東部にあるルビー鉱山やカチン州にある翡翠鉱山の採掘権など、特別区外の経済的利権も獲得するなど[クレーマー 2012]、資金源の確保に熱心であるようだ。パオー人は観光ビジネスにも積極的で、近接するインレー湖では観光ホテルやレストランを経営している。特別区内にあるカックー仏教遺跡への観光ツアーもPNOが取り仕切っており、観光客はタウンヂー市街に構えられたPNOの事務所で入域料を支払い、パオー人のガイドに付き添われ特別区内の観光地へ向かう。この特別区内で農村調査を行なおうとしていた外国人調査者である私の場合は、中央政府、具体的にはミャンマー国軍や関連省庁の許可を得た上で、これらの中央政府側の機関を通じてPNOに入域と調査実施を打診することになる。そのため両者の関係があまり良好でない時期にはこの手続きがスムーズに進まず、観光客が入域料を払って容易に出入りしているのを横目に、私の方はタウンヂーで足止めされることもあった。一方で、PNOとの合意

があれば、ミャンマーでは一般的には許可されていない外国人の農村における寝泊まりも可能であり、外国人学生の農村ホームステイが企画されていた。このような外国人入域の取り扱いを通じて、実際に特別区に入域する前にも、この地域のユニークな行政的独立性を感じた。

❖ニンニク・ブームに沸く農村

　タウンヂー市街から南へ延びる車道を進むとすぐに特別区の領域に入る。ここで紹介するナウンカー村落区までは、ジープで約40分の道のりである。私が何度か調査のために足を運んだ2007年から2009年頃は、細かな検問などは行なわれていなかった。PNOが支配する特別区だけあって、当然ながらこのあたりに住んでいるのはほぼすべてパオー人である。若年層はビルマ語も理解するが人びとの日常会話はカレン語系統のパオー語である。黒い衣装を着て橙色などの明るい色の布を頭にターバン状に巻いた、パオー人に特徴的な装いをした年配の女性の姿が目に入ってくる。

　ナウンカー村落区は、西側でインレー湖と接しているシンタウン山地の東麓に位置している。村落区内には28の自然村が、標高約1300～1500mの間に点在し、およそ800世帯が暮らしている。全世帯の8割程度が農地を所有しており、村での主な生業は農業である。

　彼らは、山斜面や山裾から広がる段丘を利用して農業を営んでいる。村の年長者らの話によると、かつては焼畑での陸稲栽培を軸とした自給的な生活が営まれていたが、1960年代頃から焼畑の園地化や常畑化が進行し、商業的な農業へ転換していった。ちなみにこの地域は過去にもケシ栽培を経験していないという。現在は、焼畑はもちろん陸稲の栽培すらほとんど姿を消している。水稲作が行なわれている水田も村にはほんのわずかしかない。村の畑地では、雨季にはラッカセイやダイズ、トウモロコシ、キマメなどを、乾季にはコムギなどを栽培している。また、標高の高い山斜面には、ビルマ語で「タナペッ」と呼ばれる樹木(カキバチシャノキ)の園地が多い。この木から収穫した葉を村内で熱乾燥加工した後、商業用の巻き煙草の生産地へ出荷している。これらはすべて換金作物として栽培しており、ほとんどの村人は主食である米を現金で購入して暮らしている。

　さて、村を歩いての印象は、前項で紹介したシャンの農村で持ったものと似てい

写真8　特別区のパオーの農村では立派な家屋も見られる。写真の家はニンニクの生産から得られた現金収入もあって2002年に建てられたという(2007年8月)

て、ここでも農民の生活の豊かさが垣間見られた。ただし、あくまでもミャンマーの中心部である管区ビルマの農村と比べた場合の相対的な印象である。さすがに中国国境域の村で感じたほどの経済的活力はないが、ここでも新しく建てられた立派な家屋が多く並ぶ村があるし、テレビやビデオCDデッキ、小型バイクなどを所有している者もそう珍しくない(写真8)。やはりここでも農業からの現金収入が十分に確保できているのだろうか。

聞き取りを続けていくと、近年、ニンニクの栽培がこの農山村へ目立って大きな現金収入をもたらしていることがわかった。ここのニンニク栽培は国内市場に向けたものである。ニンニクはビルマ料理やビルマ風にアレンジされた中華料理のあらゆるメニューで用いられており、その国内需要は大きい。ニンニクは、天水に依存した畑作とは異なり、灌漑水を使って乾季に栽培されている。乾季に村内の小さな谷間や窪地へ山林からの湧き水を引き、灌漑畑地を拓いているのだ。土地の傾斜に沿って立てた畝の間を順々に湛水していき、自分の持つプロットに水が来る時を見計らって畑に出かけ、人力で散水を行なう(写真9)。村の農地に占める面積で言えば天水畑地とタナペッ園地の方が広くて、これらが村落経済の基盤となっている

写真9　灌漑畑地で栽培するニンニクに散水する。もっと傾斜のあるニンニク畑もある（2008年2月）

のは疑いないが、得られる収益は面積が限られているとはいえ灌漑畑地からの方が勝るという。

　この灌漑畑地はパオー語では「クラムティ」、ビルマ語では「イエチャン」と呼ばれる。いずれも「水の園地（ガーデン）」という意味である。ここでも、雨季にダイズを天水栽培したり、後述するように棚田状に形成して水稲を植えることもまれにあるのだが、この農地が「クラムセイン（天水畑地）」や「ライ（水田）」と呼ばれることはない。人びとのこのような農地認識も灌漑畑地（＝乾季ニンニク作）の重要性を示していると言えるだろう。こういった灌漑畑地は、このチャウタロンヂー支郡（タウンヂー郡南部）においてもっとも多く見られるが、近隣の他郡にも多くある。

　また、これは今に始まった農業様式ではなく、それなりに歴史もあるようだ。この村では、焼畑での陸稲栽培を主な生業としていた時代にも灌漑畑地におけるニンニク栽培は貴重な現金収入源として行なわれており、現在まで続けられてきた。PNOのメンバーには、ニンニクこそがパオー人を象徴する作物だと言う者もいる。商業的農業への転換とともに少しずつその経済的な重要度は増してきていたが、特に2000年代に入ってからのニンニク価格の高騰が村に「ニンニク・ブーム」とも言え

写真10　収穫した大量のニンニクを選別する(2008年8月)

る活気をもたらしたようだ(写真10)。村人はニンニク作にいっそう力を入れるようになり、化学肥料や農薬の投入量は数年間で激増した。

　私が調査で訪れた2007年は、ちょうどニンニク・ブームが最高潮にあった時であった。この時のニンニク販売価格は、2001年頃と比べると10倍以上の値をつけており、村人のニンニク作への熱意も頂点に達していた。タウンヂー市街手前の車道沿いにはチャウタロンヂー方面から出荷される農産物を扱う仲買人の事務所が集まっているのだが、この数年のブームの間にニンニクを扱う者の数が3倍近く増えて、2008年時点では40人程になっていた。その仲買人の1人は年間で500トン程度のニンニクを扱っていたが、それ以上の規模で商売している者も少なくないようだ。また、村での灌漑畑地の地価は天水畑地の10倍までに跳ね上がっており、近隣他郡の低平地にある水田と比べても3倍以上する。灌漑畑地の価値はもともと高かったが、1990年頃ではせいぜい天水畑地の3〜4倍程度だったという。翌年(2008年)に訪問した時には、それまで上昇を続けていたニンニク価格が下落しており、熱気はやや落ち着いていたが、収益面から見るとまだまだ灌漑畑地での集約的なニンニク栽培は魅力的なようであった。要するに、私が村の中で目にした新築家屋や新し

い小型バイクなどは、このニンニク・ブームに乗って一儲けした村人たちのものであったのだ。

❖見えない中央政府の姿

　農産品の価格上昇の機会をうまく摑んで潤ったという農村のストーリーは、ミャンマーでもとりたてて珍しいものではないだろう。しかし、ナウンカー村落区のニンニク栽培における成功の背景には、少数民族の「特別区」ならではの特殊な環境が効果を発揮しており、注目するに値する。つまり、農業政策において管区ビルマでは当たり前に存在する中央政府の強い力が、ここでは姿を見せないのだ。

　この地域はパオー人の政治組織であるPNOによる実行支配が長く続き、1991年に中央政府と停戦合意して以降は特別区として公認された。調査当時、この特別区において中央行政はどの程度浸透していたのだろうか。当然、特別区に住む人びとも皆、国民登録証を所持しており、ミャンマー国民としての権利が認められていた。国民登録証はそれがないと国内での移動にも支障をきたすものだ。また、停戦後には、道路の舗装整備やビルマ語で行なわれる学校教育といった中央政府の行政サービスが少しずつであるが充実してきたという。しかし一方で、ミャンマーの農地管理の基盤となっている圃場地図、つまり圃場プロット毎の立地や面積、地目などの詳細なデータは、ごく一部の水田を除いては、まったく整備されていない。よって、彼らの保有する農地は行政的に捕捉されることはなく、世帯毎の農業生産を管理する台帳も発行されていない。このことは、これまで一度も農地税が徴収されず、政府の指定する特定作目の栽培計画や供出制度の対象からも外れてきたことを意味している。

　実態を知るためにもう少し具体的な例を見てみよう。タウンヂーに勤めている中央政府の役人は、たとえ農業技術普及員であっても車道から離れた農地にまで足を踏み入れる機会はほとんどなく、実質的にここは中央行政の管轄外のような扱いである。農業統計に関する実地調査も形式的なものしか行なわれていないようだ。また、2000年代中頃のミャンマーでは、バイオディーゼル原料となるナンヨウアブラギリの植栽プロジェクトが、中央政府の強力な後押しのもと全国に展開されていた。管区ビルマでは道路端、学校や役所の敷地内に至るまで、あらゆる場所にナンヨウアブラギリが新たに植えられており、中央政府の息がかかった土地であることをは

っきりと表す目印となっていた。しかし、この特別区では、統計数字の上ではいくらか計上されていたものの、ナンヨウアブラギリはまったく目立つことはなかった。このように特別区はその名の通り中央政府の制度や行政からかなり離れた特別なところであった。

以上のような状況から想像できるとおり、中央政府が管区ビルマにおいて時に強権的に実行している米の増産政策であっても、この特別区ではまったく施行されていなかった。そして、だからこそ、人びとは自由にニンニクの栽培ができたと言える。集約的なニンニク栽培を行なっている灌漑畑作地は、自然条件から見て水田として稲作を行なうことが可能である。実際、この土地を一時的にテラス状の形状にしつらえて、雨季に水稲作を行なうことも稀にある(写真11)。もしも管区ビルマであれば、このような土地は「水田」農地として地目登録されることは避けられず、イネの作付け計画が課せられる可能性が高い。また、2000年代に入ってから中央政府が山地地域の主に少数民族の居住域において推進している「高地農業開発計画」においても、米の増産という基本的な路線は維持されており、水稲栽培の実現を目指した棚田開発を念頭に置いた農地造成があちこちで計画されていた。しかし、ここではそのような動きもまったく見られなかった。

特別区で暮らすパオーの生業の一面として現れていた、特定の換金作物をめぐる活況は、一見ありふれた話のように見える。しかし、それが水田稲作と競合する点を考慮すると、米の増産政策を基軸としてきたミャンマー政府の指針とは相反したところに位置づけられる。この特別区では、中央政府の方針が色濃く出た農業政策や開発計画に束縛されてこなかったため、水稲作も可能な土地を利用した灌漑畑作

写真11 2008年、このニンニク乾季作の後、灌漑畑地の一部がテラス状に簡易造成され水稲雨季作が行なわれた。翌年の乾季には、再び斜面に沿った畝を作り直してニンニク栽培用の灌漑畑地に戻された。生態条件からは水田としても利用可能なのである(2008年2月)

写真12 特別区ではパオーの民族衣装を着た若者が出演したビデオディスクなどが、パオー文芸文化センターの許可の下で発行されている。もちろんこのポスターもパオー語で書かれている（パオー文字はビルマ文字と同じ系統であり両者は似ている）(2008年8月)

をこれまで維持することができ、近年のニンニク・ブームをうまくとらえることもできたわけだ。

❖ 中央政府との絶妙な間合い

　このパオー人の村は、前項で紹介したシャン州北部の中国国境域と比べると国の中心部から物理的な距離は近いが、中央政府行政の浸透度が低いという点では似たような状況が生み出されていたのである。シャン州南部において少数民族組織のPNOが自治権を持つ「第6特別区」は、実質的にも中央政府の行政システムが機能しているとは言えない文字通りの特別区であった（写真12）。この特殊な状況を生み出したベースには、PNOという組織の形で中央政府と対峙し、闘い、停戦合意と引き替えに勝ち取った自治権を持って確保した自分たちの陣地がある。そして、特別区の農村に暮らす人びとは、行政サービスを受け取る一方で、中央政府の農業政策や土地制度などの侵入に対してはつけ入る隙を与えなかった。いわば、かつての武闘派的な闘争と「普通」の人びとによる無言の「闘い」の結果として、このエリア全体に「大国」（ミャンマー中央政府）の姿を見えなくさせているのだ。現在、少数民族組織と一般の人びととの目指すところがどの程度一致しているのかは定かではないが、結果として、特別区という陣地を最大に活かして土地利用や作目選択における自律性を発揮することで、ここでも少数民族の人びとが豊かさを実現していたのである。

(4) おわりに

　本稿ではミャンマーの国土を縁取る少数民族州の1つ、シャン州に暮らす少数民

族が営む生業の様子を述べてきた。そこにあったのは、身を潜めるようにして生きる少数民族の姿などではなく、むしろ相対的にとはいえ経済的に豊かな農村であった。第2項で述べたシャン州北部の中国国境域では、低地に住むシャン人の農家が近代的な稲作を成立させ、高い現金収入を実現していた。第3項で取り上げたシャン州南部の農山村では、パオーの人びとが灌漑畑作を発展させ、かつての自給的な焼畑農耕から商業的な農業への転換を成功させていた。これらの成功を可能にした背景として、武装グループによる過激な闘いがもたらした、地域内で一様ではない統治のモザイクや、政治的組織が交渉を通じて獲得した自治の領域が存在していた。そして、農村に暮らす人びとは、農業を生業とする者の性として土地に縛られざるを得ないが、これらをミャンマー中央政府という「大国」と対峙する際のバリアとして利用しながら、大国の支配をかいくぐる、あるいは大国との絶妙な間合いを維持することを、彼らの生活空間で実現させ、豊かな農村を作りあげていたのである。

　もちろん、本稿で紹介した2つの事例は、ミャンマーに暮らす少数民族の生業の一端を示しているに過ぎない。そもそも数多くの民族が住み、多様な自然、社会あるいは経済環境が入り交じるミャンマーの少数民族山地において、典型的な村など存在しない。しかし、2000年代のミャンマーについて、国境域あるいは周縁地域でのより高い経済的な活性が指摘されることがある。例えば栗田ら[2004]は中央政府の縛りを受けにくい周縁地域の農村において世帯所得が高くなっていることを実証的に論じたし、髙橋[2004、2006、2007]は国境域における商品経済の浸透を報告している。さらに、中央統計局による2006年の地域別家計支出額では、国境に近い地域ほど全国平均（9万631チャット／月）を上回っている（図3）。訪れた村々の様子を思い出す時、この数字の向こう側に、国境の少数民族がそれぞれの置かれたユニークな社会状況の中で、それを最大限に活かして自分たちの幸福につなげようとして「闘って」いる姿が目に浮かぶ。

　また、本稿で強調してきた農村の豊かさは、利那的な経済的成功をとらえた一瞬のひとこまだとも思える。それぞれのベースにあった特殊な社会経済状況は、少数民族組織と中央政府との流動的な関係の間で存在しており、けっして安定的なものではないからだ。2011年に発効したミャンマーの新憲法には7つの州とは別に6つの民族「自治地域／区」の設立が記されており、そこにはパオー人の「自治地域」も

92　　第 2 部　生業

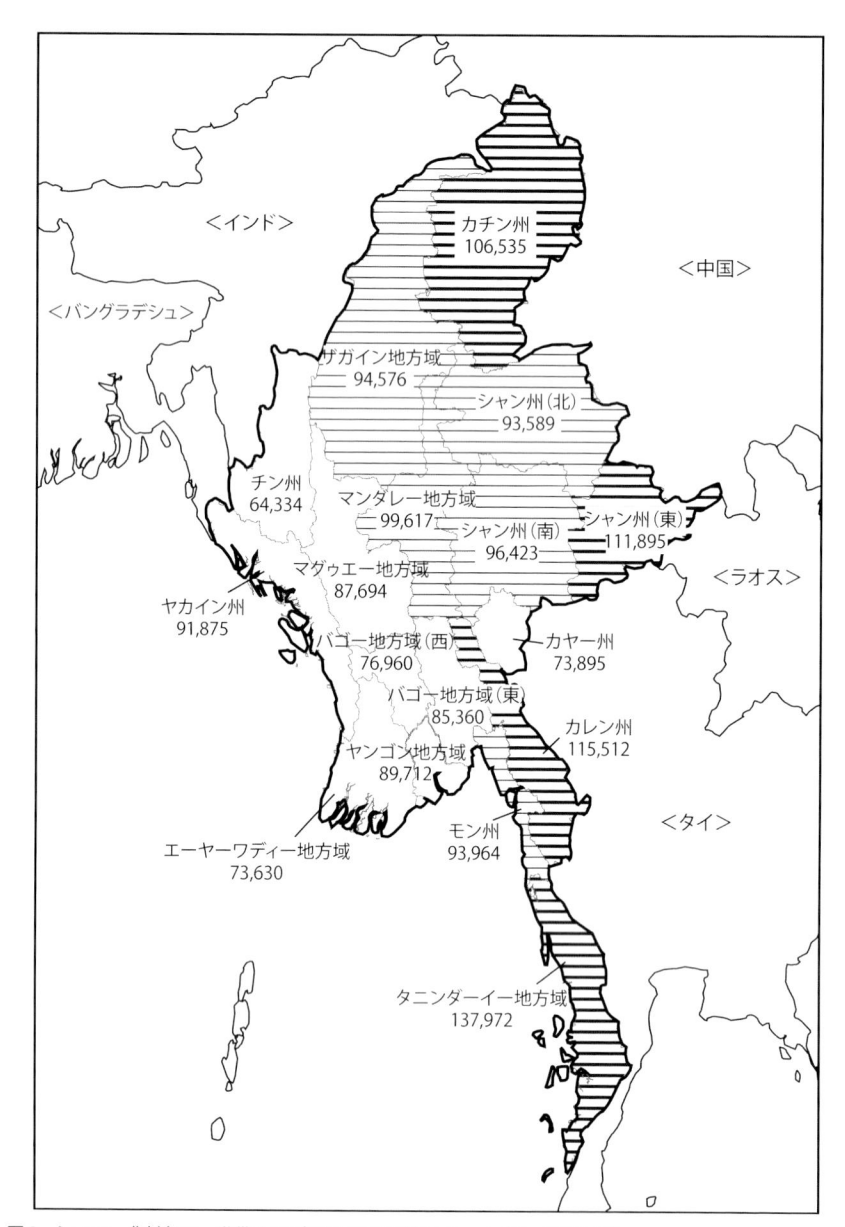

カチン州
106,535

＜インド＞

＜中国＞

＜バングラデシュ＞

ザガイン地方域
94,576

シャン州（北）
93,589

チン州
64,334

マンダレー地方域
99,617

シャン州（東）
111,895

シャン州（南）
96,423

マグゥエー地方域
87,694

＜ラオス＞

ヤカイン州
91,875

バゴー地方域（西）
76,960

カヤー州
73,895

バゴー地方域（東）
85,360

カレン州
115,512

ヤンゴン地方域
89,712

＜タイ＞

エーヤーワディー地方域
73,630

モン州
93,964

タニンダーイー地方域
137,972

図 3　ミャンマー農村部の一世帯あたり家計支出額（単位：チャット／月、2006 年）
　支出額が上位の地方域（管区）・州を網掛けしている。出典：［田中・松田 2010］の図を［CSO 2010］のデータを用いて改変

含まれている。2010年の総選挙を経てスタートした新しい国家体制では少数民族政党も国会や州議会で政治参加することとなった。しかし、これらの新しい制度的枠組みに組み込まれていく中で、現存する少数民族の自治権や領域が透明化させられることは避けられない。既に、農村で暮らす人びとも多かれ少なかれ変化を迫られているに違いない。また、最近になって停戦を合意した少数民族組織と中央政府との間で進められている政治的対話においては、自治権の範囲や武装解除に関する交渉の落としどころに明確な見通しはない。「民主化」プロセスに対する国際社会の反応に自信を持ちつつある中央政府から妥協を引き出すのは容易ではないだろう。真の意味での和平合意には越えなければならないハードルはいくつもあり、交渉が決裂し停戦合意が反故にされる可能性もなくはない。さらに、国境域ではその両側において越境管理への当局の関与はより強まっていくに違いないし、ミャンマー側では国際的な農産物流通の自由化もさらに進むことだろう。国境の少数民族を取り巻く状況はあいかわらず大きな変化の中にある。

　だが、彼らの将来を心配する必要などないのかもしれない。彼らはこれまで通り、たとえそれがはかない「豊かさ」であっても、それを摑み続けるために手段を選ばず前進していくに違いない。少数民族ならではの生存戦略とは、マイノリティの立場に置かれた時に誰もが発動する本能のようなものだろう。そして、マイノリティにとって「闘う」という選択肢は常に傍らにある。少なくとも、そのような大勢の人たちが中軸となってミャンマーの少数民族の世界は作り上げられてきたのである。

付記

　本稿は、既発表の論文2編［松田 2010、田中・松田 2010］で述べた内容の一部を基にして、大幅に加筆を施したものである。また、本稿の執筆内容に関わる現地調査は、科研費（20101009）、財団法人日本科学協会による笹川科学研究助成、および財団法人旭硝子財団による研究助成を受けて実施された。記して感謝の意を表します。

【引用文献】

栗田匡相・岡本郁子・黒崎卓・藤田幸一. 2004.「ミャンマーにおける米増産至上政策と農村経済——8ヵ村家計調査データによる所得分析を中心に」『アジア経済』45(8): 2-37.
クレーマー、トム. 2012.「ミャンマーの少数民族紛争」工藤年博編『ミャンマー政治の実像——軍政23

年の功罪と新政権のゆくえ』アジア経済研究所．139-166．
髙橋昭雄．2000．『現代ミャンマーの農村経済——移行経済下の農民と非農民』東京大学出版会．
―――．2004．「東北ミャンマー（ビルマ）山間地における棚田の経済的存立構造と資源管理」『東洋文化研究所紀要』146: 309-352．
―――．2006．「ミャンマーの棚田と山村経済」『棚田学会誌——日本の原風景・棚田』7: 10-23．
―――．2007．「焼畑、棚田、マレー・コネクション——ミャンマー・チン丘陵における資源利用と経済階層」『東南アジア研究』45(3): 404-426．
田中耕司・松田正彦．2010．「ミャンマー・シャン州中国国境域における稲作の変容——浸透する米増産政策と国境を超える農業技術」『農耕の技術と文化』27: 86-108．
畢世鴻．2012．「国境地域の少数民族勢力をめぐる中国・ミャンマー関係」工藤年博編『ミャンマー政治の実像——軍政23年の功罪と新政権のゆくえ』アジア経済研究所．
藤田幸一・岡本郁子．2005．「開放経済移行下のミャンマー農業」藤田幸一編『ミャンマー移行経済の変容』アジア経済研究所．169-229．
松田正彦．2010．「ミャンマー・シャン州南部における山地農業の成り立ち——商業的農業と灌漑畑作の進展と系譜」『農耕の技術と文化』27: 109-134．
―――．2012．「現代ミャンマーの人と自然の関わり合い——フィールドからみえる実像とその先に描く農業・農村開発——」尾高煌之助、三重野文晴編『ミャンマー経済の新しい光』勁草書房．99-129．
Central Statistical Organization (CSO). 2010, 2011. *Myanmar Agricultural Statistics*. CSO.
Matsuda, M. 2009. "Dynamics of rice production development in Myanmar: Growth center, technological changes, and driving forces." *Tropical Agriculture and Development.* 53 (1): 14-27.
―――. 2011. "Intensification level of rice farming in Myanmar: Implication for its sustainable development." *Environment, Development and Sustainability*. 13 (1): 51-64.
United Nations Office on Drugs and Crime (UNOCD). 2007. *Opium Poppy Cultivation in South East Asia: Lao PDR, Myanmar, Thailand*. UNOCD.

第2節　漢人・地方政府と結びついた農業生産

柳澤雅之

　第2部第1章第1節からは、ミャンマーと中国の国境域のうち、シャン州側で大きな変化が起きていることがうかがえる。では、国境の向こう側、すなわち、中国、雲南省側ではどのような変化が起きていたのだろうか。本稿では、前節のシャン州の状況と比較しつつ、雲南省徳宏傣族景頗族自治州(以下徳宏州)の少数民族の村の過去半世紀ほどの変化を見ていく。なお、本稿の記述は、2010年8月19日から9月1日に徳宏州瑞麗市で行なった現地調査の結果に基づいている。

(1)瑞麗市と国境

　まずは、徳宏州の町の概要と国境線の引かれ方を概観する。そして、国境の町を通過するモノと市場の様子を述べる。

❖徳宏州と瑞麗市の概要
　徳宏州は傣や景頗が多く居住する州である。ミャンマーでは、傣はシャン、景頗はカチンとして知られる民族である。中国の2007年の政府統計によれば、州の人口118万人には、傣や景頗の他に、徳昂(パラウン)、阿昌(アチャン)、傈僳(リス)などの少数民族が含まれ、州人口に対する少数民族の割合はほぼ50％に達する。中でも景頗や徳昂、阿昌は、中国の中でもそのほとんどが徳宏州に居住する[田畑ら 2001]。徳宏州内の少数民族に占める人口の割合を見ると、傣がもっとも多く60％、次いで景頗の23％であり、徳昂、阿昌、傈僳はそれぞれ2〜5％となっている[徳宏州 2013]。
　雲南省の省都昆明市から飛行機で1時間ほど南下すると、徳宏州の州都芒市(マンシー)(潞西)の近代的な空港に到着する。ここで傣のシンボルであるとされるクジャクのモニュメントに出迎えられた後、車で2時間ほどさらに南下すると、ミャンマーと中国の国境の町、瑞麗市に到着する。瑞麗市にある国境ゲートを越えると、そこがミャンマー、シャン州のムーセーである。昆明市からわずか3時間ほどで到着することができる。

写真1　瑞麗市内(2010年8月)

　瑞麗市は人口およそ20万人(2011年)、面積1020 km²、GDPが24.8億元(2009年)である[瑞麗市 2012]。中国では辺境の一都市に分類されるであろうが、ミャンマー側のムーセーと比べると圧倒的な大都市である(写真1)。中国側から見た場合、昆明、芒市、瑞麗の順に町をたどると、インフラ整備やビルの多さ、商品の価格差などの点で、いかに瑞麗が小さい辺境の町であるかが実感できる。

　瑞麗市も人口に占める少数民族の割合が多い。2008年の統計によれば、20万人都市の瑞麗市の中で、11.6万人(58％)の少数民族のうち、傣が72％、景頗が14％を占めている。これらの少数民族が国境沿いに多数居住していることが統計上明らかである。

❖国境の引かれ方

　徳宏州とシャン州の境界付近には、瑞麗江(ミャンマーではシュエリー川)が河谷平野を形成し、低地では水田が営まれ、そのまわりを山々が囲んでいる。こうした地形の場合、河川の中央や山の稜線を国境線とすることが多いように思われるが、必ずしもそうではない。この地域に暮らす少数民族の領域を分断する形で、中国とミャ

写真2　川を渡るとミャンマー(2010年8月)

ンマーの間に国境線が引かれた。姐告(ジェガオ)という辺境経済特区が、瑞麗の市街地の一角に、瑞麗江の南東岸にこぶが出張ったような形に建設され、その南側に国境線が引かれている。

　また、国境線が村の真ん中を通っていることもある。中国の瑞麗市姐相(ジェシャン)鎮銀井(インジン)村には、「一寨両国」、すなわち1つの村に2つの国が併存するという碑が建設されており、村全体が観光名所の1つになっている。村を歩いてみると確かに国境線が引かれているが、そこにフェンスやゲートが存在するわけではなく、当然、村人はいずれの国の側も自由に往来している。村の中を歩いていて知らず知らずのうちにミャンマーに入ってしまった私は、ミャンマーの警察に注意されて、中国側に戻された。

　こうした国境事情は瑞麗江の支流でも見られる。徳宏州の最西端の国境は南碗(ナンワン)河に設定されている。この川は雨季でも川幅はわずか10mで、集落に近いところではところどころ渡し船が用意され、バイクなら1台5元で運搬してくれる(写真2)。水が少なくなる乾季には、歩いて渡ることができる場所が川の中に多数現れる。このあたりの国境沿いに暮らす地元の人にとって、ミャンマーと中国の国境は物理的な移動の制約にはほとんどなっていない。

❖市場を歩く

　瑞麗市は近代的な町である。ビルが建ち並び、道路は整備され、多くの車が走っている。国境を通過するさまざまな産物の取引を見るには、辺境経済特区である姐告や町中の市場を見学するのがよいだろう。

　姐告でよく目につく商品は宝石である。1つの店舗の販売面積が畳半分ほどの小規模の店が多い。木製の台の上で、ミャンマーで産出される翡翠やルビーなど宝石類が種々雑多に販売されている。販売員や客はミャンマー風のロンジーを着ていたり、少数民族の衣装を着ていたりする。インド・パキスタン系の人も多く、国際色が豊かである。宝石店というよりも、屋台でビー玉やおはじきを販売しているように見える。客も、タバコをくわえ、宝石を手の中でコロコロ転がしながら値切り交渉している。

　一方、瑞麗市の市場はローカル色がかなり強い。販売や買い付けに来るのは漢人だけでなく、数多くの少数民族である。衣食住に関するモノを中心に販売される。例えば、山毛野菜交易区では、森から採集された野草やキノコ、多数の野菜類が販売されている。ゾウの皮、サルの頭骨、ヤマアラシのとげ、タカラガイ、その他動物の皮などもあり、漢方薬の原料として販売されている。

　この市場では多数の野生の動植物が販売されているが、瑞麗市に長く暮らす地元の植物園の園長によると、この20年間で販売される種類に大きな変化はないという。もともと焼畑の二次林で採集されたり、ホームガーデンで栽培されたりしていた植物であるが、焼畑が減った現在でも旺盛な需要を支えるために国境を越えてさまざまな商品が流入している。

　市場の外では米などの穀類やジャガイモなどの根栽類等が大型トラックから盛んに搬入されている。スイカやパイナップルのような熱帯性の果実がミャンマーから運ばれてくる。パイナップルは1個5元で販売される。小ぶりだが甘くておいしい。2010年には雲南省でパイナップル缶詰工場の稼働が開始した。ミャンマー産のパイナップルはこの工場に優先的に回されるため、市場での価格が高騰しているという。パイナップルの生産地はシャン州ラーショー、仕入れ先はシャン州ムーセーの卸売市場であり、中国人商人がわざわざ買い付けに出向いている。

　瑞麗市郊外の小さな町にも市場がある。弄島鎮（ノンダオ）の市場は瑞麗市の市場に比べて、少数民族の衣装を着た人が多い。多くの人は中国語に加えて景頗語や傣語、ビル

マ語を話す。市場の中には外国人(外籍人)用の特別の区画があり、その看板には景頗文字、傣文字、ビルマ文字の表記がある。ミャンマー区画にあるミャンマー人女性が店番をする店に入ってみると、商品の多くがミャンマー製のバッグやロンジー、布である。店員と中国語で会話するのは、やや難しい。

市場で売られている米の種類を見ると、ほとんどの商品に中国産の表示がある。安いものでキロあたり1.9元(およそ29円)から、高いもので8.8元(およそ132円)まで多数の種類がある。中級の中国種である201という品種はキロあたり4.4元(66円)であった。第2部第1章第1節の執筆者、松田正彦によれば、シャン州の市場での価格とそれほど大きな違いはないという。

市場の中では少数民族世界が色濃く感じられたが、一歩外へ出ると、豚まんが1個0.5元で売られるなど、他の中国の市場と変わらない光景が見られる。市場の外に店を出している商人は漢人が多い。大きな釜で豚まんを蒸すための燃料には薪を使用しており、これらの薪は近くの少数民族の村から購入するという。なお、炭はシャン州から運ばれる。ミャンマー側では炭を作るための窯を容易に作ることができるためであろう。国境を越えて運ばれた炭が国境近くの道路沿いの集積場に集められ、中国国内に向けて販売される。こうした動きは、燃料となる樹木を山地(傾斜地)から集めることが厳しく制限されるようになった2000年代以降、特に顕著になった。

(2)農村の暮らし

次に、徳宏州の農村地域に目を向けてみよう。少数民族の人たちの暮らしを知るために、国境沿いに位置する2つの村を訪問し、農業体系とその変化について現地調査を行なった。1つは傣の村、もう1つは景頗の村である。以下では、これらの村における過去半世紀ほどの大きな農業変化について聞き取りをした結果を述べる。村の統計数値は、2009年の村委員会資料をもとに筆者が計算したものである。

❖低地傣村

瑞麗江の支流の南碗河沿いに広がる傣の村を訪問した。この村を以下「低地傣村」と呼ぶ(写真3)。低地傣村の主要な民族は傣であり、村の人口の87%を占める。標高およそ700mに位置し、河谷平野での水稲作が、食糧自給にとって、また現金収

写真3　低地傣村の水田(2010年8月)

入源として重要である。住民1人あたりのおよその土地面積は2100m²で、その内訳は水田が1000m²、畑地が400m²、林地が700m²である。1人あたりの年間収入は8万6000円で、その68%が作物の販売から得られたものであり、ブタやニワトリなどの家畜飼育からが21%を占める。

　低地傣村の稲作は低位部と高位部で行なわれるが、わずかな土地の高低差により両者の作付体系が異なる。低位部では、雨季と乾季の両方にイネを植える水稲二期作である。河川の水を水路で灌漑し、乾季にもイネを植え付けることができる。高位部では、二毛作を行なう。雨季には水稲を栽培するが、乾季にはトウモロコシ、ダイズ、スイカなどを栽培する。いずれの場合も雨季の作物、すなわちイネが主に自家消費用に、乾季の作物が販売用に栽培される。これは、ミャンマー、シャン州の乾季作の場合と同様である(第2部第1章第1節)。

　シャン州と異なるのは土地利用の集約度である。低地傣村では灌漑設備が普及し、水の得にくい高位部でも雨季の稲作が実施される。特に70年代後半に水利施設の大幅な改善がなされ、隅々まで水が行き渡るとともに、安定した稲作を実現することができるようになった。70年代の水利施設の改善により雨季作の水稲栽培

面積が増大し、米の生産性が安定した。さらに大きな変化として、乾季(冬季)作の作付けが可能になった。すなわち、年間にイネを2回植え付ける水稲二期作が可能となったのである。

水利施設の改善は、1980年代以降、さらなる変化を連鎖的に引き起こした。まず雨季の米の生産が安定するようになった。さらに乾季にも稲作が可能となった。そして、それまで利用していなかった化学肥料や農薬を施与するようになった。80年代から改良品種が普及し、90年代以降になると、収量がきわめて高い中国産のハイブリッド種が普及するようになった。これらの結果、1ヘクタールあたりの米の収量は、かつての雨季作のみの2トンから、雨季作4.5トンと乾季作9.8トンまで飛躍的に増大することになった。

1970年代までの農家経済では自家消費用の米がやや不足気味で、水田裏作や家畜飼育、その他の方法で現金収入を得て米を購入していた。現在の農家経済は、自家消費用の米を自分たちの水田で十分に確保した上で余剰米を販売して、現金を獲得できるように変わった。水田裏作や家畜飼育なども、さらなる現金収入源として利用可能である。

こうした変化の原因は低地傣村の農民ひとりひとりの活発な活動にあるのはもちろんであるが、何よりも水稲作を集約化させるためのさまざまな技術変化が村にもたらされたことが大きい。1970年代の水路建設、1980年代の化学肥料や農薬の投入や改良品種の普及、1990年代のハイブリッド品種の導入などである。このことは、徳宏州政府によるインフラ整備や技術改善が農家世帯の生業体系の変化に大きくかかわっていることを意味する。

徳宏州の低地傣村に新しい技術や情報がもたらされると、たちどころに国境を越えてシャン州の村にも広く伝わったようである。シャン州での稲作栽培方法の変化(第2部第1章第1節)は、徳宏州から新しい技術や情報がもたらされた結果生じたものである。

❖山地景頗村

低地傣村の北側、山に入ったところに位置する景頗の人たちの村を訪問した。以下「山地景頗村」と呼ぶ(写真4)。山地景頗村の主要な民族は景頗であり、村の人口の75%を占める。標高およそ1000mに位置し、谷地田での水稲作も見られるが、

写真4　山地景頗村の水田と畑地（2010年8月）

山地斜面での畑作が重要な生業となっている。

　住民1人あたりのおよその土地面積は7500㎡、その内訳は水田が570㎡、畑地が2600㎡、林地が3800㎡であり、水田が卓越する低地傣村とは土地利用が大きく異なる。1人あたりの年間収入は7万6000円であり、低地傣村よりやや低い。収入の内訳は、作物栽培からが53％、ブタやニワトリなどの家畜飼育が18％、林業が13％を占める。

　山地景頗村の生業の特徴は、山地斜面で畑作を行なうことと、林地周辺からさまざまな森林産物を得ることである。畑地ではトウモロコシ、サツマイモ、タロイモ、キャッサバ、野菜類、タケノコ採取用のタケ等が栽培される。このうちもっとも栽培が多いのはトウモロコシである。種子会社から提供される中国産の高収量品種を作付けし、家畜飼育用に利用する。自家消費用のモチ種やウルチ種などはミャンマー産のものが多く、小面積で栽培されている。

　現在畑地となっている場所では、かつて焼畑を行なっていた。1980年初頭に土地が世帯単位に分配され、それ以降、徐々に焼畑から常畑への移行が進んだ。焼畑をしていた当時、植えていた作物は、トウモロコシ、陸稲、サツマイモ等であった。

陸稲だけでは食糧が不足するため、トウモロコシとまぜて食用とされた。キャッサバが大規模に栽培されるようになったのは2008年からであった。山地景頗村で導入されたのとほぼ同時期に中国産のキャッサバ種がシャン州の山地部でも栽培されるようになったという。

竹林は焼畑をしていた当時から既に存在し、籠などの工芸品の製造に利用されていた。2002年に山地景頗村に「麻竹」という品種が導入されると、キャッサバと同様、直ちにミャンマー、シャン州でも導入された。麻竹は、タケノコを取ることができると同時に、製紙原料にもなった。4月〜5月は製紙材料として稈が収穫され、6月〜10月はタケノコとして利用できたのである。タケノコは自分たちの食事に利用するだけでなく、余剰を販売することもできた。タケノコおよびタケの販売を促進したのは、2007年頃からやってくるようになった「老板」と呼ばれるリーダー的な商人である。2007年、老板は山地景頗村の近くにタケノコの加工工場を建設し、村人から大量のタケノコを買い入れるようになった。製紙原料としてのタケも地元の人にとっては需要な現金収入源となった。老板が購入することもあるが、瑞麗市にある製紙工場からの注文に応じてタケを切り出し、運ぶこともあった。さらにタケは箸などの工芸品の材料として利用されることもある。

2008年には新たにマツタケ栽培が導入された。これは、タケノコの加工工場を建設した老板が資金を提供することによって始まった。竹製の骨組みのビニールハウスを建設し、その中でマツタケを栽培した。マツタケは最終的には日本に輸出された。

タケとマツタケの導入には老板が大きな役割を果たした。2010年時点で2人の漢人老板が村に頻繁にやってきていた。この他にも商品を買い付けに来る人の往来は2000年頃から急激に増加するようになった。彼らは徳宏州だけでなくシャン州からも商品を輸入し販売するようになった。

パラゴムノキが村に最初に導入されたのは1981年であった。2000年代後半になってから大々的に拡大した。特に2007年に栽植面積が急増した。徳宏州政府の栽培促進プログラムがあり、現在、山地景頗村での栽培面積は拡大中である。政府の補助として、苗代として1本あたり5〜10元が栽培者に毎年支給されるという。

このほかに村ではチャが栽培されている。ただし、この3〜4年間、販売価格が低迷しているため、商人が買い付けに来なかった。しかし、2010年になって再

び販売が始まったという。

　山地景頗村で特に2000年代以降に盛んになったトウモロコシやキャッサバ、タケ、パラゴムノキなどの商品作物の栽培は、村の人によれば、シャン州側の山地斜面にも広まったという。

(3)国境域に暮らす

　中国の国境域にある低地傣村と山地景頗村の生業体系を見ると、モノや技術がまたたくまに国境を越え、ミャンマー、シャン州に広まっているのがわかる。国境域に暮らす傣や景頗の人にとって国境という線引きは、技術やモノ、人の移動にとって、大きな制限となっていないように見える。

　しかし、やや逆説的ではあるが、国境を越えて技術やモノ、人が速やかに移動するということは、国境を挟んで徳宏州とシャン州の間に大きな違いが存在することを意味する。本稿で見てきたように、少数民族の経済的な生活は徳宏州のインフラ整備や政策に大きく影響されている。例えば、低地傣村では、水利施設の改善のような、水稲を生産するインフラ整備の進展が水稲生産の向上に重要であった。山地景頗村では、2000年代以降、漢人の老板と村人とのかかわりが密接になったが、道路網や流通網といった徳宏州の経済的なインフラ整備が進んだこととおそらく無関係ではあるまい。徳宏州の経済発展が進めば進むほど、徳宏州の経済的なインフラ整備が進み、シャン州との間にますます大きな差が現れる。国境を挟んだ経済的な格差は当然、存在する。その中でシャン州の少数民族が徳宏州から移動してきた技術やモノ、人を利用することで生活を支えていたのに対し、徳宏州の2つの村の少数民族は、漢人や政府とかかわりを利用して経済的な生活レベルの改善に役立てていたと言えよう。

【引用文献】

瑞麗市.2013. HP http://www.rl.yn.gov.cn/
徳宏州. 2013. HP http://www.dh.gov.cn/
田畑久夫・金丸良子・新免康・松岡正子・索文清・C.ダニエルス. 2001.『中国少数民族事典』東京堂出版.

第2章
ベトナムと中国の国境域

柳澤雅之

第1節　国家の力、国境の力

(1) ベトナムの少数民族として生きる

❖**本稿の目的**

　ベトナムの多数派民族であるキンの人たちと、その他の少数民族の人たちの関係は、1980年代後半以降、新たな社会的経済的統合のプロセスの中にある（第1部第2章）。本稿では、その新たな統合のプロセスの中で、モンの人たちの村を事例に、少数民族の生業体系がどのように変化してきたのかを考える。モンを事例に取り上げるのは、キンと地理的にも社会経済的にも相対的に「遠い」関係にあったからである。

　ベトナムには政府に認定された54の民族がある[Uy Ban Dan Toc 2013]。ベトナムの民族別人口割合でもっとも多いのはキンあるいはベトと呼ばれる人で、全体の86％を占める。キン以外の民族が少数民族と呼ばれ、その中でもっとも人口が多いタイーは19％を占め、もっとも少ないオドゥはわずか301人しかいない。本稿で対象とするモンは全体の中で8位、人口の1％を占める。多数派のキンは平地を中心にほぼ全土に分布するのに対し、少数民族は、主な居住地域が北部、中部、南部とそれぞれ分かれて住んでいる。モンは北部山地に多く、中でも西北地方に集中して居住する。

　モンは18～19世紀にかけて中国南部から移住してきた。ベトナム国内のモンは、ベトナム領のちょうど最北端にあるハザン省ドンバン県からベトナム各地に移住したとされる[Vang 2008]。現在、ベトナムのモンには7つのサブグループがあると考えられている。有名なのは、衣装が明るく華やかなラオカイ省バクハーの花モンや、精緻な棚田を作るラオカイ省サパの黒モンである（**写真1**）。

写真1　サパ近郊の棚田を歩く黒モンの女性（2010年3月）

　西北地方の少数民族の中で、モンはベトナム政府とは特別の関係にあった。モンには、第1次インドシナ戦争および第2次インドシナ戦争(ベトナム戦争)で、フランス側あるいはアメリカ側のゲリラとして雇用され、ベトナム政府と戦火を交えた人が多くいた。このため戦後もベトナム政府と敵対する勢力として位置づけられ、モンと政府は緊張関係にあった。1968年、社会主義化の進行とともに焼畑が禁止され、定住政策がとられた時、モンの多くはその政策に従わず、新たな緊張関係を生み出した。また、山地の高位部に位置することの多いモンの村では、フランス植民地期から既にケシ栽培が普及していた。ベトナム政府によって1992年、ケシ栽培が禁止されても、高価に取引されるケシは重要な現金収入源であり、禁止政策はすぐには徹底されなかった。さらに、モンは一般に親戚や知人のつながりを大切にし、そうしたつながりを通じて経済活動を行なうことが多い。そのためベトナム国内ではしばしば社会主義政策下の政府の流通政策と合致せず、国境を越えた取引が違法なものとみなされることになった。ベトナム政府とモンの人たちは、このように、政治的経済的に「遠い」関係にあった。

　しかし、1990年代後半以降、他の少数民族と同様、モンもベトナムという国家に社

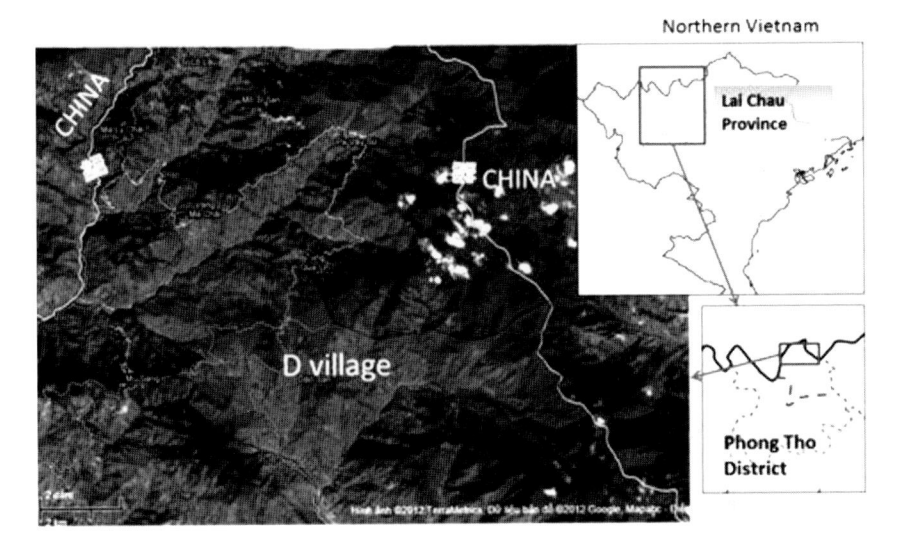

図1　調査地D村

会的経済的に統合される過程にある。本稿では、その中で、それまで親戚や知人のつながりに基づいて展開してきたモンの人たちの生業体系がどのように変化してきたのかを考える。特に2000年前後を境とした変化に焦点を当てる。ベトナムと中国の陸の国境線が確定した1999年以降、国境線をめぐる法的整備が進み、国境域のモンの暮らしは大きな影響を受けたからである。

　暮らしの変化を、本稿では、生産と消費という2つの側面から検討する。生産では、食糧確保と現金収入の基盤となっている棚田での水稲生産と傾斜地での畑作物生産に焦点を当てる。消費については、村で開催される定期市で売買される品物を通じて検討する。そして、ベトナムと中国という大国のはざまに位置し、政治的経済的に大きな変動を受けながら、モンがどのように自分たちの暮らしの基盤を構築し、生きてきたのかを考える。

　本稿で取り上げる内容は、2010年1月11日〜21日にライチャウ省で行なった広域調査と、2012年3月12日〜21日にライチャウ省D村で行なった定着調査の結果に基づいている。

❖村の概要
　本稿では、ライチャウ省フォントー県D村に居住するモンを取り上げる(図1)。西

北地方では北西から南東にかけて山地が走り、その間を紅河やダイ川といった大河川が流れている。北部山地を二分する紅河はラオカイからハノイまでほぼ一直線に流れ、その西側に、ベトナム最高峰のファンシパン山を有するホアンリエンソン山脈が走っている。D村はこのホアンリエンソン山脈のベトナム領内のもっとも北側に位置する。中国との国境線までの最短距離は、役所のある村の中心から8.5km、村の西の境界線からはわずか2kmである。若者であれば村の中心から3時間で国境線に到着するという。

　古老への聞き取りによれば、D村の成立時期は周辺村落の中ではもっとも古い。20世紀初頭にはD村を取り囲むようにして国境沿いに8ヵ村があり、7日に1度の定期市がD村で開かれていたという。

　2011年現在、D村の7000人ほどの人口のうち、モンが90％を占める。ほかに、ハニー、ザオなどの少数民族のほか、ベトナムの多数派民族であるキンが暮らしている。D村のモンは、主に2つのサブグループから構成され、地元の呼称ではプア・モンが全体の70％、ソー・モンが20％を占めている。

　D村は15の集落から構成されている。ベトナム北部山地では一般に多数の民族が同一の行政村に共存する。しかし、1つの集落は単一の民族で構成されていることが多い。D村も例外ではなく、15集落のうち12集落がほぼモンで占められており、他にハニーで占められている2集落がある。ハニーの集落はモンの集落と接しているにもかかわらず、通婚関係は稀で、ハニーはハニーどうしで結婚することが多いという。2000年代以降は、ハニーの女性が中国側に居住するハニーや、ハニーではない中国籍の男性と結婚することが増えているという。また生業を見てみても、移住の歴史はモンのほうが古いことから、集落付近の条件の良い棚田はほぼモンが占めていて、農業生産からの収入が多いのに対し、ハニーの集落では、特に近年では中国側に出稼ぎに行く人が多くなっている。

　キンが最初にD村に住み始めたのは1950年代で、役所関係の仕事に従事するために移ってきた。ただ、当時は、村に定住しているというよりは、数日D村にいて、また別の村に行く、あるいは県庁所在地に戻るといった生活パターンが多かった。キンが村の人と結婚したり、住みついて商売したりすることはほとんどなかった。一方、比較的長期間、村に住んでいたキンに軍人がいた。D村は国境に近いため、国境防衛隊の支所が1950年代に村の中心部に建設され、ベトナム各地から派遣さ

写真2　スイギュウで棚田を耕起する(2012年3月)

れたキンが支所に居住するようになった。

　D村の総面積はおよそ7000haであり、うち農地面積が5100ha(73%)である。農地面積のうち300ha弱が見事に造成された棚田であり、その他の4800haの農地では傾斜地での畑作が卓越する。森林は村の東部の標高が高い地域に集中し、それ以外の森林は集落周辺に残されている。D村の人びとの主要な生業活動は農業と商業である。農業では、棚田での水稲作と傾斜地の畑作物の栽培、ブタやニワトリなどの家畜飼育を行なう。商業では、周辺の森林からとれる森林産物、農産物や日用品などを商品として扱う。この他にもさまざまな活動に従事している。かつてはどの家でも栽培していたというケシは、現在ではまったく見られない。以下では、村の生産基盤とその変化を追いかけながら、国境沿いで暮らす人びとの暮らし全体がどのように変わってきたのかを見ていく。

写真3　集落内の水路。遠方に見えるのは貯水タンクとその上で遊ぶ子供たち(2012年3月)

(2) ローカルネットワークの時代——1990年代まで

❖棚田と水利用

　ラオカイ省やハザン省、ライチャウ省などの国境沿いに暮らすモンの人びとは、一般に、見事な棚田を造成する。D村も例外ではない(写真2)。棚田は、村ができた当初から人びとの重要な生産基盤であった。

　D村の形成時期は今から100年以上前にさかのぼる。中国から移ってきた第1世代は、標高が2000mにも達する高い山の中腹に年中涸れない水源を見出した。ベトナム北部山地を含む東南アジア大陸部の山地では、標高の高い山のピークに雲がかかると、山の斜面にじわじわと水が供給される。また、長いあいだ霧が晴れず、日射量が低く湿度の高い環境のもと、雲霧林が形成される。雲と雲霧林とを水源として、山の中腹には、年間を通じて、豊富な水が供給される。D村の中心地の標高はおよそ1600mであるが、ちょうど村が立地するあたりから水が湧き出している。100年以上前、D村の先祖は、この涸れない水源を生活に必要な飲用水だけでなく、

農業生産に必要な水を得るための水源として利用し始めた。水の湧く場所に村ができ、棚田が形成されたのである。

　飲用水の水源は1つではない。河川から水路を引いてタンクに貯めることもあれば、地中からの湧水を使うこともある(**写真3**)。いずれの場合も、5〜10世帯で1つの水源を利用する。そうした水源が村全体にちらばって複数存在し、それぞれの利用者が決まっている。水路やタンクは90年代になってコンクリート製になり、漏水がずいぶん減った。また、2000年代以降になると世帯の経済レベルが向上し、個人でビニールパイプを購入し共同水場から自分の家にまで直接、導水する家も出てきた。

　水源の確保は基本的には早い者勝ちである。先に移住してきた者がよりよい条件の水源を手に入れることになる。しかし湧水の場合、水源のよしあしは標高とは関係がない。水は高いところから低いところに流れるので、先に移住してきた者が標高の高いところにいて後から来た者が低いところにいるかというと、必ずしもそうではないのである。後から来た者も水源さえ確保できればより標高の高いところに家を建てるし、先に来た人たちの水が不足しない限り水源の水を共同で利用することもできる。

　おもしろいのは、このことが集落単位でも言えることにある。D村の中心地にモンの集落があり、その斜面のちょうど上にハニーの集落がある。モンが先にこの地に水源を見つけて集落を形成し、その後、ハニーがやってきた。ハニーの集落は先に来たモンの集落よりも斜面の上部にあるものの、水源はモンと見事に分かれている。ハニーの家々で使われた水の排水も、モンの居住域の水源には混ざらず、下方の棚田に流れるように設計されている。豊富な水が安定して供給されることが人びとの暮らしの基盤になっている。

　棚田は、多くの場合、集落より標高の低いところに造成される。家庭の排水や家畜の糞尿を洗った水はすべて棚田に流される。生活用水は、農繁期、農閑期にかかわらずいつでも棚田へ排水される。日本の棚田では、イネを植えていない時期も棚田に水を張り、あぜ道の崩壊を防ぐ必要がある。D村でも同様に、前年の米の収穫後、高い位置の棚田から順番に導水しておく。集落内での生活用水の利用と同様、水田への導水でも、1つの水源を数枚の棚田が共有することになる。棚田では「我田引水」を常時監視することができないので、水路にきっちりとした分水装置

が設置される(写真4)。日本には時間を区切って水の分配をする番水という慣行があるが、十分な水を確保できるD村ではそのような慣行はほとんど見られない。

❖棚田の形成

　豊かな水に支えられて、モンは美しい棚田を造成してきた。棚田の開拓は移住当時から始められ、現在も小規模ながら続いている。

　聞き取りによれば、開拓にはいくつかの波があった。最初の波は100年以上前の村の成立以前に遡る。最初の入植者である3世帯が現在の村の中心部に近いところに棚田を開いた。現在も、もっとも灌漑水が安定して供給され、生産性の高い場所である。1つの山の斜面がほぼ1世帯の所有地となっていた。後続の入植者はそのまわりで条件の良い土地を開拓し、棚田を形成した。

　開拓の第2の波は1960年代の集団農業の時代である。土地や役畜が共有される集団農業の単位となった合作社が集落ごとに設立され、棚田と焼畑の両方が集団農業の対象となった。この時期、政府のプロジェクトにより、水源の確保や水路の補修、棚田の造成が行なわれた。

　第3の波は2000年代以降の個人による開田である。20世紀前半までは村の人口には多産多死の傾向があり、両親が生んだ子供7～8人のうち、成人して家庭を持つことができる子供は1～3名であることが多かった。しかし、医療施設や栄養状態が改善されたことを理由に、1970年代以降は世帯内での乳幼児死亡率が減少した。この時期に並行して家族計画が進められ、世帯あたりの出生率が低下したものの、全体的には人口増加が加速した。村全体の統計はないが、例えば開村当時から中心部に存在する3つの集落では、1979年にはおよそ200だった世帯数が、

写真4　分水装置。写真奥の家畜小屋を経て流れてきた水がコンクリートブロックと石を使って、ちょうど二分されるようになっている(2012年3月)

2010年には272になっている。また1997年にはかつての3集落から66世帯が分村し、新たな集落を形成した。その結果、70年代後半以降に生まれた世代の子供たちの世代が独立する2000年代になると、両親が子供に相続させることのできる棚田の面積が減少し、新たな開田を迫られるようになった。棚田面積の拡大の要因には、こうした人口増加と土地面積の逼迫がある。さらにベトナムと中国との国際関係や経済事情の変化に起因する要因があるが、これらについては後述する。

❖棚田の農作業

　D村の棚田は雨季の一期作である。村から棚田への通勤路は、特に農繁期には老若男女が行き交い賑やかである。村人は朝早くスイギュウとともに集落を出て、30分から1時間ほど歩いて自分の棚田に到着する。開拓当時は集落のすぐ近くに棚田があったが、現在では若い夫婦が新規に開拓した棚田ほど、遠方に位置するようになった。棚田に向かう現代の若者の服装は、特に野良着を着るわけでもなく、普段とあまり変わらない。最近では髪の毛をピンと立てておしゃれをしたまま田起こしをする若者もいる。町中にいるような服装の若い女性が片手に携帯電話を持ち画面を操作しながら棚田に向かう姿は、ここでは特に珍しい光景ではない。

　モンの人の棚田における現在の主な作業暦は以下のとおりである。5月までにスイギュウと鋤を使って田起こしが行なわれる。その後すぐに馬鍬をかけて土を砕き、田面を平らにする。田植えは5月初めである。田植えは世帯単位ですることが多い。田植え後の棚田での主な作業は除草である。除草作業は通常、6月終わりから7月にかけて1回行ない、その1ヵ月後にもう1回行なう。収穫は9月である。鎌で刈り取り、束にし、稲穂の部分を板に打ち付けて脱穀する。足踏み脱穀機はほとんどの世帯が使用していない。田で脱穀した後、袋に籾を入れて家まで持ちかえり、屋根裏に保存する。

　棚田に植える水稲品種は、1990年代以前はほぼすべて在来品種であった。ウルチとモチの両方があり、モチ種は主に酒の製造に使われた。1世帯に数種類の水稲品種が使われることが多く、親戚や知人を介して入手する。集団農業時代以降、ベトナム政府はベトナムで育種された水稲品種の栽培を奨励したが、高地の冷涼な気候に適した水稲品種はほとんどなかったため、D村ではベトナムの水稲品種はほとんど使われなかった。また、中国で改良育種された水稲品種も1990年代になるま

ではまったく入っていなかった。

　施肥は、かつてはほぼすべての世帯で化学肥料を使用していなかったが、2000年代以降、使用する世帯が増えた。現在、7割くらいの世帯では化学肥料を使用していない。村の中で早くから人が住みつき、当初から開拓されていた2つの集落の水田では、灌漑水量が豊富で生産性が安定していることから、現在でもほとんどの世帯で化学肥料を使っていない。堆厩肥もほとんど入れることはない。

　病害虫の防除のために、現在では農薬散布が普通に行なわれるようになった。作期の間に、通常1回、病害虫が発生しそうな場合に農薬散布を行なう。しかし1990年代前半より前にはほとんどの世帯で農薬を使用していなかった。

　棚田で生産される米の収量は、ヘクタールあたり2トン程度である。D村の棚田は灌漑水に依存し、毎年、水が涸れることはほぼない。十分な水量があるため、生産量の年変動も少ないという。

　米を食べる時には、庭先や道路で干してから精米し、調理する。精米の方法は、かつては足で踏んで行なっていたが、現在では精米機を使用することが多い。村に精米機が導入されたのは1990年代半ばである。それ以前では、世帯内の若い男女がその日の家族全員の食糧分の精米をするために、夕方から暗くなるころまで作業を行なっていた。

❖焼畑から常畑へ

　棚田と並行して傾斜地での焼畑も盛んであった。1960年代以前の焼畑では2～3年間同じ畑地で陸稲やトウモロコシを栽培し、収量が低下してくると別の場所に移動した。条件の悪い畑地では栽培を1年のみで終了し、別の場所に移らなくてはならなかった。森林は集落内や村東部の標高の高い地域を除いて既になく、新たに畑地を開く時には直径が10cm程度の灌木のブッシュを燃やして畑地にしたという。

　焼畑で植えられていた陸稲やトウモロコシはいずれも人びとの食糧として利用され、棚田での米生産を補った。品種はすべて在来のものであった。水稲と同様、親戚や知人を通じて常に優良な品種の情報を入手し、実際にそれを栽培してみて、自分の畑に適した品種を選択していた。

　ベトナム政府は1960年代以降、常畑での栽培に適したキャッサバ品種の育種を進め、1980年代後半からはきわめて生産性の高いキャッサバ品種を山地部にも提

供するようになった。その結果、D村でも、傾斜地での畑作は焼畑から常畑に完全に移行した。主要な作物は、陸稲やトウモロコシから、キャッサバや飼料用のトウモロコシとなった。キャッサバはもともと家畜飼料用だったが、時に食用とされることもあった。ベトナム産品種の生産性は高く、D村で栽培されるキャッサバはほとんどがベトナム産品種であったという。

　また、畑作物の1つとしてケシがかつて大規模に栽培されていた。ケシはケシ科の1年生草本で、熟す前の果実に傷をつけると乳液がにじみ出る。これを集めて加工するとアヘンとなる。通常、9月頃に植え、3月頃に収穫される。フランス植民地期から既に西北地方のモンはケシ栽培に従事していたことが知られているが、D村でもかつて大なり小なりどの世帯でもケシを栽培していた。多いところでは2〜3haの畑を持つ世帯もあったという。生産物のほとんどを中国側で販売していた。2haほどの畑から乾燥重で50kgほどの製品を得ることができた。これを販売すると、1kgに対し服を1着購入することのできる現金を得ることができたという。かつての重要な現金収入源であったことがうかがえる。

❖定期市の開催と商品

　D村はローカルな物流の拠点であった。この村では、ベトナムと中国の国境近くにある8つの村の物流の拠点として、遅くとも19世紀後半から毎週日曜日の午前中に定期市が開催されてきた。定期市にやってくるのは、地元の人たちだけではなかった。直線距離で20kmほど離れた紅河州金平県（ジンピン）からは、漢人あるいはモンの商人がやってきた。同じく50kmほど離れたベトナム側のタムドゥオン県からは、キンの商人がやってきた。タムドゥオン県は、1950年代後半に開拓移住政策によって、人口密度の高い紅河デルタからキンが開拓入植した県で、ライチャウ省では当時からもっともキンが多い。このタムドゥオン県のキンの商人は北部山地の他のキンのネットワークとつながっているだけでなく、デルタ部ともつながっている。したがって、D村の定期市は、大規模な取引は行なわれないものの、国境沿いの人びとの物流拠点であると同時に、中国とベトナムをつなぐ物流ネットワークの拠点の1つであったと言える。ただ、ネットワークがつながるのは定期市が開催される7日に1度のみであった。

　1990年代以前の定期市で売買されていた商品は、各種農産物や調味料、日用品、衣料品など、多岐に及んだ。標高の高いD村周辺の集落からは、チンゲンサイやダ

イコンなどの野菜類、タケノコやキノコ、薬用植物などの森林産物が運び込まれた。D村より標高の低い村の人は、サトウキビやバナナ、果樹などを販売した。標高の高い村の人は標高の低い村の産物を購入するし、その逆もまた同様である。私が観察した2012年3月の定期市では、標高1000m以下に位置しターイが居住する村から運ばれてきたサトウキビがモンの人に飛ぶように売れ、小型トラックに満載されていたサトウキビがあっという間に完売になった。定期市は自然環境条件が異なる村の産物の交換の拠点であったと同時に、異なる民族の村の産物の交換の拠点でもあったことがうかがえる。

　作物の種子の販売も多かった。現在の定期市でも、D村の人が卓袱台のような台に1袋が数十粒ずつ入りの種子を並べて販売しているのが見られる。自家採種した種子あるいは親戚や知人から入手した種子がある。チンゲンサイやダイコン、キュウリ、カボチャ、マメ類などの種類がある。値段は1袋1万ドン（50円）ほどである。

　定期市では、加工や調理された食品も販売される。D村では納豆や食用カンナのでんぷんを原料にしたゼリーが販売される。金平県からは、麺類、手作りの飴やポップコーンなどが豊富に持ち込まれる。これらの食品は屋台のテーブルでそのまま食べることができ、市場に来た人の食事になるほか、同行した子供たちや若者たちのおやつにもなる。このように、農産物や森林産物、簡単な加工食品等は栽培や採集、加工に特別な資本も必要ないため、昔も今も定期市で販売される重要な商品であり、専門の商売人による販売も見られたが、多くは近隣の農家で生産された商品が持ち込まれて販売されていた。

　定期市近隣の村だけでなく金平県からもたらされる商品として1990年代以前に重要であったのは、衣料品、プラスチック製の日用品、農具、塩や砂糖といった調味料だった。例えば当時からベトナム製の衣料品は定期市で販売されていたが、ベトナム側のもっとも大きな町であるフォントー県庁からD村へのアクセスは悪く、商品の価格は中国製のものよりも高かったという。さらに、ベトナム製の衣服は国営工場で製造されていたため、品質がよくなく、デザインが画一的であり、モンにとって購買意欲をそそるような商品が少なかった。衣服では、民族衣装だけでなく洋服も販売されていたが、モンの人たちの趣味に合うものは中国からもたらされた。また、鍬や鋤、鎌などの農具も金平県で生産された商品がほとんどであった。長年、モンが使い慣れた農具であるということと、ベトナム製農具よりも安いことが、中国製の

写真5　定期市での農具や調理器具の販売。商人は金平県から来た人である（2012年3月）

農具を選択する大きな要因となっていた。農具は現在に至るまで金平県で生産されたものが主流になっている（写真5）。

　1990年代以前にD村で使用されていた衣料品やプラスチック製の日用品、農具、調味料をもたらしたのは、商人と一般の村人の両方であった。毎週日曜日にD村で開催される定期市に、金平県に居住するモンの商人が人力やウマを使って商品を運び、販売していた。一方、作物の種子やアクセサリー、かさばらないような小型のプラスチック製品や農具は、90年代になるまで、商品の販売を専門とする業者たちだけでなく、一般の村人によっても村にもたらされたという。そうした村人も普段は農業生産に従事しているが、10代後半になると、1人あるいは友人らと連れ立って、何度も金平県に住む親戚や知人を訪問してきた。その過程で、金平県側で日用品や道具類等さまざまな商品を入手した。彼らは村に戻ったのち、品物を知人に譲渡したり村の定期市で販売したりした経験を持っている。このように、村で利用されるほとんどの消費財は、購入あるいは譲渡を問わず、ローカルなつながりの中で金平県からもたらされたものであった。

(3) ベトナム国の一地方として——2000年代以降

❖国境管理の変化

　中国とベトナムにおける領土問題は、特に陸の国境に関しては1999年に解決した。それを受けて、省レベル以下の国境ゲートが整備され、国境管理が以前より厳密になった。国境に至る道路のインフラも整備された。そもそもベトナムと中国の国境線は長大であり、国境線のすべてを管理することは不可能であった。しかし、国内の交通の要所にチェックポイントを置き、物流を定期的に検査することで、国境ゲートで正規の税関検査を経ていない商品のベトナム国内での流通が厳しく制限されることになった。

　その結果、正規の手続きを経るために、特に商人は商品の運搬の負担が増大した。例えばD村の商人の場合、かつては村から西に徒歩で3時間のところに国境線を越えることのできる道が存在した。人びとはその国境を通って、さらに5kmほど北にある金平県にまで行き、定期市で販売する商品を買い付け、帰りはその逆を通り、正規の輸入手続きを経ることなくフォントー県側に商品を持ち込んでいた。しかし、国境管理が厳しくなって以降、正規の国境ゲートであるマールータンを経て商品を持ち込まなくてはならなくなった。すなわち、D村から直線距離で25kmもあるマールータン国境ゲートから紅河州金水河（ジンシュイ）に入り、そこからからさらに直線距離で22km離れた金平県にまで行かざるを得なくなったのである。また、かつてはウマか人力で商品を運搬していたが、2000年代以降、わざわざバイクや車を雇って商品を運搬するようになった。

❖国内の変化と村の変化

　1990年代後半からは、ベトナム国内での経済的な変化が村の生活に大きな変化をもたらした。辺境の地の貧困削減を目的としたさまざまな開発プログラムが実施されるようになったが、ベトナム山地部の発展に特に影響が大きかったのは1998年に施行された「135プロジェクト」である[Chuong Trinh 135 2014]。これは山地部における貧困削減を目的とした国家レベルの大きなプロジェクトで、インフラ整備や生活レベルの向上をソフトとハードの両面からサポートすることを目的としていた。第1フェーズは2006年までに終了し、2006年から2010年に第2フェーズ、2011年から2015年

表1　衛星画像の解析によるD村の土地利用の変化

	1992		2006	
	ha	%	ha	%
森林	3,037	43	2,380	34
ブッシュ	2,335	33	1,517	22
草地	658	9	989	14
畑地	926	13	1,885	27
棚田	90	1	276	4

出典：1992年と2006年のランドサット画像の解析による（原表作成はダミオンチュオン氏）

まで第3フェーズが実施されている。このプロジェクトにより、ソフト面では、水稲や畑作物の改良品種の紹介や導入、栽培技術の指導が行なわれ、フォントー県の農業普及員の往来が頻繁になった。ハード面では、フォントー県の県庁所在地からD村に続く幹線道路が1998年から整備された。この道はかつてはダートであったが、2003年にはアスファルト舗装が完成し、同時に道幅が拡張された。2002年には電線網が村に到達し、2012年までに15の集落のうち中心部から遠い4集落を除いて恒常的に電気が利用できるようになった。村の中の水路の改修が進み、2010年にはほとんどすべての水路をセメントで補強することができた。その他、村にある4つの小中学校や医療施設、市場などの公共施設についても大規模な改修工事が行なわれた。村の中の生活基盤は目に見えて改善した。

　ベトナムと中国の双方の国レベルでの経済力が向上したこの時期、D村の経済レベルも向上した。かつて重要な換金作物であったケシは90年代前半までに姿を消し、これに代わって人びとはさまざまな現金収入源を獲得した。特に農産物や畜産物、森林産物の中国側での需要が大きくなった。飼料用作物としてトウモロコシやキャッサバの改良品種が導入され、換金作物として栽培されるようになった。ニワトリやブタを飼育する世帯が増加した。また中国で薬用植物として需要が高いカルダモンの生産が開始された。以下では、D村の生業体系の変化を詳しく見ていこう。

❖棚田の拡大と米生産の増大

　既に述べたように、D村の棚田の拡大には3つの波があった。もっとも近年の波は2000年代以降の拡大であった。**表1**に、1992年と2006年のD村における土地利用の変化を示した。1992年と2006年のランドサット画像を用い、森林、ブッシュ、

草地、畑地、棚田の5種類に分類し、それぞれの面積を算出したものである。これによると、棚田面積は1992年に村全体で90haであったが、2006年には276haへと、およそ3倍に拡大したことがわかる。棚田を新たに造成できるかどうかは水源が確保できるかどうかにかかっているが、新たな水源を見つけることはほぼ困難である。このため、既存の棚田の下方の傾斜面を平らにして、1段ずつ棚田の造成が進んだ。この時期の棚田の拡大は世帯単位で行なわれた。2003年には政府の貧困削減プログラムの一環として、棚田造成のための補助金が出され、村全体で30haの棚田が新規に造成された。

　棚田面積の拡大により、相対的に住居から棚田までの距離が遠くなった。両親から十分な面積の棚田を相続できなかった若い世帯は新たに棚田を造成したため、棚田の位置がより遠方になったのである。そのため、多くの人たちが農作業に行くのにバイクを利用するようになった。

　移動や運搬の手段はかつてはウマか人力であった。そのため、どの家にも1頭以上のウマが飼育されていた。しかし、道路事情が改善した2003年頃を境にウマがバイクに転換された。現在では90％以上の世帯でバイクが利用されている。棚田や畑地に行くにもベトナム側の町に行くにも、人びとの暮らしにとってバイクは欠かせないものとなった。

　棚田面積の面的拡大と同時に単位面積あたりの水稲の生産量は増加した。D村にもたらされるベトナムの水稲品種は、かつては生産性も品質もよくなかったが、90年代以降に改善され、多くの世帯が利用するようになっていた。これに対して、1994年頃からようやく中国の改良品種がもたらされた。当初は生産性も品質も低いものであったが、2003年頃からベトナムの水稲品種よりも生産性の高い品種が出回るようになった。そのため、2003年以降、中国の改良品種を使う農家が急増した。また、化学肥料や農薬を使用する世帯が増加した。村の公式の報告書では2011年の水稲の平均収量は4トン/haと推定されている。

　2000年以降、D村の人口が増加すると同時に、棚田面積も拡大した。その結果、D村の人たちはどの程度、自家消費用の米を生産し、食糧として利用するようになったのだろうか。2011年の人口7016人、2012年の水田面積287haをもとに計算すると、1人あたりの水田面積は409㎡となる。これに2011年の村の水稲の平均収量4t/haを乗じると、1人あたりの米生産量は164kgとなる。この数値をどのように理

解すればよいだろうか。ベトナムで年間に消費する米の量を、1人あたり籾183kgだと推定すると、年間に必要な米の量の9割近い米を自分たちの棚田で生産していることになる。残りの食糧は、畑作で得られるトウモロコシやキャッサバ、あるいは現金で購入して入手すると考えられる。また、D村の人がD村の領域の中だけでなく、隣村にも棚田を有していることがわかっている。棚田で栽培される米はD村の人たちの年間消費量のかなりの部分を賄っていると考えるのが妥当である。このことは、聞き取りで、2000年代以降、自家消費のほとんどを栽培することができるようになったという証言とも整合性がある。

❖換金作物栽培の増大

　畑作物の中で重要なのが、陸稲、トウモロコシ、キャッサバである。村長が推定した2011年の作物ごとの栽培面積は、陸稲50ha、トウモロコシ290ha、キャッサバ1000haである。いずれも傾斜地の常畑で栽培される。この他に畑作物としては、ダイズ、ラッカセイ、野菜、果樹類が栽培されるが、これらは主に自家消費用である。

　表1には、1992年から2006年にかけて村の畑作物の栽培面積が大幅に増加したことが示されている。D村全体の畑作面積(畑地)は1992年に926haであったが、2006年には1885haと倍増している。これは、トウモロコシとキャッサバのいずれもが、自分たちが飼育する家畜に飼料として与える量が増えたというよりも、むしろ、ベトナム国内や中国側での家畜飼料の需要の高まりを受けて換金作物としての価値が高まったことが大きい。トウモロコシは収穫後、乾燥させてベトナム国内で販売する。キャッサバはチップ状に切って乾燥させたのち中国側に販売する。販売先はベトナムと中国に分かれているが、トウモロコシの種子とキャッサバの苗はいずれもベトナムのものを用いている。トウモロコシはLVN10という品種が有力である。この品種はラオスのポンサーリー県やホアパン県に居住するモンにも普及している。また、キャッサバでは、1980年代後半からベトナムと国際機関とが共同で育種した結果、高収量品種が育成された。これは、D村でかなり普及するようになった。

　すなわち、トウモロコシとキャッサバの栽培面積の増大は、かつて自家消費用に栽培していた畑作物が農家世帯の重要な換金作物となることによって、かつてモン

1　例えば、ヤングらによると、ベトナム人の年間摂取カロリーを米換算すると精米で147kgになる[Young et al. 2002]。籾重量の8割が精米での重さだと仮定すると183kgになる。

写真6　乾燥させたカルダモンの果実（2012年3月）

写真7　カルダモンが栽培される森林。この樹木の下にカルダモンが生育する。写真に見える小屋で、カルダモンの果実を乾燥させる（2012年3月）

の間で閉じていたローカルな生産と流通がベトナムと中国の双方に大きく開かれるようになったことを意味する。

❖森林産物の販売
　現金収入源の中で2000年代以降に急拡大しているのが、カルダモンの栽培である（写真6・7）。カルダモン（*Amomum aromaticum*）はショウガ科の植物で、インドからマレー半島に広く分布する。種子を植えてから4年目以降に収穫が可能で、果実が薬用や香辛料として利用される［堀田 1989］。カルダモンは林床で生育することが多い。ファンシパン山近くにあるホアンリエンソン保護区では、大木が鬱蒼と茂る森林の中でカルダモンが見られた。栽培の際には被陰樹を必要とし、ライチャウ省では一般に森林の中で栽培されることが多い。昔からD村には野生のカルダモンが分布していたという。しかし、2001年から販売用の栽培が増加した。乾燥した果実の販売価格は、2001年が8000ドン/kgであったのに対し、2011年には20万ドン/kgにまで上昇した。金平県に居住するモンの商人がこの村にまでやってきて、乾燥した果実を購入するようになった。販売価格が上がるにつれてD村でも栽培する人が急増した。

　D村の森林は東部の高標高地帯か集落の近傍にしかない。そのため、D村の人は隣村の森林の中でカルダモンを栽培している。モンの慣習では、材木を利用する以外は森林はオープンアクセスである。したがって、隣村の領域内であってもD村の人がその森林の中でカルダモンを栽培することは可能だと言う。そのため、2001年以降、D村の人が隣村の森林をカルダモン栽培に利用するようになった。

❖定期市の商品
　1990年代までの定期市ではさまざまな農産物や消費材が販売されていた。民族間での商品の交換や栽培環境の異なる作物の交換が見られた。モンのローカルなネットワークを通じて金平県からもたらされる商品もあった。しかし、2000年代以降、D村の人びとの現金収入源が拡大し、経済状態が改善するようになった結果、定期市のありかたや村人の消費生活に変化が見られるようになってきた。

　かつての定期市と同様、現在でも、農産物や衣料品、プラスチック類が市場での主要な商品である。しかし、村人はかつてほど中国製の商品に依存した生活を送

るわけではなくなった。特に顕著なのが、ベトナム製の衣服やプラスチック製の日用品、バイク、携帯電話の流入である。2000年代以降、そのほとんどをベトナム製の商品が占めるようになってきた。

　D村への道がアスファルト舗装される以前、村への往来は主に徒歩に頼らざるを得なかった。したがって、フォントー県の役人が仕事で村を訪れる場合、あるいは村の幹部が県に出向く場合、徒歩で半日ほどをかけて県庁と村の間を往来しなければならなかった。また、ウマか人力で商品を運搬していたため、商品の輸送も頻繁に行なわれているわけではなく、週1回開催される定期市は村人にとって生活に必要な物資を入手する重要な機会であった。

　しかし、交通インフラが整備され、村人の経済事情が好転するようになると、フォントー県を含めて、ライチャウ省内の町から村に運ばれる商品が増大した。また、2000年代半ばから、村に住みついて商売をするキンの人数が増加した。キンの商人たちは先に来ていた親戚を頼って村に移り、主に村の中心の道路沿いに居住するようになった。現在、村に居住するキンのほとんどが商業に従事している。キンは、デルタのフンイエン省やハノイに近いフート省、あるいはライチャウ省の町から衣服やプラスチック製の日用品を持ち込み、小売店を開いて販売するようになった。こうした品物は、日常的に必要なものである。そのため、D村のモンは、7日ごとの定期市をわざわざ待つのではなく、キンの商店から品物を購入するようになった。

　販売が特に拡大している商品は、携帯電話とバイクである（写真8）。携帯電話はすべてベトナム製であり、どんなに機能がシンプルで安いものでも本体が1台100万ドン（5000円）はする。使用料を継続して支払う必要もある。このような高価な商品だが、現在、D村のほぼ全世帯が最低1台は携帯電話を所有している。携帯電話の電波を受ける塔が2010年に完成し、携帯電話会社2社の通話が村の広範囲で可能になった。しかし、村の人が携帯電話を持ちだしたのは、電波塔が建設される前の2004年のことであった。やがて電波塔が建設されることを見越して、多くの人が携帯電話を買い求めた。当時、大部分の人は、音楽を聴いたり、写真を撮ったりする目的で、携帯電話を持った。

　また、バイクの普及の速度もすさまじい。新車のバイクは携帯電話よりはるかに高価で、2000万ドン（10万円）になることもある。2000年代の半ば過ぎには、いずれもD村のほぼ全世帯で所有されるようになった 。道路がアスファルト舗装された頃

写真8　キンの商人による携帯電話とバイクの販売（2012年3月）

から、特にベトナムで一般に販売されているバイクが村で普及するようになった。バイクはベトナム国内で運転するのが前提であり、ベトナムに輸入されたかベトナムで組み立てられたバイクを購入しなくてはならない。一般にベトナムでは、警察による取り締まり時に運転免許の有無よりもバイクの登録証をチェックされることが多い。現在のD村でバイク販売を手掛けるのはキンだけである。D村のモンにとってバイクは、農業をするにも移動をするにも必要不可欠な存在となっている。

(4) 生産と消費に見るベトナムと中国

　これまで述べてきたD村の変化をまとめてみよう。
　1990年代後半から2000年代にかけてD村のモンの生活は大きく変化した。ベトナム国内のさまざまな開発プロジェクトの恩恵を受けて村の生活環境が改善すると同時に、ベトナムと中国の経済発展の影響を受けて世帯レベルでの経済状態も改善した。その結果、モンの生活に占める中国とベトナムの割合に大きな変化が見られた。このことを、D村の生産と消費とに分けて見る。

1990年代以前のD村のモンの衣食住のほとんどは、中国製品や中国の市場に依存していた。食糧の生産は村の棚田と畑地で行なわれ、そのほとんどすべてが自家消費用であった。水稲やトウモロコシ、キャッサバなどの種子や苗は、自家採種あるいは、主に金平県に住む親戚や知人を通じて入手していた。すなわち、D村のモンの生産と消費はほとんどを中国側に居住するモンのネットワークに依存していた。

　しかし2000年代以降、ベトナムの制度的なかかわりが増加し、生産と消費における中国への依存の度合いが減少した。例えば生産面では、貧困削減プログラム等を通じ、交通インフラが整備され、地方政府の役人や農業普及員の往来が頻繁になった。その結果、ベトナムで育種された水稲やトウモロコシ、キャッサバの新品種へのアクセスが容易になった。また、棚田の造成もベトナム政府の補助を受けて行なわれた。

　一方、金平県につながるモンの親戚や友人を介したネットワークもまた消滅したわけではなかった。2000年代以降のトウモロコシやキャッサバは、中国向けの飼料作物として栽培された。カルダモン栽培の増加は、金平県での購入価格が増加したためであった。カルダモンは金平県で集められた後、雲南省の省都である昆明市をはじめ、中国各地の都市に運ばれるという。その他、農作業に必要な鋤や鍬、鎌などの農具は、依然として金平県のモンの人たちのネットワークを通じてD村にもたらされていたし、多種多様な野菜類や果樹の種子や苗も同様であった。すなわち、ベトナムとの制度的なかかわりが増大したものの、かつてのような、金平県に居住するモンの人たちの親戚や友人を介したネットワークがこれに代替したわけではない。従来のネットワークに加えて、規制や法律の遵守といった約束事が増えたという点では面倒ではある。だが、ベトナム側の制度的かかわりの増大は、D村のモンの人にとって、生産活動のための選択肢が増えたことを意味する。

　次に、消費について検討する。1990年代以前のD村では、衣料製品やプラスチック類、調味料など、定期市で販売される商品のほぼすべてがモンのネットワークを通じてもたらされていた。商人であるか否かを問わず、D村の人は金平県側の親戚や知人を訪問し、その帰途に多様な商品をD村にもたらした。ベトナム側からもたらされた消費財は、モンにはほとんど普及していなかった。その理由は、単に距離が近いからではなかった。金平県で得られる商品のほうが、品質もよく、価格も安かったからである。

しかし、2000年代以降、D村の消費生活に変化が起きた。もっとも顕著な変化が携帯電話とバイクの普及であった。これらを販売しているのは2000年代以降急激に増えたキンであった。キンの商人は、古い人は70年代から居住しているが、90年代後半から徐々に増え、先に移住してきた人が親戚縁者を呼び寄せる形で、特に2000年代以降、増加した。その結果、バイク新車販売店は1軒だが、携帯電話は5〜6軒の店で販売している。
　そして、こうしたキンの商品の増加の背景として、ベトナム側の社会的制度的なインフラの整備があったことを忘れてはならない。携帯電話が使えるようになるには、ベトナム国内での通話が可能となるように、電波塔の建設や課金のシステムの確立が不可欠である。バイクについても、ベトナム国内で運転するには、正式な登録証の発行が必要である。ベトナム国内の社会経済的インフラが整備されたのであれば、そのサービスを享受するには、ベトナム国内の制度に従う方がメリットは大きい。D村の人がこのような判断を下したことを、携帯電話とバイクの普及は示している。

(5)おわりに

　本稿では、ベトナムと中国の国境域にあるライチャウ省フォントー県D村を事例に、両国の政治経済的な変動の中で、モンがどのように暮らしの基盤を構築し、生きてきたのかを取り上げた。特に2000年頃の大きな変化を軸に、生産と消費の両面から検討してきた。
　D村は、地理的にも政治経済的にもベトナムの中心からははるか辺境に位置する。それにもかかわらず、ベトナムの国内的な社会経済的制度が辺境にまで急速に浸透していることをD村の事例は示している。中でも棚田の造成や水稲品種に関する情報の増加は、モンの食糧生産基盤に対するベトナムの制度的かかわりが増大したことを意味する。また、バイクや携帯電話の普及は、ベトナム側の運輸や通信にかかわるインフラ整備が辺境にまで及んだことを意味する。モンの生活世界のいくつかの重要な基盤がベトナム国内の制度に組み込まれ、そのサービスをモンも享受できるようになった。また、親戚や知人を介したモンのネットワークもまた有効であり、金平県側のモノや情報を村にもたらしてくれている。ベトナムと中国の国境域では、モンのネットワークを活用しつつベトナムの社会経済に統合される生業世界が始

まったと言える。

【引用文献】

Chuong Trinh 135 http://ct135. 2014. ubdt.gov.vn/
堀田満編 . 1989.『世界有用植物事典』平凡社
Uy Ban Dan Toc. 2013. http://ubdt.gov.vn/wps/portal/ubdt/home
Vang, S.T. 2008 ."The Hmong of Southeast Asia: A History of the Hmong: From ancient times to the modern diaspora" Lulu.Com.
Young, Kenneth B., Wailes, E.J., Cramer, G.L., and Nguyen Tri Khiem. 2002. *Vietnam's rice economy: Developments and prospects, Research Report 968*, Fayetteville University of Arkansas.

第2節　商品経済の浸透と棚田の農業

　第2部第2章第1節では、ベトナムと中国の国境域に居住するモンの生活世界の変化を検討した。具体的には、フォントー県D村を事例に、生産面では棚田と傾斜地での農業生産、消費面では、定期市で売買される商品をもたらした主体を歴史的に概観し、2000年代以降、モンの生活世界が、モンのネットワークに加えて、ベトナムの国家の制度により深くかかわりながら構築されていることを明らかにした。しかし、これは、国境域のベトナム側の事情を検討したに過ぎない。では、国境の向こう側、すなわち金平県側の人たちの生活世界はいかなるものだろうか。本稿では、中国、金平県側の少数民族の生活世界を文献に依拠して補足的に説明し、ベトナム側の視点からその変化を検討する。

❖ 金平県の少数民族

　ライチャウ省フォントー県と国境を挟んだ中国側の行政区分は、雲南省紅河哈尼族彝族自治州の金平苗族瑶族傣自治県（以下金平県）である。金平県は2008年の人口36万人のうち少数民族が31万人（86%）を占め、うち、ベトナムのハニーに相当する哈尼が9万5000人（26%）、モンに相当する苗が9万1000人（25%）を占める［雲南省紅河哈尼族彝族自治州2014］。西北地方と同様、少数民族が多数居住する地域である。
　地形は、急峻な山地に特徴がある。特に金平県は哀牢山地の南部に位置し、ベトナムのホアンリエンソン山脈につながる急峻な山地に位置する。そのため、金平県の少数民族の村は、D村と同様、棚田の水稲作や山地斜面の畑作が重要な生業基盤となっている。哀牢山地の南部の村で土地利用と農業技術の調査を行なった安達によると、標高800～1800mは棚田の集中する地帯であり、また哀牢山地南部でもっとも人口密度の高いところである［安達2003］。さらに、昔から定期市が開かれ、地域の中心として発展してきた街は、ほとんどがこの標高帯に分布する。以下では、安達［2003、2012］と、金平県で棚田や定期市の詳細な調査を行なった西谷［2005a、2005b、2006、2007、2008］に依拠し、金平県での農業生産と定期市の概要を述べる。

表1　金平県における6ヵ村の生業体系の比較

主要民族	標高(m)	棚田(水稲)	傾斜地利用	生業基盤
傣	500～800	二期作	パラゴムノキ	棚田の水稲作が中心。2004年から棚田がバナナ畑に転換。
哈尼	500～1000	二期作	キャッサバ、パラゴムノキ、レモングラス	棚田の水稲作が中心。90年代後半からレモングラス、2004年から棚田がバナナ畑に転換。
哈尼	600～1300	一期作	キャッサバ、レモングラス、トウモロコシ	棚田より畑作地が卓越。特にキャッサバ面積が大きい。
阿魯	600～1300	一期作	トウモロコシ、キャッサバ、レモングラスの他にも、多数の野菜・果樹類	棚田より畑作地が卓越。野菜類の販売が重要な現金収入源。
揺	800～2000	一期作	畑地はほとんどない	森林で採取する草果(ショウガ科)の販売
古聰	1000～2000	一期作(1999年以降)	90年代まで焼畑と狩猟	草果の販売と小規模交易

出典：西谷[2005a、2005b、2006、2007、2008]を基に作成

❖農業生産

　金平県のベトナムとの国境に近い少数民族居住地では棚田が卓越し、斜面の畑作と組み合わせた生業体系が構築されている。標高800mあたりを境として、それより標高の低いところでは水稲の二期作、標高の高いところでは水稲の一期作が行なわれる。棚田の水源は、湧水のこともあれば、小川のこともある。水量も、棚田生産に十分な村と、そうでない村とがある。生態的な環境条件に応じて、村ごとに多様な棚田の維持管理と水稲生産が行なわれている。

　金平県で6ヵ村の比較調査を行なった西谷の調査結果をまとめると**表1**のようになる。

　標高が低いほど棚田の水稲生産に特化し、標高が高くなるほど畑作あるいは林産物に依存する度合いが高くなっているのがわかる。

　西谷は6ヵ村の歴史的な生業体系の変化についても述べている。それによると、2004年を画期として、6つの村で変化が見られるという。

　低地の傣の村では、1986年から傾斜地でワタやキャッサバに代わってパラゴムノ

キの導入が開始された。2004年からは水田がバナナ業者に賃貸しされるようになり、村人が自ら稲作を行なうのではなく、日雇いとしてバナナの栽培と管理を行なうようになった。豊富な土地と水を背景に、一部の農業生産が放棄された。

　哈尼の村は2村あり、標高の低い村では傣の村と同様、水田の一部がバナナ栽培に転換したり、傾斜地でパラゴムノキが導入されたりした。

　一方、標高の高い村では、そもそも棚田面積は少なかったものの、1990年代半ばからハイブリッド種が植えられるようになり、米の自給が可能となった。棚田よりも畑作地が卓越し、特にキャッサバの栽培面積が大きい。90年代半ばからレモングラスなどの換金作物が盛んに栽培されるようになった。

　阿魯（アールー）の村では標高の高い哈尼の村よりもさらに棚田面積が少なく、90年代にハイブリッド品種が導入されて以降も米の自給は達成できていない。棚田よりも畑作地が卓越し、1980年代からトウモロコシ、キャッサバ、レモングラスなどの換金作物が多数栽培されている。哈尼の村と異なるのは、定期市で販売するための野菜類の栽培が非常に多く、主な現金収入源となっている点である。

　古聰（クーツォン）の村では、1990年代まで焼畑が行なわれ、棚田面積は狭小であった。焼畑生産の不安定性を補うため、森林産物の採集が行なわれ、定期市で販売していた。

　このように、村の立地条件に応じて生業戦略が異なり、換金作物の種類も異なる。農産物や林産物の交換などを通じて、村ごとに補完しあう関係が見て取れるという。そして、村ごとの産品の交換が行なわれたのが定期市であった。

❖定期市

　金平県では6日または4日ごとに定期市が開催される。西谷が調査した金平県の者米拉祜族郷（ジャーミーラフズー）と老集寨郷（ラオジージャイ）における街道沿いの6つの村落で1日ごとに順番で定期市が開催され、6日後に最初の村に戻っていた。それぞれの市場は車の利用が可能な公道周辺の村からおよそ20km圏内に位置し、徒歩あるいはバイクで到達することができ、市場までかかる所要時間は片道3〜4時間以内にあるという。

　定期市で商品を売買するのは、周辺の村に居住する少数民族と専門の行商人である。村在住の人たちが村で栽培された野菜や果樹などを販売するのは、D村と同様である。また、販売を専門とする行商人は漢人が多いようである。

　定期市で売買される商品は、雑貨や衣料品、靴などの生活用品、野菜、魚、肉

などの食品類、酒タバコ等の嗜好品、生きた家畜などであった。西谷が調査した市場の商品のリストの中にベトナムからもたらされたとはっきりわかる商品は、塩を除きほとんど見られない。商品は圧倒的に中国製品に依存している。

また、西谷が調査したある定期市では、売買されていた321種の商品のうち、1店ないし2店でしか販売されていない商品が半数以上を占めるという。すなわち、売買される商品は商人によってなるべく重ならないような工夫がなされていることを示している。販売する人にとっては同業他社との競合が少なく、購入する人にとっては多種多様な商品を入手できるという経済的なメリットがあるとも言えるが、儲けよりもむしろ定期市は日常生活に必要最小限の物資を商人と村人が共同で提供するための交換の場であるとも言える。

❖おわりに

金平県の少数民族による農業生産と定期市の簡単な素描から、ベトナム、フォントー県D村との類似点と相違点が見て取れる。

まず類似点は、金平県も少数民族が卓越し、村ごとに異なる生態環境条件に応じた生業体系が見られることである。低地での豊富な水を利用した水稲二期作と高地での畑作との組み合わせで、生業が成り立っている。また、定期市は日常的な消費を支える重要な機能を持っていた。

一方、相違点は、商品経済の浸透や国家の制度とのかかわり方である。金平県の哈尼の2つの村のうち、標高の高い方の村と阿魯の村はD村と標高も同程度であり、棚田と畑作に依存しているという農業生産面でも類似点がある。しかし、金平県側の2つの村は1980年代に既に中国で販売可能な飼料用トウモロコシやキャッサバの栽培が普及していたようである。90年代にはレモングラスなどの新しい換金作物が畑作地で栽培され、特に阿魯の村では非常に多くの野菜類が販売用に栽培されている。D村に比べて、商品経済の浸透が10年ほど早い。

定期市を見ると、漢人と少数民族の人たちのかかわりが、D村におけるキンとモンのかかわりとは異なることがわかる。金平県の定期市では漢人の商人の割合が高く、漢人の商人がもたらす商品は特定の商品に限られていない。漢人のもたらす商品は少数民族の生活世界に浸透している。

中国とベトナムの国境域に位置する金平県とD村の少数民族は、中国やベトナ

ムという国家制度とのかかわりを深めつつ、自分たちのネットワークも利用しながら、生活世界を構築しているという点では一致している。しかし、D村から見た場合、金平県側の少数民族の生活世界は既に中国という経済大国の中の暮らしである。金平県によく出稼ぎに行くD村の哈尼のある若者は、金平県は2000年頃からビルが多く建ち並ぶ近代的な都市で、ベトナムの首都ハノイより大きいと言う。この若者はハノイに行ったことはないが、そうしたイメージが構築される背景には、中国との制度的なかかわりが金平県側の生活世界にとって大変重要であることを示していると考えられる。

【引用文献】

安達真平．2003．「雲南省哀牢山地南部イ族村の棚田農業システムに見る土地利用と技術」京都大学大学院アジア・アフリカ地域研究研究科博士予備論文．
―――．2012．「雲南省哀牢山地の多民族棚田地域における灌漑システム」ヒマラヤ学誌（13）341-353．
雲南省紅河哈尼族彝族自治州．2014．http://www.hh.gov.cn/info/1021/26555.htm．
西谷大．2005a．「雲南国境地帯の定期市——市の構造とその地域社会に与える影響」『東京大学東洋文化研究所記要』147: 340(83)-307(116)．
―――．2005b．「市のたつ街——交易からみた多民族の交流」『国立歴史民俗博物館研究報告』121. 339-400．
―――．2006．「雲南国境地帯の棚田——アール一族とヤオ族の灌漑システム」『国立歴史民俗博物館研究報告』125: 259-280．
―――．2007．「市の誕生と都市化——生業経済の定期市から市場経済の市へ」『国立歴史民俗博物館研究報告』136: 267-328．
―――．2008．「土地利用と斜面畑からみた水田稲作の多様性」『国立歴史民俗博物館研究報告』139: 53-98．

第3章
ラオスと中国の国境域

横山智

国境の弾力性と農民の生業変化

(1)ラオス国境域の動態と少数民族

　ラオスでは、首都のヴィエンチャン、南部のパークセーとサワンナケート、そして北部のルアンパバーンなどの都市部で、戦前から潮州系の華人が商業に従事していた[山下 2006]。いずれもタイを経由してラオスに来た華人である。しかし、中国とラオスの関係が回復し、国境ゲートが両国民に開かれた1990年代以降は、雲南省出身者を中心に中国南部から陸路で大量の新移民が押し寄せている。特に、中国と地理的に近いラオス北部の都市には、安価な中国製の日用品、工具、玩具、電機製品、衣料などが並ぶ「タラート・チン(中国市場)」と呼ばれる市場が建設され、ラオスの市場で売られる商品のほとんどがタイ製から中国製に取って代わった。そして、都市部のみならず、山地部で開催される定期市でも中国商人が進出している。
　ラオス人は中国の新移民の進出を無条件で歓迎しているわけではないであろう。しかし、人口わずか600万足らずのラオスが、約13億4000万の人口を擁する中国の進出を止めるのは容易でない。国境を接する雲南省だけでも約4500万もの人口を抱えており、ラオスの全人口の約7倍もの人が住むのである。では、中国国境沿いのラオスとは、どのような地域なのであろうか。2005年の国勢調査データでは、ラオスの全人口の約65％はタイ-カダイ(Tai-Kadai)言語系のラーオなどの民族で占められているが、それに対して、中国と国境を接するポンサーリー県、ウドムサイ県、ルアンナムター県の3県の民族構成は、**表1**に示すように、モン-クメール(Mon-Khmer)言語系のカムー、チベット-ビルマ(Tibet-Burmese)言語系のアカとプーノーイ、そしてモン-ミエン(Hmong-Mien)言語系のモンが上位を占めている。タイ・ルーはラオ

表1　中国と国境を接する北部3県の民族構成（2005年）

県	人口1位民族 （構成比％）	人口2位民族 （構成比％）	人口3位民族 （構成比％）
ポンサーリー	アカ（27.0）	カムー（21.5）	プーノーイ*（17.8）
ルアンナムター	アカ（25.1）	カムー（24.5）	タイ・ルー（12.1）
ウドムサイ	カムー（58.9）	モン（13.9）	タイ・ルー（9.6）

*2005年人口センサスにおける民族名はシンシリーとされているが、2008年にプーノーイと改変した。ここでは、一般的にポンサーリー県において浸透しているプーノーイを用いる。出典:園江・中松（2009: 34-35）より作成

スでは最大のタイ-カダイ言語系に属する民族であるが、その人口は12.3万であり、ラオスの人口の2.1％を占めるに過ぎない［園江・中松 2009］。すなわち、ラオス国境域で中国の進出と直接対峙しているのは、小国ラオスの中でも少数民族と位置づけられている人たちである。

　特徴的な点は、このような少数民族が国境をまたがってモザイク状に分布していることである。19世紀前半まで東南アジア大陸山地部は、タイ・ヴェト（Dai Viet）王国、ラーンサーン（Lan Xang）王国、ラーンナー（Lan Na）王国の3王国から成り、そのうちラーンサーン王国は、現在のラオス北部を中心に、雲南省西双版納傣族自治州（以下西双版納州）、タイ、ベトナムの一部が含まれていた［Stuart-Fox 1997: 6-19］。東南アジア大陸山地部の各民族は、現在の国境とは関係なく、各王国のマジョリティとして生活していたのである。ところが、フランスによるインドシナ統治によって、ラオス、ベトナム、タイ、中国、ミャンマーに現在の国境線が引かれ、結果的に民族が分断された。

　ラオスの場合、国境線が引かれると、マジョリティとなったラーオによって政策が立案されるようになり、その結果、中国国境域の民族らは人口の面で少数民族となった。さらに首都が1975年にヴィエンチャンへと移動した後は、地理的にも中心から遠くなり、経済発展と社会基盤整備が遅れる周辺へと追い込まれた。本稿の対象地域は、ラーンサーン王国時代には盆地で水田稲作を営む主要民族であったタイ・ルーを中心に、山地で焼畑を営んでいたアカ、プーノーイなどの少数民族で構成されているルアンナムター県とポンサーリー県の中国国境域である（図1）。この地域における中国の影響は、中国製品の普及のみならず、これまで住民が生業として営んでいた農林業にも及んでいる。

　例えば、もっとも代表的な農林業の変化は、パラゴムノキの植林であろう。中国

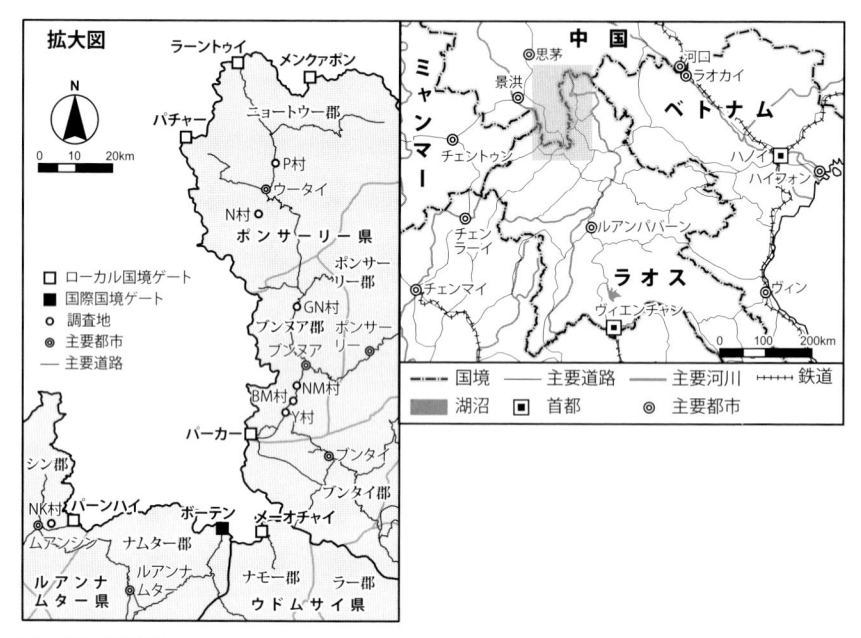

図1. 研究対象地域

　雲南省にパラゴムノキの栽培が試験的に開始されたのが1948年であり、1956年から政府農園での栽培が始まり、それ以降は中国政府の奨励でパラゴムノキの植林が西双版納州で急激に広がっていった[Jianchu et al. 2005]。ラオスでは1990年代に中国のゴムの需要増によってルアンナムター県の村で植林が開始され、急激に面積を拡大させている[Alton, Bluhm, and Sananikone 2005、Thongmanivong et al. 2009]。また、中国国境域では、作物の種子、化学肥料、農薬を中国企業が農民に提供し、提供を受けた農民が栽培した作物を中国企業に販売する契約栽培が導入されており、農民の生業と慣習的な土地利用が大きく変化していることが明らかになっている[横山・落合 2008]。

　そこで本稿では、ラオス北部の中国国境域で生活する少数民族の農民がいかに中国の影響を受けつつも、その変化に対応しているのか、2000年以降に導入された契約栽培にフォーカスを当て、地方行政と農民の両方の異なったレベルでの対応の仕方を周辺という国境の地理的要因に着目して検討することを試みたい。なお本稿において、単に農民とか農村と記す場合、タイ・ルー、アカ、プーノーイなどの、

ラオスの国家スケールで見ると少数民族と位置づけられる農民であり、またそうした少数民族で構成されている農村であることをあらかじめ断っておく。

　この目的を明らかにするために、最初に中国とラオスとの間の契約栽培がどのように展開してきたのか、契約栽培拡大の契機となった乾季水田裏作を事例として両国間の人的交流と技術移転の実態を明らかにした上で、ラオスの郡行政と農民の契約栽培に対する対応の仕方を実際に見ていく。次に、山地の常畑に導入された作物の契約栽培を取り上げる。常畑に導入される作物は作目が毎年変更可能な乾季水田裏作物と異なり、一度導入されると他の作物への転換が困難となる。したがって、同じ契約栽培でも乾季水田裏作と山地の常畑での契約栽培は大きく異なる点に注意しつつ、最近の山地の土地利用変化について検討したい。そして、ラオス北部の国境ゲートにおける人とモノの流れを明らかにし、最後に中国国境域における契約栽培はいかなる社会経済的条件そして自然環境的条件によって導入され、現在の状況に至っているのか、郡行政と農民の両方の対応から論じてみたい。

(2) 乾季水田裏作での契約栽培

❖ピノーン・チンと農民

　本稿の対象地域であるラオス北部において、中国と国境を接する地域で人とモノの行き来が盛んになり始めたのは2000年以降である。常設市場が開かれているような規模の町では、中国人が経営する雑貨店、バイクや、工具類の販売店などが次々と開業し始め、町には中国語の看板が氾濫するような状況になっていった。そして、2000年代中盤以降になると、中国人が乾季に使われていない水田をラオス人から借りて、そこでスイカなどの作物を栽培するようになった。

　ポンサーリー県ブンタイ郡で聞き取りを行なった農家の話では、2006年から中国人が乾季の水田を借りてスイカを栽培し始め、中国人は土地代に加えて、スイカの収穫量に応じて追加のお金を支払ってくれたと言う。ブンタイはタイ・ルーの町であるが、スイカの栽培を開始した中国人もタイ・ルーであり、同じ言語を使うので相互のコミュニケーションには全く問題がない。このような中国籍を持つタイ・ルーのことを、ラオスのタイ・ルーたちは「ピノーン・チン（中国にいる親戚）」と呼んでいた。ラオスでは親しい関係にある人を、実際の血縁関係はなくても、親戚を意味する「ピノ

写真1　ブンタイ郡のスイカ栽培における断根挿し継ぎ技術。ペンで示した部分より下がカボチャで、上がスイカである（2010年3月）

ーン」と呼ぶことが慣例であり、ピノーン・チンは中国籍のタイ・ルーに対して用いられる特別な呼び名である。

　ブンタイにおけるピノーン・チンのスイカ栽培は2008年まで3年間続き、翌年からはラオスのタイ・ルーが自らスイカを栽培し始めた。スイカは連作障害が発生し易いため、2年連続同じ土地で栽培できない。現地では、一度スイカを栽培した土地は5年間休ませないと再度スイカの栽培はできないとされていた。しかし、ピノーン・チンは同じ土地で3年間もスイカを連作したのである。ピノーン・チンは、2年目から台木としてカボチャを最初に植え、そこにスイカの芽を挿すという「断根挿し接ぎ」の技術によって、連作を可能にしていた（写真1）。ラオスのタイ・ルーの農民は、連作障害を回避する技術を知らなかったが、土地を貸していた3年間で、断根挿し接ぎの技術と肥料や農薬を与えるタイミングをピノーン・チンから学び、自らスイカを栽培することになった。

　ただし、ブンタイ郡で断根挿し接ぎを行なっていたのはピノーン・チンに土地を貸していた農家1軒だけで、他の農家はスイカを栽培していたものの、この技術を採用していなかった。この技術を採用していない農家は、「失敗が怖い」と言う。一度

スイカを作付けすると、翌年にスイカは植えられないものの、他の作物を植えることは可能である。よって、持っている土地をローテーションしながら使うことで、無理してまで断根挿し接ぎをしなくてもよいと考えている。一方、ピノーン・チンから技術を学んだ農家は「この技術は簡単で、失敗することはない」と言い、2009～2010年の2年間はほとんど失敗せず、スイカを収穫できたと述べる。

　同様のスイカ栽培技術は、ブンタイ郡だけでなく、隣のブンヌア郡でも行なわれていた。ブンヌア郡Y村付近の盆地では、2003年からピノーン・チンが数年間土地を借りてスイカを栽培していた。村によって土地を貸し始めた時期は異なっていたが、いずれの村も2008年で土地を貸すのをやめ、住民自ら挿し接ぎの技術を用いてスイカを栽培し始めた。しかし、2009年以降はスイカ栽培は下火になり、スイカ以外の乾季水田裏作物の契約栽培を中国の会社と行なうようになった。

写真2　ブンヌア郡農林事務所に掲げられている「中国-ラオス農業技術センター」の看板（2012年3月）

❖契約栽培と行政

　まず、本項で中心的に取り上げるポンサーリー県ブンヌア郡の契約栽培について、その概況を紹介することにしよう。

　ブンヌア郡農林事務所長の説明では、西双版納州勐臘県（モンラー）と国境を接するブンヌア郡では、中国市場向けの作物を2010年終わりから2011年初めにかけて年間1000万t以上輸出したと言う。もっとも古くから行なわれている契約栽培は1996年から開始されたサトウキビであるが、中国企業によって大規模な契約栽培が行なわれるようになったのは2004年以降である。さらに、乾季水田裏作物の契約栽培が

2009年から始まったことで、農林事務所が中国企業との農林産物の契約に関与するようになった(写真2)。

　中国企業との契約栽培は、①中国企業が土地を借りて中国人社員が栽培する形態、②中国企業が郡農林事務所と契約して作物の買取価格を郡内で統一する形態、③中国企業が生産者となる農民と個別契約する形態の3つに分類される。契約栽培が始まった当初は③の形態が多く見られたが、生産者が契約した作物を出荷したにもかかわらず、企業が代金を支払わないなどの問題がラオス各地で発生した［横山・富田 2008］。ブンヌア郡でも、農林事務所が関与する2004年以前は住民が口約束だけで中国企業と契約を取り交わしていたため、収穫後の作物代金の支払いをめぐるもめごとが絶えなかったという。よって2005年以降は、ブンヌア郡農林事務所が中国企業と農民との間を取り持つ②の形態で契約栽培が行なわれるようになり、郡農林事務所を介した契約栽培を行なうことを中国企業と住民に徹底している。

　住民にとって郡農林事務所を介して中国企業と契約栽培をするメリットは、不公平な契約に対するクレームを郡農林事務所に対して申し出ることができる点にある。2009年に調査を実施したプーノーイのD村では、2005年に中国企業とパラゴムノキ植林の契約を結んだ。その契約は、土地と労働力は住民が供与する代わりに、苗や肥料は中国企業が無料で提供し、契約した企業に収穫したゴムを必ず販売することが条件となっていた。これは、一般的な契約栽培の内容である。しかし、その利益配分が住民にとってきわめて不利な内容であった。住民はゴムの販売額の半分しか受け取ることができず、残りの半分は苗と肥料に投資した企業の取り分となるのである。収穫が開始されてから6年目以降になると、住民の取り分は販売額の6割に増加するが、企業側はゴムが収穫され続けている間、住民から4割の収益を得続けられる契約となっている。企業側も将来のゴムの価格予測ができない不確実な状況で投資をしなければならず、リスクを抱えているのは理解できるが、一方で、苗を購入したり、肥料を入れたりする初期投資の資金を持ち合わせていない住民は、企業の言いなりに契約を締結する以外なす術がないという状況も浮き彫りになった。そこで、郡農林事務所はこの不公平な契約を見直すために、住民の取り分をもっと増加させるように企業に申し入れ、収穫開始後から住民の取り分が7割で企業が3割になるように契約内容を改正させた。このように、経済的に弱い立場にある少数民族との栽培契約の条件交渉に郡農林事務所が介入することで、より公正

表2 ポンサーリー県ブンヌア郡における2011年の乾季作

	作付地	栽培村落数	栽培面積(ha)
カボチャ(赤玉)	水田	12	144.52
カボチャ(細長)	水田	7	47.41
トウガラシ	水田	5	11.39
インゲンマメ	水田	12	148.13
スイカ	水田	1	1.4
キャッサバ	常畑	2	2
スイートコーン	水田／常畑	6	39.74
タバコ	常畑	2	5.36
ジャガイモ	水田	3	19.92
サツマイモ	水田	5	19.29
合計面積			439.16

出典：ポンサーリー県ブンヌア郡農林事務所資料

な契約内容へと是正する努力が行なわれている。

❖農民の作物選択

　2011年の時点でブンヌア郡に事務所を構えて契約栽培を行なっている企業は、中国7社とラオス国内2社の計9社であった。中国企業が契約栽培を行なう作物は、サトウキビ、パラゴム、チャ、タバコ、インゲンマメ、ジャガイモ、トウガラシ、トウモロコシ、カボチャ、コーヒー、パッションフルーツで、ラオス国内企業はスィートコーン、カボチャ、バナナとなっていた。中国企業が扱う作物のうちタバコはラオス南部のサワンナケート県に立地する中国系資本のタバコ工場に出荷されるが、それ以外はすべて中国に輸出される。ラオス国内企業が扱う作物も出荷先はすべて中国である。なお、いずれの企業も農業指導員が社員として何名か在籍しており、きめ細かい技術指導を行なっている。農業指導員の多くはピノーン・チンで、タイ・ルー語で指導を行なっている。タイ・ルー語はラーオ語にも近く、タイ・ルー以外のプーノーイやアカの村でもそのまま通じるため、通訳は必要ない。また、指導員が漢人の場合、ピノーン・チンがタイ・ルー語に通訳をしている。

　パラゴムノキ、チャ、コーヒーのような樹木作物以外は、基本的に単年度契約のため作目の変化が非常に激しい。中でも乾季水田裏作物の移り変わりは非常に激

しい。ブンヌア郡における2011年の乾季作の栽培状況を表2にまとめた。赤玉のカボチャとインゲンマメの栽培が多く、2009年の調査の時に多く栽培されていたジャガイモは2010年から徐々に減少し、2011年にはかなり減少していることがわかった。また2010年3月の調査時には至るところで栽培されていたスイカが2011年にはほとんど栽培されていないこともわかる。では、農家はどのように作物を選択しているのであろうか。ブンヌア郡の中でも乾季作の作付面積が広いY村と平均的な作付面積のPX村の農民に聞き取りを行なった。どちらもタイ・ルーの村である。

　Y村ではカボチャとインゲンマメの契約栽培が2008年から開始された。2011年は畑1畝（約0.067ha）あたり、カボチャは1500元（約2万2500円）、インゲンマメは同じ面積で3750元（約5万6250円）の収入が得られた。インゲンマメのほうがカボチャよりも土地単位あたりの利益が2倍以上も多い。しかし、インゲンマメの場合、2月中旬から3月初旬までの期間は毎日収穫作業を行なう必要があり、労働力が少ない世帯は労働者を雇用しなければならない。労働者を雇用する経済的余裕のない世帯は、小面積を2～3世帯で労働交換しながら毎日収穫作業を行なう（写真3）。また、インゲンマメのほうがカボチャよりも肥料を与える回数が多い。よって、農家はカボチャとインゲンマメのどちらを選択するか、またそれぞれの比率をどのようにするか、世帯労働力の規模で決めていると言う。

　一方、PX村の場合、インゲンマメは栽培しておらず、農民はカボチャかジャガイモかの選択を行なっていた（写真4）。カボチャは2011年から、そしてジャガイモは2009年から導入されている作物である。2011年は1畝あたりのカボチャの収入は1275元（約1万9125円）で、同じくジャガイモは1100元（約1万6500円）が得られた。土地単位あたりの利益は、カボチャのほうがジャガイモよりもわずかに多いが、カボチャは間引き作業が必要で、ジャガイモよりも管理が大変である。そのため、あまり手間をかけたくない世帯は利益が少なくてもジャガイモを選択するという。なお、PX村のカボチャの収入がY村よりも低いのは、Y村よりも国境から遠く輸送費がかかり、買い取り価格から輸送費分が引かれているからである。PX村では、54世帯中25世帯は乾季水田裏作物としてカボチャを選択し、20世帯はジャガイモを選択していたが、カボチャとジャガイモの両方を作付けしている世帯は1世帯も存在しなかった。その理由は、それぞれの作物ごとに契約している企業が異なり、1世帯で複数の企業と契約してカボチャとジャガイモを栽培することを禁止しているからである。

第3章　ラオスと中国の国境域　　143

写真3　ブンヌア郡Y村におけるインゲンマメの収穫（2012年3月）

写真4　ブンヌア郡PX村におけるカボチャの栽培（2012年3月）

カボチャとジャガイモでは同じ種類の肥料を使用するため、両方を栽培するとジャガイモの企業から提供された肥料を他社と契約しているカボチャに流用する世帯が出てくるというのがその理由である。

　このように多種の乾季水田裏作物が栽培されているが、何を栽培するかの選択は、買い取り価格、世帯内で投入可能な労働力、さらには企業間の取り決めなどにも影響されていることがわかる。

❖西双版納州の農村景観変化

　栽培する作物が労働力や企業との契約によってさまざまであるという状況は中国側の農村でも同様である。西双版納州勐臘県M村は、タイ・ルーの水田稲作を主業とする平地農村である。世帯が所有する水田面積は非常に少なく、かつては焼畑で陸稲を栽培して何とか米を自給していた。しかし、1975年に焼畑を行なっていた土地にパラゴムノキの植林が開始され、ほぼ全世帯がパラゴムノキの植林地を所有している。パラゴムノキを植林してからゴムを収穫できるようになるまでの7～8年間は、焼畑から米の収穫がなくなったため米が不足した。したがって、乾季の水田裏作物としてスイカ、トマト、トウガラシ、ナスなどを試行錯誤しながら栽培し、その販売収入で不足分の米を購入していた。ゴムの収穫時期は稲作の時期と重なるため、非常に忙しいが、反対に12月～3月の乾季は時間にゆとりがある。そこで、2000年から昆明の企業とトウガラシ新品種の契約栽培を開始した。労働力を投入できる乾季に集約的な農業を導入したのである。その結果、水田稲作を行なっているほぼ全世帯がトウガラシ新品種を導入し、7月～10月はイネ、11月～2月はトウガラシ、3月～6月がトウモロコシという輪作体系を確立した。

　しかし、水田稲作が維持され、乾季の露地栽培が行なわれているM村のような農村は徐々に姿を消しつつあるのが西双版納州の現状である[Zhang, Kono & Kobayashi 2014]。パラゴムノキの導入に加え、組織培養苗を用いたバナナ栽培が導入されており、2011年3月の調査では、低地ではかつて水田であったと思われる場所、また比較的標高の低い山地斜面ではパラゴムノキとバナナの両方が植えられている景観が西双版納州の至るところで見られた（写真5a、b）。この組織培養苗を用いたバナナ栽培の技術が2000年代中盤に中国からラオスに導入され始め、北部のポンサーリー県、ルアンナムター県、ウドムサイ県で、その栽培面積が拡大している。

a. 低地におけるバナナ栽培

b. 山地におけるパラゴムノキ植林(手前)とバナナ栽培(奥)

写真5　西双版納州勐臘県における組織培養苗を用いたバナナ栽培(2011年3月)

写真6　ニョートウー郡における中国企業によるバナナの栽培(2012年3月)

以下、バナナ栽培に代表される山地の常畑での中国企業との契約栽培について紹介していこう。

(3)常畑での契約栽培

❖バナナ・ラッシュ

　2000年代後半から、ラオスの中国国境域では組織培養苗を用いたバナナ栽培の技術が中国からもたらされ、急速な勢いで拡大している。2010年3月にポンサーリー県を調査した際に、ブンタイ郡で試験的にバナナの組織培養苗がハウスで育てられているのを目にしたが、実際に山地部で栽培されている状態を確認することはできなかった。ところが、2012年3月にポンサーリー県を再訪した際は、ブンヌア郡で個人農家による大規模な栽培が開始されており、さらにニョートウー郡では中国企業によって2008年から30年間の土地コンセッションによって大規模な栽培が行なわれ、先の写真5bで示した西双版納州と同様の景観が見られた(写真6)。中国企業が支払う借地代は、1年間で1haあたり5ドルと格安である。ニョートウー郡農

林事務所の話では、郡内4ヵ所でバナナが栽培されており、面積は計221haとされている。しかし、調査で訪れた2ヵ所だけでも200ha近い面積があるのは明らかで、実際はもっと広い面積で栽培されていると思われる。

　バナナの管理を行なっているのは現地の村人と中国企業から派遣された漢人である。調査で訪れたホーのニョートゥー郡N村では4世帯8人が中国企業の下で働いており、漢人は15人が派遣されていた。ホーは中国系の少数民族なので中国語を話し、漢人とは中国語でコミュニケーションしているという。N村に植えられているバナナ13区画のうち、地元のホーが管理していたのは4区画で、バナナの収穫量に応じて賃金が支払われる。N村の場合、1世帯2人で8000本のバナナを管理しており、年間に3万2000元（約48万円）の収入が得られる。しかし、そこから肥料代、農薬代、収穫と箱詰め作業する労働者の雇用代金を捻出するので、純利益は半分ぐらいになる。それでも、バナナ管理をするホーの世帯は、かつて焼畑で陸稲やトウモロコシを栽培していたりしていた時よりは生活が良くなったと喜んでいた。

　中国企業による雇用ではなく、自ら技術を習得してバナナ栽培に乗り出したのは、ブンヌア郡GN村のタイ・ルーのM氏である。最初は2009年にラオス企業がやってきて土地借用の契約をM氏と結び、2010年からパラゴムノキとバナナを山の斜面に植え始めた。M氏は、そのラオス企業の下で1年間労働者として働きながらバナナ栽培の技術を習った。ラオス企業の技術者は漢人だというが、M氏はかつてホーの人たちと4年間一緒に農業をしていたことがあり、その時に完璧ではないが中国語を身につけた。よって、漢人の技術者と中国語でコミュニケーションを取ることができると言う。栽培技術を習得したM氏は、2010年7月〜8月に中国企業から苗を購入して、自己所有地と借地を併せて計7haに1万2000本のバナナを植えた。バナナの果実は肥料を入れ続けると5年間は連続して収穫できる。M氏のバナナ栽培は契約栽培ではないが、栽培技術を教えてくれたラオス企業1社だけにしか販売していない。バナナはラオス企業を経由してすべて中国に輸出される。売値は固定ではなく、中国の市場によって日ごとに変化するという。

　かつてM氏は、雑貨販売のほか、2台のトラックを購入してニョートゥーとブンヌアの間で乗り合いタクシーを走らせており、それらの経済活動で貯めた利益をバナナに投資したのである。苗を植えてから約1年後、2011年5月〜6月に初めてのバナナを約330トン収穫し、日本円で数百万円分もの利益を得ることができた。国際

通貨基金(IMF)によると、ラオス国民1人あたりの名目GDPが2011年のデータで約1320ドルとなっていることを考慮すると、農山村部において農業から得られる金額とは思えないような大金である。M氏はさらに事業を拡大するために、2012年に追加で2000本を植えている。また、M氏の成功を見て、投資可能な蓄えのある他の村民も2012年からバナナを植え始める予定だと農林事務所の担当者は言っていた。

　バナナのような大面積のモノカルチャーの導入は、森林を破壊し、生物多様性を低下させる。これは大きな問題であることは明らかである。しかしバナナ栽培には大きなメリットがあるとM氏は述べる。バナナと同様に森を切り開いて栽培されるサトウキビは単に森林を破壊するだけだが、バナナの場合は地域の雇用を創出する点で、比較的貧しい山地部の住民にとってはサトウキビよりもずっと地域開発に貢献していると述べる。サトウキビもバナナも苗を植える時に多くの労働力を必要とし、一度植えるとその後5年間は、同じ株を使える点は全く同じである。しかし、バナナは、定期的な施肥、農薬散布、散水、袋がけなどを必要とし、その作業の度に何十人もの地域住民を雇うことになる。特に果実を収穫して箱詰めする作業では1日に30人もの労働者を雇用し、それが1週間ほど続く（**写真7a〜c**）。M氏が雇用する労働者の多くは、GN村のタイ・ルーと周辺村落のプーノーイの少数民族の人たちである。通常の農作業は4万キープ（約420円）の日当であるが、収穫時の作業は歩合制であり、労働者同士が協力し合いながら箱詰めをたくさん行なえば、通常の農作業の倍の日当を稼げる。歩合制の導入は、栽培者のM氏にとっては作業が早く終了し、労働者は収入が増えるので、双方がメリットを享受できるという。

　しかし、組織培養苗によるバナナ栽培に関して、ブンヌア郡農林事務所長は、技術的には得るものはあるが、森林を破壊する可能性がある点を危惧している。また、雨季の水田にバナナを植えると米の生産量が下がるため、郡内自給が達成されず、米を他郡に依存しなければならなくなるので、水田への植栽は認めない方針を打ち出している。

❖サトウキビ栽培と生計戦略

　アカの村であるブンヌア郡NM村では、中国企業とパッションフルーツの契約栽培を2009年に開始した。パッションフルーツは蔓性植物で、ブドウのように棚を作って栽培しなければならない。したがって、中国企業との契約は、苗と蔓を這わ

第 3 章　ラオスと中国の国境域

a. 畑から切り出したバナナ果軸を運ぶ労働

b. バナナを房ごとに切り出して、薬液につけて箱詰めする作業

写真 7　ブンヌア郡 GN 村におけるバナナ収穫・出荷作業（2012 年 3 月）

写真7 ブンヌア郡GN村におけるバナナ収穫・出荷作業（2012年3月）
c. 山地の収穫地で箱詰めされたバナナを積んだトラック（左）から中国に出荷するトラック（右）に載せ替える作業

せるための針金を原価購入し、その企業に収穫したパッションフルーツの果実や葉、茎を販売するという内容である。農民が中国企業から聞いた話によると、葉や茎は洗剤・石鹸・シャンプーの原料として使われる。1回植えると約8年間は栽培できるという。2010年3月の調査では、全37世帯のうち34世帯がパッションフルーツを植えていた（写真8a）。しかし、2012年3月にNM村を再訪した時は、既にパッションフルーツの栽培は終了しており、その畑には雑草が生い茂っていた（写真8b）。他の作物の買い取り価格が毎年少しずつ上がっているにもかかわらず、パッションフルーツは果実の買い取り価格が下がったのが、栽培を止めた理由だという。住民は、価格が上がっている他の作物を栽培する方がよいと考え、2011年12月に果実を収穫した後、パッションフルーツをすべて伐採してしまったのである。

　NM村は、かつてはポンサーリー県ポンサーリー郡の高地で自給的な焼畑陸稲作を営んでいたが、ブンヌア郡でサトウキビの栽培ができるという情報を得て、1998年に現在地に移住してきた村である。村には見渡す限り一面のサトウキビ畑が広がっており、運搬のためにトラックが走ることができる道路も張り巡らされている（写真9）。NM村の主業はサトウキビ栽培であり、パッションフルーツの栽培は副業

第3章　ラオスと中国の国境域　　151

a. パッションフルーツ栽培が行なわれていた2010年3月の状況

b. パッションフルーツをやめて雑草が生い茂る2012年3月の状況

写真8　ブンヌア郡NM村におけるパッションフルーツの契約栽培地の変化

写真9　ブンヌア郡NM村のサトウキビ畑(2012年3月)

と位置づけられているのは明らかである。ほとんど稲作を行なっていないNM村はサトウキビで得た収入によって米を購入している。そして、サトウキビを作付けしていないわずかな土地を、より収益性の高い方法で利用するために色々と模索している状況である。したがって、パッションフルーツの値段が下がればいつでも他の作物に変えてしまう。2013年3月に訪問した時は、パッションフルーツが栽培されていた土地は、自ら何かを栽培するのではなく、ラオス企業に貸して借地料を得ていた。

　NM村と異なり、サトウキビの契約栽培を導入しつつも、現在でも焼畑を継続させているのが、ラオス最北のポンサーリー県ニョートゥー郡のタイ・ルーとチベット - ビルマ系民族のクーが混住するP村である。70世帯中54世帯が2009年から中国企業とサトウキビの契約栽培を行なっている。サトウキビは、ラーントゥイ国境ゲートを越えた西双版納州江城哈尼族彝族自治県に立地する製糖工場に出荷している(写真10)。雨季は焼畑で陸稲を栽培しているが、わずか3年の休閑期間で耕地をローテーションさせているので、イネの収量は低く慢性的な米不足に陥っている。したがって、サトウキビを販売したお金で米を購入しなければならならず、サトウキビの契約栽培は住民にとって生きていくために必要な活動となっている。

水田とサトウキビ栽培を組み合わせた生業もここで触れておこう。ルアンナムター県シン郡のタイ・ルーの村であるNK村では、87世帯中70世帯が2003年から中国企業と5年間のサトウキビの栽培契約を結んでいた。調査を実施した2009年3月はちょうど契約更新の時期で、農民は新たに5年間の契約を結ぶと話していた。ルアンナムター盆地に立地するこの村では、全世帯が水田を持っており、米の自給が達成されているという。したがって、サトウキビからの収入を米の購入に充てる必要はなく、そのまま蓄えとなる。サトウキビ契約栽培の導入は収入

写真10　ニョートウー郡P村のサトウキビ収穫（2012年3月）

の向上にも大きく貢献しているが、NK村での主業は稲作であり、稲作を止めてまで換金作物を栽培するつもりはない。サトウキビの栽培は耕起や収穫の作業に労働力を多く投入しなければならないが、耕起は中国人が西双版納州勐臘県からトラクターを持ってきて行なっており、収穫も稲刈り終了後に行なうので主業の稲作の支障にはならない。契約では耕起作業賃が買い取り価格から差し引かれることになっているため、サトウキビの買い取り価格は自ら耕起を行なう他の村よりもずいぶんと安く設定されている。しかし、作業賃を払ってでも稲作の支障となる作業は委託したほうがよいと考える。NM村のサトウキビ栽培の特徴は、主食の米に不自由していないため経済的に余裕があり、稲作に支障のない範囲で土地と労働力を提供することだと言えよう。

　もっともうまくサトウキビ契約栽培を取り入れているのは、NK村のようにサトウキビによる利益をすべて蓄えに回すことができるような形態であるように思える。しかも、サトウキビの収穫高が少なかろうが、また買い取り価格が低かろうが、米が十分に足りているため生活に困ることはなく、P村とは異なり、必死にサトウキビを栽

培する必要がない。しかし、すべての資材が提供され、耕起も中国企業が行なうような契約栽培は、農業というよりは単なる労働力と土地の提供に過ぎないのではないだろうか。

　サトウキビ契約栽培の生計における位置づけは、地域によって大きく異なる。完全に主業として、もっぱらその栽培で生計を維持しているアカのNM村のような形態、また米は水田で得られるので水田水稲作とは時期が重ならない乾季水田裏作として副収入的な位置づけで導入するタイ・ルーのNK村のような形態、そして米が常に不足する状態にあり、何らかの収入がなければ生きていけないため、サトウキビを導入して不足分の米の購入資金に充てるようなタイ・ルーとクーが混住するP村のような形態である。同じ作物の契約栽培でも、主業として導入されたか否か、また水田水稲作との組み合わせか、焼畑陸稲作との組み合わせかといった、導入された村の生業の履歴との関係によって、栽培の位置づけが異なり、多様な生計戦略が生業の形態ごとに見て取ることができる。

❖グローバル市場とのつながり：コーヒーの契約栽培

　ポンサーリー県では中国企業によるコーヒーの契約栽培が2010年より導入され始めた。西双版納州普洱県は、古くから普洱茶の生産で有名であったが、近年は冷涼な気候を活かしたコーヒー栽培が行なわれていて、世界の大手コーヒー企業との栽培契約も行なわれており、現在コーヒーブームとも言える状況を呈している[Zhang and Donaldson 2008]。そして、普洱県のコーヒー栽培の盛況に着目した雲南省昆明市の企業が、普洱県と同じく冷涼な気候のポンサーリー県でコーヒーを導入したのである。これまで説明してきたさまざまな作物とコーヒーは、中国企業との契約栽培という点では同じである。しかし、コーヒーは中国市場向けではなく、グローバル市場向けであるという点で他の作物とは異なる。

　ブンヌア郡に事務所を構えるF社は2011年からコーヒーをブンヌア郡全域に導入し、2012年3月の調査時点では32村で契約栽培を実施している(写真11)。F社がコーヒー苗と肥料を支給し、肥料の代金だけは収穫後に差し引く方式の契約である。F社によれば、肥料は市場などで購入するよりも低めの値段に設定しており、ほぼ原価で提供しているとのことである。農家には最低価格を保障しており、もしその保証価格よりも市場価格が上昇すれば市場価格の84％を買い取り価格とする。

写真11　ブンヌア郡BM村のコーヒー栽培地(2013年3月)

なおF社の取り分である16%は苗の提供や道路建設の先行投資分、また技術スタッフ給与に充てられる。

　コーヒーの収量が計画通り達成できれば、農民は1畝の面積で年間180万キープ（約1万8900円）の収入を得ることができる。コーヒー栽培は、農民の生活改善に大きく貢献するとして、企業もブンヌア郡農林事務所も期待をしており、コーヒーを栽培している村には写真12のような、「コーヒーを導入することによる生活改善」と大きくスローガンを書かれたポスターが中国企業によって掲げられている。F社は、収穫が始まったら、工場1ヵ所と集荷場4ヵ所を建設することを予定している。中国だけではなく世界全域にポンサーリー産コーヒーを出荷したいと考えており、昆明の本社でマーケッティングを行なっている。ブンヌア郡に駐在しているスタッフは、漢人6名、中国籍のタイ・ルー1名で、言語的にコミュニケーションがとれるタイ・ルーのスタッフが普及活動や技術指導を担当している。そのほかに、契約書を作成する作業に2名のラオス人スタッフが働いている。

　ブンヌア郡のF社に加えて、2009年にニョートゥー郡ウーヌアに、昆明に本社を構えるCF社が事務所と育苗施設を開設し、2010年から郡内の26村にコーヒー栽

写真12　コーヒーを栽培することで貧しい状況(左)から豊かな状況(右)になれるとするポスター(2013年3月)

培を導入していた。CF社は、F社とは異なり買い取り価格に市場価格を反映させないという。しかも、CF社の買い取り価格はF社よりも低く、かつ中国国内の価格の3分の1ほどで設定されている。市場価格を買い取り価格に反映させるF社とは大きな違いが見られた。このような違いが生じる原因は、郡の行政が契約栽培にどれだけ関与するかの違いだと思われる。企業と農民との契約内容に関与しようとするブンヌア郡の農林事務所とは異なり、ニョートウー郡の農林事務所はほとんど企業と農民の契約には関与していない。これは、先にバナナについて論じた箇所でも触れたが、ブンヌア郡は水田ではバナナ栽培を認めない方向性を打ち出しているが、ニョートウー郡ではどこに植えても構わないし、バナナの契約栽培に関するコンセッションの面積も正確に把握していない。こうした郡行政の対応の違いが、コーヒーの買い取り価格の違いにも反映されているのではなかろうか。

(4) 国境を往来する人とモノ

中国国境に近いラオス北部のルアンナムター県とポンサーリー県の低地部では、

乾季水田裏作物の契約栽培が導入され、また山地部ではサトウキビや組織培養苗のバナナが導入されており、2000年代後半以降は、ラオス-中国の国境の人とモノの往来が活発になっている。ここでは、ラオスから収穫した作物を中国に輸出するために国境を行き来しているトラックの数、商売だけでなく日常的な買い物に出かけるために国境を越える人たちなどの実態を量的にとらえることで、どの程度の人とモノが動いているのか明らかにしてみたい。

❖ルアンナムター県シン郡パーンハイ国境ゲート

　ルアンナムター県シン郡に位置するローカル国境ゲートのパーンハイは、ラオス北部の農林産物の輸出ゲートとして機能している。特に11月～4月の6ヵ月間は、パーンハイ国境の約25km先にある西双版納州勐臘県の製糖工場に、シン郡で収穫されたサトウキビを運び込むトラックが1日に何十台も通過する。2008年は83台のサトウキビ運搬用のトラックが中国の製糖工場と契約を結んでおり、両国の国境事務所にトラックのナンバーが登録されていた。トラック所有者はラオス人が11名、中国人が72名であった。登録トラックのフロントガラスには番号が貼られており、一目でサトウキビ運搬用トラックであることがわかるようになっていた。それらのトラックは、国境を通過する時に登録証を見せるだけで迅速に通過できるという。しかも、登録トラックの国境通過料は一般の通過料の半額に設定されていた。トラック所有者の収入は運んだ重量に比例して設定されている。また、最大1日2往復できると言う。

　パーンハイは西双版納州勐臘県とルアンナムター県とのローカル国境ゲートなので、ここを通過する人はパスポートではなく、両国の通行許可証を利用することになっている。ゲートが開かれている時間は朝7：00から夕方16：30だが、11月から4月の6ヵ月間に限り、ラオス側と中国側の地方行政レベルでの取り決めでサトウキビ運搬用のトラックは19：00まで通行することができる。ここで、パーンハイ国境ゲートの1日の交通量を見てみよう。表3は、2008年12月8日の12：00から18：00までの実際の通行量である。6時間の間に42台のトラックがラオスからサトウキビを運んだ（**写真13a**）。サトウキビ以外には、2台のトラックで屋根材として用いられるチガヤなどが運ばれていたが、それ以外のトラックは荷台の中が見えないため、何を運んでいるのかわからなかった。また、乗り合いの小型トラックで中国に出かけるラオス人

表3 ルアンナムター県パーンハイ国境ゲートの通過車両と人数(2008年12月9日)

		12:00〜12:59	13:00〜13:59	14:00〜14:59	15:00〜15:59	16:00〜16:59	17:00〜17:59	計
ラオス→中国	サトウキビ・トラック	11	7	5	6	5	8	42
	その他トラック	3	0	2	5	0	0	10
	乗用車	0	0	1	0	0	0	1
	バイク	1	2	1	5	1	0	10
	乗り合いトラック／トゥクトゥク	0	0	0	1	0	0	1
	人	18	11	18	40	6	0	93
中国→ラオス	サトウキビ・トラック	2	8	9	5	3	0	27
	その他トラック	1	1	3	0	2	0	7
	バス	0	0	1	0	1	0	2
	乗用車	1	0	0	0	0	0	1
	バイク	1	1	6	5	5	0	18
	トラクター	0	0	0	0	1	0	1
	乗り合いトラック／トゥクトゥク	0	0	1	1	0	0	2
	人	8	10	51	23	23	0	115

出典：現地調査により作成

の車も1台通過した。反対に中国からラオスに入国してくる車両は、空の状態で入国した27台のサトウキビ運搬用トラックのほか、バイクが18台、サトウキビ以外のトラックが7台であった。そのうち中国で商品を仕入れてきたと思われるラオス商人のトラックやトラクター(写真13b)が6時間で4台通過している。また、中国に買い物に行き、徒歩で戻ってきた国境ゲート近くにすむアカの人たちも見かけた(写真13c)。国境事務所では、彼らからは通行料は徴収しないと言う。国境ゲート近くに住むアカの人びとにとっては、ラオス側のムアンシンに行くよりは中国側の町に行く方が近いのである。一般的に国境は人びととの往来を政治的に規制する地点であるが、ここの国境は生活者の視点からかなり寛大に人びととの往来を認めている。

❖ポンサーリー県ニョートウー郡ラーントゥイ国境ゲート

サトウキビ運搬トラックが国境ゲートを行き交う光景は、ルアンナムター県のローカル国境ゲートのパーンハイだけではなく、ポンサーリー県ブンヌア郡のローカル国

第3章　ラオスと中国の国境域

a. ラオスで収穫したサトウキビを中国の製糖工場に運ぶトラック

b. 中国で商品を買い付けてラオスに輸入する商人のトラクター

写真13　ルアンナムター県シン郡バーンハイ国境ゲート（2008年12月）

c. 中国で日用品を買い、ラオスに戻ってくるアカの人たち
写真13 ルアンナムター県シン郡パーンハイ国境ゲート(2008年12月)

写真14 ポンサーリー県ニョートウー郡ラーントゥイ国境ゲートのサトウキビ運搬トラック(2012年3月)

表4 ルアンナムター県ラーントゥイ国境ゲートのサトウキビ運搬トラック台数(2012年)

日付	台数		
	午前	午後	計
3月2日(金)	40	19	59
3月3日(土)	35	20	55
3月4日(日)	19	15	34
3月5日(月)	30	18	48
3月6日(火)	31	15	46
3月7日(水)	35	14	49
3月8日(木)	33	11	44
3月9日(金)	32	19	51
3月10日(土)	—	—	38
3月11日(日)	—	—	12

境ゲートであるラーントゥイでも同様に見られた(写真14)。ポンサーリー県農林局のラーントゥイ国境出張所で聞き取りを行なったところ、11月から4月にかけて、毎日30台から50台のサトウキビ運搬トラックが通行すると言う。実際に、10日分のデータを見せてもらったところ、もっとも少ない日で12台、もっとも多い日にはが59台ものトラックがラオスから中国にサトウキビを運んでいた(表4)。トラック所有者は多くの賃金を稼ぎたいため、1日に2往復するために朝の早い時間から仕事を始める。したがって、1日に通過する総台数のうち約3分の2は午前中に集中していることがわかる。

また、ポンサーリー県には、図1に示したように、4つのローカル国境ゲートがあるが、それぞれの国境で輸出可能な農林産物が決められていた。ポンサーリー県パーカー国境ゲートは、基本的に農林産物であれば何でも輸出できるが、ラーントゥイ国境ゲートではサトウキビ、トウモロコシ、インゲンマメ、米の4種類しか対応していない。この4種類以外の作物がラーントゥイ国境ゲートに持ち込まれたとしても、課税額や手数料が決まっていないため、また必要とされる書類も準備できていないので、受け入れられない。これは、単にラオスからはモノを出し、中国では受け入れるという単純な問題ではなく、輸出するラオス側と輸入する中国側の双方の体制が整っている必要があるかどうかも関係しているのである。ポンサーリー県では、パーカー国境ゲートがほぼすべての農林産物に対応している。そのため、パーカー国境ゲ

ートには、ポンサーリー県からだけではなく、ラオス北部各地からさまざまな農林産物が持ち込まれている。ブンヌア郡で中国輸出向けの作物が多く栽培されている背景には、郡内にパーカー国境ゲートが位置しており、地理的に近いため、輸送費を押さえることができることが1つの要因になっていると考えられる。

(5)契約栽培の進展と農民の対応

　これまで、1990年代終盤から導入され始めたサトウキビの契約栽培、2000年代に入って急速に拡大した乾季水田裏作物の契約栽培、そして2009年から始まったバナナの栽培やコーヒーの契約栽培を取り上げて、国境域の少数民族の農業変化と土地利用変化を紹介してきた。特に乾季水田裏作は、全く新しい作目と技術の導入を伴いながら、国境域の少数民族に受容されてきたことを論じてきた。また、常畑に導入されたサトウキビ、バナナ、そしてコーヒーなどの栽培は、自然環境の大きな変化を伴うものであったが、農民たちはそれよりも今現在の現金収入が増大していることを重視している姿が浮かび上がった。

　では、ラオスの中国国境域において契約栽培が急速に進展した要因は何であったのか？　調査を実施する前まで、大国中国が経済力と人口の大きさを武器に小国ラオスを侵略するようなイメージを持っていた。しかし、比較的広い範囲の複数の村で、かつ多種の作物に関して調査を進めてきたところ、ラオス国内の作物市場の規模、国境域の民族構成と使用言語、周辺に置かれている行政の対応、そして地方に委託されたローカル国境ゲートの管理など、さまざまな要因から、中国市場向けの農林産物の栽培を受け入れる下地が1990年代からできあがっていたことが明らかになった。

　本稿で示したポンサーリー県ブンヌア郡は、他の北部国境域と比べると、中国市場向けの乾季水田裏作物の契約栽培の面積と種類が圧倒的に多い。農民がこれを受け入れるに至ったもっとも大きな要因は、ポンサーリー県ブンヌア郡のような冷涼な気候を有する水田地域では水が得られても二期作ができなかった点であろう。Y村付近の農民に対する聞き取りでは、灌漑はあっても冷害が発生するからイネは植えられないという証言が多かった。当然、国境域の農民たちも、乾季水稲作はできなくても地元の市場向けにニンニクやエシャロットなどの作物を栽培してきた。し

かし、ポンサーリー県は、人口密度も低く大きな都市もないことから、市場が限られ、乾季水田裏作は家庭菜園程度の小規模な面積であった。中国国境域は、ラオスの中でも比較的人口密度が高いヴィエンチャン平野や南部のメコン川低地からはあまりにも遠い。郡農林事務所では、乾季作物の国内出荷も検討したが、ラオスという国民国家の枠組みでとらえると地理的に周辺に位置づけられる北部の国境域から国内市場向けの乾季作物を出荷するには、輸送費がかかり過ぎるので断念した。そうした状況に目を付けたのが、中国雲南省の企業であった。人口圧が高く、農地を持たない小作農民があふれている中国からすると、乾季に全く利用されずに放置されている水田は、宝のような土地であったに違いない。その土地は、乾季に稲作はできなくても、中国市場向けの作物なら問題なく育てることができたのである。

　次に、国境域の農民にとって言語の障壁が低かったことが契約栽培の拡大につながったことがあげられるだろう。事実として、ピノーン・チンがポンサーリー県において多くの話者がいるタイ・ルー語を用いて農業開発を行なったことが、乾季水田裏作の導入と拡大を成し遂げた。ピノーン・チンと呼ばれているタイ・ルーは、国民国家という枠組みで考えると、中国においてもラオスにおいても少数民族であるが、かつてのラーンサーン王国では中心的な民族であった。そして、ラオス-中国国境域においては、比較的人口が多い民族であり、ラオスの国語であるラーオ語ともきわめて近い。よって、タイ・ルー以外の他の少数民族への技術指導も、そのままタイ・ルー語を使用できる。またポンサーリー県の一部の地域では、中国から移住し、そのまま中国語を使用しているホーの人たちが居住しており、タイ・ルー語以外にも中国語がそのまま受け入れられるという言語的な基盤も存在した。代表的な例として、ブンタイ郡において企業の下でバナナの管理をしているホーの人たちの事例がある。またブンヌア郡GN村でバナナ栽培を始めたM氏も、かつてホーの人たちと接触した経験から中国語を理解するようになり、漢人から直接バナナの栽培技術を習得していることからも、中国語しか解せない漢人と栽培契約を結ぶことが、障壁にはなっていなかったことがわかる。

　最後に、国境の弾力的な運営制度も契約栽培の進展に大きく寄与している。図1に示したボーテンのような国際国境ゲートは、国によって管理され、そこを通行できる人はパスポート所持者だけである。他方、ローカル国境ゲートは、県によって管理され、そこを通行するのにパスポートは不要である。ラオス国民であることが証

明できれば、簡単な手続きだけで通行許可証が発給される。よって、ピノーン・チンもトラックも、そして買い物に出かける地域住民も安価な通行料で自由に行き来できる。しかも、どの国境ゲートからどの作物を輸出するか、県が農林産物の輸出管理を担っているため、新たな作物が導入されても県の判断だけで対応することができる。本稿の事例として取り上げたポンサーリー県ブンヌア郡パーカー国境ゲートでは、1996年から開始されたサトウキビの契約栽培を皮切りに、2000年代に入って急激に作目が増加した乾季作物の輸出に対して、県の行政側が迅速に対応してきた。ラオス北部では、ルアンナムター県シン郡パーンハイ、ウドムサイ県ナーモー郡メーオチャイの2ヵ所のローカル国境ゲートが、農林産物の主要な輸出ゲートとして機能している。それに対して、国際国境ゲートのルアンナムター県ボーテンは、中央政府が管理する国境ゲートなので、パスポートが必要となるだけでなく、関税手続きも煩雑であり、さらに通行料も高いため、近年は農林産物の輸出にはほとんど利用されていない。2国間の地域住民のために開かれ県に管理が任されているローカル国境ゲートは、各種作物の契約栽培を進展した要因の1つと言える。

　2000年以降に導入された契約栽培は、ラオスの中国国境域の少数民族の農業を大きく変えた。しかし、中国側の食料需要に対して、ラオス側の少数民族が政治的・経済的な事情だけで契約栽培を受け入れざるを得なかったというわけではない。国境線が引かれた1900年から今に至るまでのおよそ100年間にわたり、中国国境域は、地理的に周辺化され、また水稲の二期作が困難であったという自然環境の面でも不利な状況に置かれてきた。しかし、国境が開かれてからは、中国という大国が接する状況に対して、言語の共通性、国境管理の地方への委譲などを活用しながら、地方行政と少数民族の農民たちは適応していく。そして、その結果として契約栽培が導入されたととらえることができよう。

【引用文献】

園江満・中松万由美. 2009.「地域としてのラオス北部」新谷忠彦・クリスチャン ダニエルス・園江満編『タイ文化圏の中のラオス――物質文化・言語・民族――』東京外国語大学アジア・アフリカ言語文化研究所. 10-67

横山智・落合雪野. 2008 .「開発援助と中国経済のはざまで」横山智・落合雪野編『ラオス農山村地域研究』めこん.361-394.

横山智・富田晋介. 2008.「ラオス北部における農林産物の交易」クリスチャン・ダニエルス編・秋道智

彌監修『地域の生態史(論集 モンスーン・アジアの生態史――地域と地域をつなぐ2)』弘文堂. 101-120.

山下清海. 2006.「ラオスの華人社会とチャイナタウン――ビエンチャンを中心に」『人文地理学研究』 30: 127-146.

Alton, C., Bluhm, D., and Sananikone, S. 2005. *Para Rubber Study*. Vientiane.Lao-German Rural Development in Mountainous Areas of Northern Lao PDR.

Jianchu, X., Fox, J., Vogler, J. B., Yongshou, Z. P. F., Lixin, Y., Jie, Q., and Leisz, S. 2005. "Land-use and land-cover change and farmer vulnerability in Xishuangbanna prefecture in southwestern China." *Environmental Management* 36(3): 404-413.

Stuart-Fox, M. 1997. *A History of Laos*.Cambridge. Cambridge University Press.

Thongmanivong, S., Fujita, Y., Phanvilay K. and Vongvisouk, T. 2009. "Agrarian land use transformation in Northern Laos: from swidden to rubber." *Southeast Asian Studies* 47(3): 330-347.

Zhang, L., Kono, Y. and Kobayashi, S. 2014. "The process of expansion in commercial banana cropping in tropical China: A case study at a Dai village, Mengla County." *Agricultural Systems*. 124: 32-38.

Zhang, Q. F. and Donaldson, J. A. 2008. "The rise of agrarian capitalism with Chinese characteristics: Agricultural modernization, agribusiness and collective land rights." *The China Journal*. 60: 25-47.

第3部

生活

第1章
着る
落合雪野

民族衣装とその素材をめぐるつながり

(1)衣食住の衣

❖少数民族の着るもの

　着るものは、食べるものや住むところと並んで、人の生活に欠かすことができない実用的なモノである。同時に、それをまとう人の地位や年齢、宗教、地域、民族などを示す[ボガトゥイリョフ2005]。本稿では、国境域の少数民族の着るものとして、民族衣装に着目する。

　民族衣装を着た人の姿は、東南アジア大陸部を扱ったガイドブックやテレビ番組で映し出される。また、博物館やギャラリーでは民族衣装の展覧会が開かれ、ミュージアム・ショップやアジアン雑貨の店では、民族衣装のアンティークや民族衣装をリメイクした小物などが売られる。民族衣装は、少数民族の「伝統的」な暮らしを表すモノとして、映し出され、展示され、売買されている。

　一方、東南アジアと中国の国境域にフィールドワークにでかけた私たちが接するのは、民族衣装を着ていない普段着の少数民族である。自宅で過ごす、農作業をする、市場に出かける、そんな時人びとは、カッターシャツやTシャツを着て、カーディガンやジャンパーをはおり、デニムパンツをはいていることが多い。中国は、世界の縫製工場として、洋服を大量に生産して国内に供給し、また世界各国に輸出している[佐野2005]。日本の市場に「メイド・イン・チャイナ」の洋服があふれるように、その流れは国境域にも及び、世界中どこにでもあるような洋服のスタイルが少数民族のあいだに定着している。

　ところが、国境域の様子を見ていると、人びとがすべての時間を洋服で過ごして

はいないことがわかる。観光地でダンスや音楽のパフォーマンスをしたり、レストランやホテルで接客したりするために、いわば職業上のユニフォームとして民族衣装を着ている人がいる。また、観光業に携わってはいない人も、儀礼や行事などの場面では民族衣装を着ることがある。民族衣装は、普段着としての洋服とは明らかに異なる、素材やデザインの選び方、着方をする衣服である。そして、素材を選ぶところから始めて、デザインを決め、製作するまでの過程に、着る人たち自身がなんらかの形で関与している点に特徴がある。

❖素材からの視点

東南アジア大陸部の各地では、動物や植物を繊維原料にして糸を紡績し、腰機や高機を使って布を織ることが行なわれてきた[Dell and Dudley 2003, Pranwatanakun 2008, 吉本2010、内海2010]。糸や布は染料を用いてさまざまな色に染められ、模様やデザインが表現される。そして、最終的に布は、衣服や寝具になったり、あるいは宗教や儀礼のために用いられたりしてきた。この地域で使用される繊維のうち代表的なものは、カイコから得られる絹糸と、ワタから得られる綿糸である。また、染料では、リュウキュウアイやキアイの藍色、ラックカイガラムシの赤色、ウコンの黄色などが広く使用されてきた[Moeyes 1993, Chessman 2004]。人びとは、このような動植物を採集、飼育、栽培し、得られた自然素材を用いて、布を、ひいては衣服を作り出してきたのである。

私はこれまで民族植物学の研究者として、東南アジア大陸部でジュズダマ属植物 (*Coix*、イネ科) を対象にフィールドワークを行なってきた [落合2007a, 2007b]。ミャンマー、ラオス、タイの少数民族は、ジュズダマ属の種子をビーズのように使って民族衣装を飾ることが多い。その調査の過程で、衣服素材の変化に気づき、その理由や背景に関心を寄せてきた。

衣服に使用される素材は、本体を構成する織布素材と、本体に付着させて飾るための装飾素材からなる。研究の過程で収集した衣服の資料を観察してみると、製作年代の古い衣服では、手紡ぎの綿糸を手織りした綿布の本体に、刺繡糸で刺繡をほどこし、ジュズダマ属の種子を縫いとめている。天然素材が風合いを増し、藍染の布には特有のにおいが残る。一方、比較的新しく作られた衣服では、織布素材が化学染料で染めた工業製品の糸で織られていたり、機械織りの綿布であった

りする。また、装飾素材には、プラスチック製ビーズやスパンコールなどが使われている。全体に色使いが派手で、コントラストが強い。けばけばしさや安っぽさを感じさせるものもある。

　このような素材の変化あるいはデザインの変化を、伝統的な手仕事、自然素材からの逸脱だと否定的にとらえるのか、あるいは、市場経済の浸透や女性の家事労働の軽減、作り手の創意工夫の結果だと肯定的にとらえるのかは、意見が分かれるところであろう。しかし、素材やデザインを変えながらも、民族衣装が作り続けられていることは事実である。「民族衣装(エスニック・コスチューム)」とは、西欧のファッション業界が作り出すモードと対比させて、非西欧世界のさまざまな服飾をひとくくりにして示す用語であり、常に「伝統的」という言葉とともに語られてきた。その一方で、民族衣装を、その土地の民族文化の中で生まれ土地の人びとが着ている「エスニック・ウエア」としてとらえ、その変わりゆくさまを「エスニック・ファッション」として理解していこうとする視点もある[杉本2009]。本稿では、このエスニック・ファッションの視点に立ちながら、少数民族の民族衣装についてその素材からアプローチし、それを作り、着る国境域の人びととの状況を追ってみることにする。

❖フィールドワークの概要

　2008年から2011年にかけて、ラオスと中国、ミャンマーと中国の国境域をそれぞれの両側から歩くフィールドワークを行なった。2008年12月、2010年1月、2011年9月にラオス北部のルアンナムター県、ポンサーリー県、ルアンパバーン県、2009年8月にミャンマー北部のシャン州とカチン州、2010年8月に雲南省徳宏州景頗族傣族自治州(以下徳宏州)、2011年3月に雲南省西双版納傣族自治州(以下西双版納州)に、それぞれ出かけた。

　自然素材を利用した手織りの布は、衣服の基本的な素材である。そこで訪問先では、まず手織りについて、さらに、最近の民族衣装の作り方、素材の手に入れ方などについて聞いてみた。すると、ラオスなど一部の地域では経済活動としての手織りが行なわれていたものの、自家用の布を手織りする人はわずかであった。多くの人びとは、国境を越えて運ばれてくる糸や布、装飾素材を取り入れて、民族衣装を自分で作ったり、仕立てを頼んだり、あるいはできあがった既製品を購入したりしていた。大量生産の洋服が世界市場に流通する現在、衣服の選択や着方につ

いても、アパレルメーカーが発信するファッションが世界中に広まっている。しかし、国境域には、少数民族それぞれの民族衣装があり、一方では市場経済の恩恵に浴しつつ、また一方では伝統や好み、こだわりを残しつつ、新たなスタイルの衣服が作り続けられている。

　本稿では、国境域の少数民族の中から、アカ（Akha）と哈尼（Hani）、カチン（Kachin）と景頗（Jingpaw）、シャン（Shan）と傣（Dai）の3組の少数民族を取り上げることにする。アカはラオス、カチンとシャンはミャンマー、哈尼、景頗と傣は中国での民族名称である。たがいに呼び方は異なっているが、共通の文化要素を持ち、言語の特徴が似ているなど、同じ民族集団とされる人びとである。以下では、主に女性の衣服に着目し、自然素材を使った手織りを起点に、素材やデザインが国境を越えて広がり、民族衣装が新たに作られていく様子を見ていくことにしよう。そして、その変わりゆくさまを手がかりに、国境域の人びとの生活について考えてみることにしよう。

(2) アカと哈尼

　ラオスでアカ、中国で哈尼と呼ばれる人びとは、雲南省に約125万人、ミャンマー、ラオス、ベトナム、タイにあわせて約35万人が居住する[稲村2005]。アカ女性の衣服はヘッドドレス、ジャケット、サッシュ、スカート、レッグカバー、ショルダーバッグから構成される。この衣服の本体に、刺繍やパッチワークを施し、ジュズダマ属の種子やコイン、銀細工、羽毛などの装飾素材を縫いとめる[Toyota 2003a、落合 2007a; 2007b]。アカ女性の衣服は、結婚のあり方と深く関わっており、女性は結婚年齢に達していることをヘッドドレスによって示し、男性は結婚相手にふさわしい女性を刺繍や装飾から判断するという[Toyota 2003b]。ここでは、ラオス北部のルアンナムター県、ポンサーリー県のアカと、西双版納州の哈尼を取り上げ、中国からラオスに向かう衣服素材の流通について見てみたい。

❖ ラオス北部

　2004年から2007年にラオス北部ポンサーリー県で、アカのサブグループの1つ、アカ・ニャウーを対象に調査をしたことがある[落合・横山2008]。当時、女性たちは、洋服やラーオ人女性の巻きスカート「シン」を普段着にしつつも、焼畑でワタを栽培

写真1 店頭の装飾素材(ポンサーリー県ブンヌア郡、2010年10月)

して綿糸を紡ぎ、高機で綿布を織り、リュウキュウアイなどで染色していた。この綿布で民族衣装を作り、アクセサリーと組み合わせて、結婚式や儀礼などで着ているのである。ところが、刺繍糸やプラスチック製ビーズなどの装飾素材については、そのほとんどが市販のものであった。村近くの定期市に行ってみると、中国製やタイ製のビーズが山積みになって売られている。装飾素材は近所の市場で買うことのできる日用品の1つであった。

　2007年12月にはルアンナムター県シン郡にアカ・プリの村を訪れた。サトウキビの収穫期にあたっており、西双版納州に出荷するために人びとが立ち働いていた。多くの女性たちの普段着は洋服だったが、家には民族衣装を保管していた。そのジャケットには刺繍糸で刺繍をし、赤や青の綿布を小さく切ってパッチワークし、さらにチロリアンテープやボタン、タカラガイの貝殻を縫いとめて飾っている。ヘッドドレスには、ラタンの茎やジュズダマ属の種子のほか、金属製ビーズやイミテーション・コイン、赤い毛糸の房がつけてある。このような素材のうち、ラタンは森林で、ジュズダマ属の種子は畑で得られる素材であるし、綿布を手織りすることもできる。だが、ムアンシンの市場に行けばほとんどの衣服素材が買えるし、実際に買って作

っているのだという。

　市場で素材を購入して民族衣装を作ることはアカの女性の間に定着しているようである。そこで2008年と2010年にラオス北部の市場で、衣服素材の販売状況を調べてみた。すると、ルアンナムター県ルアンナムター、同ムアンシン、ウドムサイ県ウドムサイ、ポンサーリー県ブンヌア郡、同ムアンコア、ルアンパバーンの6ヵ所で、その販売を確かめることができた(写真1)。種類や量に差はあるものの、県庁所在地の大型の市場だけではなく、郡中心地の小規模な市場にまで衣服素材は行き渡っていた。

　その1つ、ルアンナムター県ムアンシンの市場を見てみよう。この市場には早朝から大勢の買い物客が集まっていた。台所用品、洗剤、洋服、靴などの生活雑貨を販売するエリアの店で衣服素材は主に売られている。織布素材については綿糸、化学染料、機械織りの綿布などがある。綿糸は束ねた状態で売られている。これを化学染料で染めてから、手織りをする。現在も手織りを続けているアカやタイ・ダムに需要がある。綿布については、生成り、黒色、赤色、青色、花柄などがたくさんの種類があり、シン郡に住む多くの少数民族、アカ、タイ・ダム、タイ・ヌア、タイ・ルー、モン、ヤオが買っていくという。その中に、一見藍染の手織りのようだが実は化学染料で染めた機械織りの布がある。アカやタイ・ダムが織る布に織り目や色を似せて作った模倣品である。

　一方、装飾素材については毛糸、刺繍糸、チロリアンテープ、タカラガイの貝殻、プラスチック製ビーズ、金属製ビーズ、ボタンが販売されていた。チロリアンテープは布でできたリボンに機械刺繍をほどこしたもので、衣服に縫いつけて飾りにする。幅に応じて1mあたり2000～1万キープ(20～100円)の価格が設定され、10cm単位で切り売りされていた。タカラガイの貝殻は、古くは貨幣として、その後は地位や権力を示すものとして、東南アジア大陸部で広く用いられてきた[上田2009]。現在は装飾素材として出回っており、貝殻そのままのものと、貝殻の一部を削って縫いとめやすくしたものとがある。ビーズやボタンは色や形ごとに小分され、1袋2000キープ(20円)ほどで売られている。チロリアンテープについてはタイ・ダムが買うことがあるものの、そのほかの装飾素材はすべてアカ向けに売っているという。

　では、衣服の素材はどこから来るのだろうか。店員の話では、ラオス製やベトナム製の綿糸、タイ製の綿布や化学染料、刺繍糸など、複数の国の商品を扱っているが、

綿布と装飾素材については圧倒的に中国製品が多いという。藍染布の模倣品も中国製である。中国製品を仕入れる場合、店主が自ら雲南省まで出かけることがあり、その場合、ルアンナムター県ボーテンの国際国境ゲートから西双版納州磨憨(モーハン)に入り、北上して勐腊県勐腊(モンラー)鎮で買い付けるという。

　次に、ポンサーリー県ポンサーリーの市場を見てみよう。この市場でも、生活雑貨売り場の複数の店に織布素材の綿糸や綿布、装飾素材の刺繍糸、毛糸、チロリアンテープ、プラスティック製ビーズ、金属製ビーズ、イミテーション・コイン、スパンコールが並んでいた。ホー人店主が経営する店では、半円形の金属製ビーズが5個で3000キープ(30円)、イミテーション・コインが1個200キープ(2円)で売られている。チロリアンテープについては、模様や色、幅の異なる62種類もの見本が用意してある。その主な買い手は地元のアカとプーノーイ人だという。

　商品の製造元について聞いてみると、ベトナム製の綿糸、タイ製の刺繍糸や毛糸があるが、綿布や装飾用素材はすべて中国製だという。中国製品については、やはり店主が雲南省で仕入れを行なっている。そのルートは、ポンサーリー県のローカル国境ゲートから西双版納州に入り、南下して勐腊県勐腊鎮で買い付けるというものであった。勐腊県はルアンナムター県とポンサーリー県に東西にはさまれた位置にあり、ムアンシンの業者は南から、ポンサーリーの業者は北から、それぞれ仕入れに出向いているのである。

❖西双版納州
　では、西双版納州ではその衣服素材がどのように販売され、利用されているのだ

写真2　民族衣装を着た哈尼の女性（西双版納州勐腊県勐侖鎮、2011年3月）

写真3 店頭の装飾素材（西双版納州勐臘県勐侖鎮、2011年3月）

ろうか。景洪市と勐臘県の哈尼の様子を見てみよう。

　勐臘県勐侖鎮D村では、65歳の女性Cさんの家を訪ねた。CさんはTシャツとパンツのカジュアルな服装で、高機を使って綿布を織っていた。彼女の母親が1950年代に製作したという民族衣裳のジャケットとベルトを見せてもらう。ジャケットは藍染の綿布の本体に、刺繍やアップリケ、チロリアンテープを飾り、ベルトにはジュズダマ属の種子が縫いとめてある。当時は綿糸を紡ぐところから始めて、衣裳ひとそろいが完成するまで1年もかかったという。村の女性たちは、現在、民族衣裳を結婚式、葬式、春節、哈尼正月などに着ている。その民族衣裳をCさんの娘30歳に見せてもらう(写真2)。衣服本体をパッチワーク、刺繍、チロリアンテープ、プラスティック製ビーズ、イミテーション・コイン、毛糸、スパンコールで飾っている。おばあさんの民族衣裳に比べて装飾が多いが、勐侖鎮市街地の店で素材を買ってきて、わずか2週間で作ることができるという。

　D村から勐侖鎮市街地に移動し、衣服素材を売る店2軒に立ち寄ってみた。1軒目は、傣の衣服を扱う「民族布料店」である。プラスティック製ビーズ、金属製ビーズ、イミテーション・コイン、チロリアンテープが店先に並んでいる。2軒目は看板に「少数民族用品」の表示がある生活雑貨店である。売り場の半分で靴や文房具を、残りの半分で装飾素材を販売している。プラスティック製ビーズ、金属製ビーズ、イミテーション・コイン、チロリアンテープ、タカラガイの貝殻がびっしりと棚に詰まっている(写真3)。その商品のほとんどはラオス北部の市場で売られるものと同じだったが、一部に初めて見た商品があった。それは①プラスティック・ビーズをあらかじめ縦横に連結させてテープ状にしたもの、②数種類のプラスティック製ビーズを組み合

わせて糸に通し、末端に房飾りをつけたもの、③チロリアンテープに②をのれん状に縫いとめたものなど、素材の一部を加工した半製品である。これを使えば、パーツをひとつひとつ取り付ける手間を省き、製作時間を短縮できるのである。

　装飾素材の販売については、勐侖鎮のほか、景洪市、勐腊県勐腊鎮と磨憨鎮、関累県関累の5ヵ所で小売店が見つかった。店の業態は傣衣服店あるいは生活雑貨店である。傣衣服店で売られる装飾素材については、あとで述べるように傣の民族衣装に使用されている。生活雑貨店では、文房具や化粧品、手芸用品などの近くに装飾素材が置かれていて、個人向けにビーズの小袋1つ、イミテーション・コイン1個から小売りする例と、業者の仕入れ向けに大袋で販売する例とがあった。

❖素材の流通と手作りの継続

　アカや哈尼の民族衣装は、藍染の綿布で仕立てた衣服の上に質感や色彩の異なる複数の装飾素材を組み合わせて飾ることに特徴があり、貴重なもの、希少なもの、目立つものなどが使われてきた。過去には、財産としての銀、あるいは獣毛、羽毛、昆虫の羽根、ジュズダマ属の種子などが装飾素材であったが、現在ではそれに替わり、カラフルで、軽くて、種類が豊富な中国製の装飾素材が用いられている。

　この装飾素材については、「少数民族用品」という商品カテゴリーが成り立つほどの需要と購買力が人口135万人を擁する哈尼の側にあり、その流れが綿糸や綿布とともに、西双版納州の国境ゲートを経由してラオス北部のアカに及んでいる。タイ北部やミャンマーのシャン州東部に居住するアカの女性たちも、民族衣装にプラスティック製ビーズやボタンなどの装飾素材を使用するが、これに比べてラオス北部のアカはより多くの種類を使っており、特にチロリアンテープを多用する点に特徴がある。雲南省から素材が直接流入していることが、民族衣装の素材選びに明らかに影響している。

　アカや哈尼の場合、民族衣装の既製品が売られるような状況には今のところ至っておらず、民族衣装の製作は女性たちの手作りの範囲で続いている。衣服素材は生活雑貨の1つとして大小の市場にきめ細かく流通し、価格や数量の上で小さな単位で販売されていて、作り手がアクセスしやすく、また必要に応じて少しずつ買うことのできる状態にある。そして、衣服素材ひとつひとつは市販品であっても、その選択や配置、組み合わせなどの最終的な判断は、作り手ひとりひとりに委ねられて

いる。その点においては、自分で作って自分で着るという民族衣装のあり方が残されているのである。

(2) カチンと景頗

　カチンあるいは景頗と呼ばれる人びとは、その大部分がミャンマーのカチン州と中国雲南省徳宏州に居住している。人口はミャンマーのカチンが約60万人、中国の景頗が約13万人である［兼重2005］。徳宏州の景頗は、漢、傣に次ぐ第3の人口規模の少数民族である。一方、カチン州のカチンは自治を目指して中央政府に抵抗してきた経緯があり、両者の内戦状態が長く続いてきた［吉田2000］。
　ミャンマー国内でカチンと言えば、ロンジーの生地で有名である。ロンジーは筒状の布を腰に巻き付けてはくスカートのような衣服で、ミャンマーでは男女ともにこれをはく人は多い［土佐1997］。ロンジーを仕立てる際、その生地には絹布、綿布、化学繊維など多様な選択肢があるが、カチンの綿布ロンジーもその1つである。例えば最大都市ヤンゴンでは、男性用に濃い緑色や紫色の格子柄、女性用に刺繍で模様を施した生地が出回っている。女性の場合、ビルマ語で「ワンセット」と呼ばれるロンジーとブラウスの共布のスーツをこの生地で仕立てることもある。私自身、ミャンマー滞在中にはカチンのロンジーやワンセットを着ることが多かった。綿布の肌触りが心地よいうえ、大学や官庁での仕事、会食やお茶など、さまざまな場にふさわしい外出着になるからである。
　ここでは人びとが身にまとうカチンを手がかりに、カチンと景頗の国境をはさんだつながりを見てみたい。

❖ カチン州

　まず、カチン州での最初のフィールドワークのことを紹介しよう。2005年3月、ミッチーナーとバモーの2つの街を訪れた。ミッチーナーでは、カチンのサブグループの1つ、ロンウォーの仕立屋で話を聞いた。ミッチーナー近郊には、紛争によって山地の村からの立ち退きを余儀なくされ、各地を転々としてきた人びとが住んでいる。この人びとは移住の間に家財道具や衣服を失ってしまうことが多い。そのため、州をあげてカチン正月を祝う「マナウ祭り」や結婚式などに着る民族衣装をととのえよ

うと、店に来るのである。女性用の民族衣装は、ビーズで飾った布製円筒形の帽子、金属製のタッセル（房飾り）をつけた丈の短い上着、機械織りのスカート、ベルト、布製のショルダーバッグ、かご型のショルダーバッグからなる。ミッチーナーの市場でその素材のほとんどを買ってくるという。かつては、ジュズダマ属の種子やラン科植物（*Dendrobium moschatum*）の茎などの植物で衣服を装飾していたが、山地の村に近寄ることができないため、手に入れることが難しくなっている。伝統的な衣服や素材が手近にない分、新しい素材を取り入れることを人びとはためらわないのだと店主は言う。

　一方バモーでは、ショルダーバッグについて情報を集めた。2003年にシャン州ナンカンで、カチンのサブグループの1つ、ジンポーの女性からショルダーバッグを譲ってもらったことがある。細くて黒い経糸と太くて赤い緯糸で織った厚手の生地で仕立て、底の部分にジュズダマ属の細長い種子を縫いとめたもので、布の織り方と種子の使い方に特徴があった。このバッグについてバモーの人びとに聞いてみると、サブグループのツァイワの女性が、布を手織りしてショルダーバッグを作り結婚式当日に夫に贈る習慣があることを教えてくれた。男性はこれを身につけてマナウ祭りに参加するという。1人の女性が、母親が作ったというバッグを見せてくれた。ナンカンのバッグと同様に、黒色の経糸と赤色の緯糸で織った厚手の布にジュズダマ属の種子を縫いとめている。ただ、最近は自分で作らず、既製品を買う人が多いという。

　2009年8月、2度目のフィールドワークにカチン州に出かけた。ミッチーナー中心部にある大規模な市場にはカチン衣服店がいくつもあり、さまざまな色や模様のロンジー用生地が大量に販売されていた（写真4）。店員が折り畳まれた生地を棚から出し、次々に広げて客に見せている。この生地には、中国やインドから輸入した綿糸が使用され、ミッチーナー近郊の工場で機械織りされているという。さらに衣服店では、上着や帽子の生地や装飾素材、あるいはその既製品を販売していた。例えばジンポーの場合、民族衣装の上着は、黒色のベルベット生地で仕立て、肩と胸の部分に金属製タッセルやプラスティック製ビーズなどを縫いとめる。店員によれば、このような生地や装飾素材は徳宏州から輸入した中国製品で、逆にミッチーナーからはロンジーの生地を徳宏州に輸出しているという。

　衣服店での聞き取りでは、女性用カチン柄ロンジーに2種類があることがわかった。これはカチンの民族分類と関係している。ミャンマー国内でカチンは1つのグル

写真4　カチン衣服店──ロンジー用生地の販売（カチン州ミッチーナー、2009年8月）

ープとして把握されるが、カチン州内では先にあげたロンウォー、ジンポー、ツァイワのほかに、ラチッ、ラワン、リスのあわせて6つのサブグループを総称してカチンとしている。このうちリスについては水色ストライプのギャザースカートが、ほかの5集団については特徴ある模様や色調の機械織りのロンジーがそれぞれ製造されていた。このサブグループ別ロンジーを、ここでは「カチン個別柄」と呼ぶことにしよう。一方これとは別に、5集団を区別することはできないが、カチンのデザインとしてまとめて扱われるロンジーがある。ここでは「カチン総体柄」と呼ぶことにしよう。カチン総体柄の場合、比較的自由に色や模様を展開させている。ヤンゴンに出回り、私がワンセットに仕立てていたのはこの生地であった。

　では、カチンの手織りとはどのようなものであろうか。その手がかりを、まず、ミッチーナー北部のN村で得た。N村では機械織りの工場が40年ほど前から操業しているほか、手織りをする高齢の女性が3名いるという。そのうちの1人は、自宅2階のベランダの近く、教会の見える風通しのよい場所に座り、家族が使う衣服用の布を腰機で織っていた。かつてはヤママユガのなかから絹糸を得たり、ワタを栽培していたりしていたが、現在は市場で購入した絹糸や化学染料を使っているという。

続いて、カチン文化博物館に出かけた。ここではカチン州の民族集団について、それぞれの民族衣装を男女のマネキンに着せて展示している。ヤンゴンの国立博物館にも同様の展示があり、多民族国家の民族構成を示している。カチン文化博物館の場合、ラチツ、ロンウォー、ラワンのマネキンは市場で販売されていたものと同じ、カチン個別柄のロンジーをはいていた。これに対し、ジンポーとツァイワのマネキンは、バモーで見たショルダーバッグと同じ、厚手の赤い布で作ったスカートとレッグカバーを身に着けている。ロンジーは本来ビルマ人の民族衣装であり、カチンはもともと機械織りのロンジーをはいてはいなかったと考えられる。展示資料に見るように、ツァイワやジンポーの民族衣装に関しては、かつては厚手の赤い布をスカートとするスタイルだったのだろう。この布は、カチンの伝統的な技法とされる腰機を使った緯糸紋織である[Maddigan 2003]。これがツァイワやジンポーのスカート、ショルダーバッグ、レッグカバーなどに使用されているのである。

❖徳宏州

　カチン州では機械織りのロンジー生地と手織りの厚手の布という2種類の対照的な衣服素材が見つかったが、徳宏州はどのような状況にあるのだろうか。2010年8月、瑞麗市、瑞麗市弄島鎮、龍川県章風鎮、芒市で調べてみた。

　まず、衣服を着る人びとについて、弄島鎮D村の例を見てみよう。D村では84歳の女性Lさんに話を聞いた。Lさんは5年ほど前まで手織りを続けており、腰機とスカート、ショルダーバッグ、腰輪を保管していた。景頗語でスカートを「タラブー」、ショルダーバッグを「トゥン・サン」と言い、両方とも緯糸紋織の厚手の赤い布で作られていた。糸については、自分で綿糸を紡ぐ場合と弄島鎮の市場で工業製品を買ってくる場合とがあったが、いずれも先に染めてから織ったという。腰輪はラタンの表面に漆を塗ったものであった。

　一方Cさん(年齢不詳)は、ワタの栽培と手織りを続ける女性である。知人から頼まれて、衣服の生地などを腰機で織っている。腰機の腰に当てるベルト部分はホエジカの皮でできているという。当日、Cさんはカチン総体柄のロンジーをはいていた。ミッチーナーから弄島鎮の市場に来るジンポーの行商人からこの生地を買ったそうである。かつては手織りの厚手生地のスカートを毎日はいていたが、現在は結婚式や「目脳節(マナウ祭り)」などの特別な時にしか着ないという。ミッチーナーのロンジ

写真5　カチン総体柄ワンセットを着た景頗の女性
（徳宏州瑞麗市、2010年8月）

ーはカチンのデザインであり、いろいろな種類があるのがよい。これに比べて手織り生地のスカートは厚くて動きにくい、着ていると蒸れて暑いと、素材を変えた理由を説明していた。

　D村では、さらにカチン総体柄のワンセットを着る人に会った。昼食のもてなしを受けた時、4人の女性がこれを着て調理や配膳をしていたのである(写真5)。生地のデザインはカチン式だが、衣服のスタイルがミャンマー式であるため、徳宏州の景頗がミャンマーの民族衣装を着ているかのような違和感を覚えた。しかし、景頗の郷土料理、歌や踊りで遠来の客を歓待しようという場に、女性たちはワンセットを着て参加している。つまり、生地のデザインだけでなく、衣服のスタイルについてもカチンの民族衣装として理解され、受け入れられているということであろう。

　続いて、衣服を売る側について見てみよう。瑞麗市の瑞麗総合衣農市場の一角には、「民族服飾区」が設けられ、1軒の景頗衣服店があった。カチン総体柄やカチン個別柄の生地が壁にディスプレイされていた。ロンジー1着分が50～300元(750～3900円)ほどの価格である。商品は主にミッチーナーから来たもので、地元の景頗や中国国内からの観光客が買っていくという。買い物客の中に、バモーで見たものと同じ手織り厚手生地のショルダーバッグを斜めがけした女性がいた。彼女は景頗で、バッグは自分で作ったものだという。ポロシャツとパンツにこの景頗のバッグを組み合わせていた。

　一方、瑞麗市内の大通りには「伝統民族服装城」の看板を掲げる衣服店があった。ここではロンジー生地400元(5200円)、ショルダーバッグ150元(1950円)など、比較的高価な商品が店頭のガラスケースにゆったりと並んでいる。店主は景頗で、商品

はやはりミッチーナーから来たものだという。店の奥には、手織りのスカート生地1000元（1万3000円）と、非売品のアンティークのスカート生地がしまわれていた。どちらも緯糸紋織である。特にアンティークの方は、臙脂色の比較的細い緯糸を使い、細かい模様を織り出した美しい1枚であった。

龍川県章風鎮（ロンチュワン　ジャンフォン）は、毎年1月に徳宏州最大規模の目脳節が開催され、1万人もの観光客が集まるという場所である。市街地に衣服店があり、カチン個別柄とカチン総体柄の生地、プラスティック製ビーズなどが並んでいた。手織り厚手の

写真6　景頗衣服店──手織り厚手生地のショルダーバッグ（徳宏州龍川県、2010年8月）

布にジュズダマ属の細長い種子を縫いとめたショルダーバッグ（80元、1040円）もある（写真6）。店主の女性によれば、開業は1980年代、主な買い手は地元の景頗で、目脳節で着ることが多い。また、オーストラリアやアメリカに移住した景頗からの電話での発注にも応じているという。店主は、ミッチーナーの親族が製作した商品を扱い、自らミッチーナーに仕入れにでかけるなど、ミッチーナーとのつながりを強調していた。

最後に訪れた芒市は、国内線の航空機が発着する空港や上座仏教のパゴダ「勐煥大金塔」などの名所のある観光の拠点である。その市街地に、デザイナーの景頗女性Tさんの工房があった。Tさんはミッチーナーから仕入れた材料を主に使い、結婚式、イベントや祭り、政府の公式行事などに着る衣装のオーダーメイドに応じていた。店内には、民族衣装のジャケットの黒色とスカートの赤色をアレンジしたイブニングドレス、手織り厚手生地を使ったフレア・スカート、タッセルを飾った黒いトップスなど、個性的な衣服が並んでいる。Tさんは、景頗のあいだに西欧風ドレスを好む風潮があったり、イベントで傣と競い合ったりすることから、おかしな民族

衣装が出回るようになったことを不満に思ったという。そこで、景頗の伝統を守りつつ、現代的にアレンジして着ることを提案していると、デザインのポリシーを語っていた。

❖国境をはさんだ役割分担

　カチン州のカチンと徳宏州の景頗の間には、カチン語が共通語として広く通用していて、共通の価値体系を持つカチン文化圏が形成されていること、経済、労働、文化、婚姻、宗教などの面で相互に交流があることが指摘されている［兼重 2005］。衣服については、ミッチーナーで生産されたカチン個別柄、カチン総体柄の生地が、ミャンマー式のロンジーあるいはワンセットのスタイルと組み合わされて徳宏州に広がり、景頗の新たな民族衣装として定着していた。徳宏州の人びとはミッチーナーをカチン文化の中心地として位置づけていて、そこで生産された布を積極的に受け入れている。逆にカチン州の人びとは機械織り生地や装飾素材を徳宏州から受け入れ、民族衣装の製作に活用している。衣服素材はミャンマーと中国の間を流通してはいるものの、その実態はむしろカチン域内で役割分担をして、足りないものを補い合う関係にあると言えるだろう。

　カチンや景頗の民族衣装には、機械織りのロンジー生地と手織りの厚手生地という対照的な 2 つの織布素材があった。まず、機械織りのロンジー生地はカチン州ミッチーナーでのアパレル産業の発展のもとで生産されていることに注目したい。ミャンマーではナガやチンなど他の少数民族の伝統染織も有名であるが、その生産実態は個人の織り手による個別生産の段階にとどまっていることを考え合わせると、カチンの状況は特異である。カチンの場合、生地の取引先がミャンマー国内だけでなく、経済発展に支えられた徳宏州に及んでいたことが少なからず影響していると思われる。一方、手織りの厚手生地については、女性たちがこの布を民族衣装のスカートとして着用する機会は減る傾向にある。しかし、博物館で展示されたり、個人や業者によって古いものが保存されていたり、伝統染織としての位置づけは保たれている。さらこの厚手生地が、ショルダーバッグという、衣服に比べて作りやすく、使いやすい形で使用し続けられていることは興味深い。ミャンマーにおいては、カチンという民族の枠組みが、伝統的な民族衣装とは何かということの追究と密接にかかわりながら形づくられてきたとされる[Sadan 2003]。現在のカチンと景頗の女性は、

この2種類の織布素材を使い分けつつ、自らの民族衣装を製作しているのである。

(3)シャンと傣

　タイ系民族は、インド北東部からミャンマー、ラオス、タイ、ベトナム、中国の6つの国家にわたる広い範囲に居住する人びとである。そのうち、タイのタイ人(Thai)やラオスのラーオ人が国家の主要民族となっているのに対し、ミャンマーのシャンと中国の傣の人びとは、それぞれ国家の少数民族のひとつに位置づけられている。人口については、シャンが290万人[高谷2008]、傣が110万人[長谷川2005]とされる。

　タイ系民族の民族衣装に、女性がはく筒型の巻きスカート「シン」がある。原型は単純な筒型だが、近年ではウエストにダーツを入れ、鍵ホックをつけたスカート型のシンも作られている。例えば、タイのチェンマイでは現代的なシンが作られ、地元の人が毎週金曜日の「民族衣装の日」に着たりしている。またラオスでは、年代を問わずシンをはく女性が多いが、その丈や柄は時代とともに変化していて一種の流行が見られる[ピラティウォン2010]。ここでは、シャン州北部のシャンと、徳宏州と西双版納州の傣を取り上げ、ファッションとしての民族衣装を見てみよう。

❖シャン州

　2009年8月シャン州北部の3ヵ所の街、主要都市の1つラーショー、国際国境ゲート周辺に開発された新市街地のムーセー、ムーセーに隣接する旧市街地のナンカンを訪れた。それぞれの市場には、シャンの人びと向けにシン、シンとブラウスからなるスーツ、シャン・バッグと呼ばれるショルダーバッグなどを扱う店があり、ミャンマー製、タイ製、中国製の商品が入り混じった状態で販売されていた。

　ミャンマー製品には、ミャンマー中央部の大都市マンダレーから入荷する主に化学繊維の機械織りの生地と、シャン州東部のタウンヂー周辺で生産される機械織りの綿布とがある。後者は「シャンの布」と説明され、男性用のスーツやパンツに仕立てられる。タイ製品には、機械織りの生地と既製品の衣服、例えば、女性用のシン(1万3000チャット、1040円)やスーツ(2万チャット、1600円)などがある。ミャンマーや中国の製品と比べると全体に値段が高いため大量に売れるものではないが、品質が良いことやタイの流行のデザインであることから、一定の評価を集めているという。そ

写真7　シャン衣服店——女性用スーツの販売（シャン州ナンカン、2009年8月）

の流通ルートは、タイ、チェンラーイ県北部のメーサイの国際国境ゲートから、シャン州東部のタチレクを経てミャンマーに入り、その北のチャイントンに至るというものである。ムーセーの店主の1人は、チャイントンに自ら出向いて買い付けたり、チャイントンにいる親戚の伝手で送ってもらったりしていると話していた。

　中国製品に関しては、ナンカンの様子を紹介しよう。ナンカンの市場では、生地、シャン・バッグ、Tシャツ、ターバンなど多種類が販売されていた。売り場で目立つのは女性用スーツである（写真7）。無地の化学繊維生地で仕立てた本体に、アップリケやリボン、プラスチック製ビーズ、スパンコールなどの装飾素材を縫いとめてある。ナンカン周辺のシャンは、タイ系民族の1つタイ・マオとされる。タイ・マオのシンには縦方向に太い縞があるのが特徴とされ、機械織りの布でその縞を表している。また、布の色や装飾を微妙に変えてあって、既製品でありながらも手作りの一点もののように見える。店員によれば、ナンカン近郊のNS村は縫製技術者が集まる衣服の生産拠点である。しかも、徳宏州瑞麗市と国境を接しているため、中国製の生地や装飾素材を直接手に入れることができる。このため、女性用スーツが仕立てられ、シャン州、カチン州、マンダレーやヤンゴンへ、さらには瑞麗市にも

写真8　高機でシャン・バッグの生地を織る(シャン州ナンカン、2009年8月)

出荷されるという。ナンカンでの販売価格はスーツ1着8000チャット(640円)前後だが、瑞麗市へ出荷する時には1万6400チャット(100元)とほぼ倍の値段で売ることができるそうである。

　さらにナンカン近郊には、シャン・バッグを専門に生産するNK村があった。ナンカンの企業3社が、中国製の糸を材料として渡し、模様を指定して発注している。200世帯中150世帯がこの仕事に従事し、約200の高機で女性が手織りをしている(写真8)。工賃は1点あたり1000～1500チャット(80～120円)、1人が1日3～6点を作るそうである。NK村は約140年前までは山地にあり、そこではワタを栽培したり、あるいは近隣のパラウン人から綿花を買ったりして綿布を織り、衣服を作っていた。現在の場所に移住してからも、30年前くらいまでは自家用の布を織り続けていたそうである。しかし現在はバッグの生産にほぼ特化している。NK村で作られたバッグは、衣服と同様、シャン州各地、マンダレー、ヤンゴン、そして瑞麗市に出荷されている。

写真9　化学繊維プリント生地のシンをはいた傣の女性(徳宏州瑞麗市、2010年8月)

❖徳宏州

　では、雲南省の傣はどのような衣服を着ているのだろうか。2010年8月に徳宏州瑞麗市と龍川県、2011年3月に西双版納州景洪市と勐臘県をそれぞれ訪れた。

　瑞麗市弄島鎮Ｎ村では、30代の傣女性Ｐさんの案内で村を回った。まず、Ｐさんの祖母(75歳)に話を聞く。彼女は結婚した当時は綿布を織り、キアイや野生植物を使って染色し、家族や自分用に衣服や寝具などを作った。当時の女性は誰もがそのようにしていたという。続いて、手織りを続けているＡさん(62歳)に会う。Ａさんの自宅の一角には経糸のかかった高機が置いてあり、マメ科植物モダマの直径5cmほどの種子を紐でぶら下げて、足置きにしている。弄島鎮の市場で中国製の糸を買ってきて、シン用の布、赤ちゃんを抱くスリング用の布、葬儀の時遺体を包む布などを織って、現金収入を得ている。Ｎ村では中年世代以上の女性は基本的に全員手織りができ、また現在も続ける女性が10人ほどいるが、Ａさんを含めた10人全員が40歳以上で、それより若い織り手はいないそうである。

　訪問の当日、ＰさんやＡさんはＴシャツに化学繊維プリント生地のシンというスタイルであった(写真9)。村ではかつて、世帯の女性の手で布をまかなっていたが、

1960年代後半から衣服を買う人が出始め、1970年代後半にはほぼすべての人が衣服を買うようになったという。民族衣装については、中国製、タイ製、ミャンマー製の「タイ系民族の布」を購入して自分で仕立て、結婚式、上座仏教の儀礼、水かけ祭り、葬儀などに着るそうである。例えば、Pさんの結婚衣装は、ミャンマー製の化学繊維生地(250元、3250円)を購入して仕立てたという、ピンク色花柄のブラウス、スカート、ストールのセットであった。ブラウスにはプラスチック製ビーズを飾っている。これにベルトとミュールを合わせて、コーディネートができあがる。PさんやAさんは、どこの国のものであっても「タイ系民族の布」を選べば、好みが共通しているから自分たちの衣服に合うのだと話していた。

一方、弄島鎮L村では上座仏教の寺院で儀礼が行なわれており、幅広い世代の住民が民族衣装を着て集まる様子を見ることができた。男性は無地のスーツで、青年は薄いピンク色や黄緑色、中年や高齢者は濃い茶色の生地をそれぞれ選んでいる。高齢の女性は、白色またはクリーム色の襟なしブラウスに、インドネシアのバティック風プリント柄の茶色系の綿布のシンを組み合わせている。青年や中年の女性は、青、紫、ピンクなど、鮮やかな色の化学繊維生地のスーツを着ている。このスーツは、ナムカンの市場で販売されていたスーツと同じく、ビーズやリボンが飾られ、シンに縦縞のあるデザインである。

では、衣服はどのように販売されるのだろうか。先に見た瑞麗市瑞麗衣農市場の「民族服飾区」には、10軒の傣衣服店があった。スーツ、ブラウス、シン用生地、シャン・バッグなど、シャン州北部の市場と同様の品揃えである。値段には差があり、スーツはナンカンの価格の約6倍、380元(4900円)で売られていた。店員の傣男性は、買い手のほとんどが地元の傣だという。また、シャン州北部の市場では見ることのなかった、タイ製の化学繊維生地の女性用スーツも並んでいる。値段は100元(1300円)、中国人観光客がみやげに買っていくほか、ホテルやレストランの従業員のユニフォームに採用されており、大量発注されることがあるという。

弄島鎮N村と龍川県章風鎮には仕立て業者がおり、手作りと既製品購入の中間の役割を担っていた。N村の業者は20代の女性で、自宅に足踏み式ミシン1台を置き、客の注文に応じていた。2002年頃にシャン州ナンカンに行って裁縫技術を身につけたのち、村に戻って2005年に開業したという。以前はナンカンまで生地などの材料の仕入れに出かけたが、現在は弄島鎮でシャン州から来たシャン人商人から

買っている。店の壁には、2009年と2010年のシャンのカレンダーが貼ってあったが、どちらも過去の月のページをはぎ取っていない(写真10)。掲載されたモデルの服装を見本に客が衣服のデザインを決めるため、すべてのページを残しておくのである。

一方、章風鎮の業者は市場の一角に店舗を構えていた(写真11)。店主の女性(50代)は、1970年代にシャン州ムーセーで裁縫技術を学んだのち、1980年代後半に開業、同時に裁縫講師の仕事もしているという。今でもムーセーにでかけて材料を仕入れるし、シャンのカレンダー

写真10　カレンダー「シャンの伝統的テキスタルデザイン」
　　　　(徳宏州弄島鎮、2010年8月)

を買ってきてデザインの見本にしている。この店では、中国製、西双版納州製、タイ製の機械織りの生地を販売していた。ほとんどが化学繊維の色鮮やかなものである。西双版納州製生地には、タイ系民族の伝統的な絣織「マット・ミー」の模様を模したプリント柄が色違いで用意され、傣の好みに対応している。買い手は主に地元の傣で、水かけ祭りの時によく売れる。都市に住んでいる傣が電話で発注することもあるという。スーツの値段は、1着分の生地が180〜300元(2300〜3900円)、既製品が200〜300元(2600〜3900円)であった。ビーズやスパンコール、アップリケなどで飾ったものが多い。店主おすすめのスーツを試着してみた。シンは単純な筒型で、体型に合わせて調節してはくタイプである。綿布のシンに比べると、生地が滑りやすく、ウエストの打ち合わせが安定しない。日常生活には向かないだろうと思いつつ店内を見ると、綿布のシン生地(80元、1040円)がある。こちらは綿布の肌触りを好む人が普段着用に買っていくという。

写真11　傣衣服店——仕立てと生地の販売(徳宏州龍川県、2010年8月)

❖西双版納州

　続いて西双版納州を見てみよう。勐臘県勐侖鎮ML村やMF村では、綿糸の手織りや藍染を続ける女性に話を聞き、彼女たちが作った上着やシン、毛布、蚊帳などを見せてもらうことができた(第3部第2章第2節)。一方、傣の女性の衣服については、商品としての開発や流通がさかんに行なわれている様子である。

　景洪市では、ファッション・ストリートとも言うべき「白象花園歩行街」に大小の傣衣服店が集まっていた。ブティック風の店構えの1軒に立ち寄ってみると、化学繊維生地で仕立てた衣服に、刺繡やビーズ、レースを豪華に飾りつけた女性用スーツが売られていた(写真12)。1着300～600元(3900～7800円)と比較的高価で、中には2000元(26000円)前後の高額商品もある。デザイナー兼店主の傣男性は、傣のデザインにこだわりながら、オリジナル・ブランドの衣服を製作販売するビジネスを展開している。タイ系民族の民族衣装の本場はタイの首都バンコクであると考えていて、バンコクまで自ら素材の買い付けに出かけ、最新の流行をリサーチしてくる。店の一角にはタイ製生地で作ったバンコク風デザインのスーツが並べられ、タイ文字を手書きしたタグが貼られていた。主な買い手は地元の傣と観光客で、イン

写真12　傣衣服店——オリジナル・ブランドの高級既製服（西双版納州景洪市、2011年3月）

ターネットショップには海外からの発注もあるという。

　勐臘県勐臘鎮の商店街にも多数の傣衣服店があった。客が生地を選び、デザインを決めて、仕立てを依頼する仕組みの店が多い。主力商品はここでも女性用スーツである。ビーズやリボンを使って装飾したものが多い。店内には装飾素材を詰めたガラス瓶が置いてあり、店員が手作業で縫いつけている。人気商品だというタイ製化学繊維生地のスーツ（180元、2340円）とベルトを試着してみた。シンは機械織りの花柄、ブラウスには金糸の刺繍やビーズの花模様があって見た目のインパクトは強い。だが、通気性が劣るためか蒸し暑く感じられる。よそゆきだから、着心地よりも見た目を重視するのであろう。店の壁には、スーツを着てポーズをとる女性モデルのポスターが壁に貼ってある。このポスターはミャンマー製で、景洪市の問屋に中国製やタイ製の生地を発注すると無料で配られる。客がデザインを決める時の見本になっているという。同じようなポスターは、勐臘県勐侖鎮の傣衣服店にも貼ってあった。シャン州東部のチャイントンから来たポスターで、ミャンマー製の生地と一緒に勐海鎮で仕入れるという。

　傣衣服店での聞き取りを総合すると、衣服素材の流通に3つのルートがあること

がわかった。第1は、ミャンマー製品のルートである。生地やアクセサリーが、シャン州東部チャイントンから、ミャンマー側でモンラー、中国側で打洛と呼ばれるローカル国境ゲートから中国に入り、勐海鎮、勐侖鎮へと運ばれる。ただし、ミャンマー製生地の販売を確認できたのは勐侖鎮だけで、景洪市や勐腊鎮ではタイ製や中国製が主流であった。第2は、中国製品のルートである。主に化学繊維の生地が、中国沿岸部の浙江省方面から景洪市、勐腊県へと運ばれる。また、一部は西双版納州で生産される。第3は、タイ製品のルートである。生地やベルトなどが、バンコクから直接景洪へ運ばれる場合と、シャン州北部のムーセーあるいはシャン州東部のチャイントンを経てミャンマー経由で陸路入荷する場合とがある。

シャン州北部や徳宏州と比較した時、西双版納州での衣服販売の大きな特徴は、まったく同じデザインのスーツが複数枚製作され、販売されていることである。これは、女性たちがおそろいの民族衣装を着てイベントに参加する機会があることと関係している。勐侖鎮M村では、国際女性の日を記念してダンスを披露する女性たちが、チームごとに青やピンクなど色鮮やかな化学繊維生地のスーツを着ていた。青年層の女性は、上半身にキャミソールを着て肩やウエストを露出し、造花を髪に飾り、濃いメイクアップをしている。このように着飾る場では、衣服の派手さや豪華さが重視されるのであろう。

❖ 小域でのやりとり、広域でのやりとり

タイ系民族は、東南アジア大陸部の山間盆地に拠点を置き、いくつもの政治的領域ムン(ムアン)を形づくってきた[長谷川2005]。そのうちの1つが、シュエリー川をはさんだ盆地に位置するムン・マオ、つまり、現在のシャン州ナンカンと徳宏州瑞麗市である。両者の間に国境線は引かれているものの、集落や水田の景観は連続しており、ナンカンの人が家電や雑貨を瑞麗で買う、瑞麗の人が米をナンカンで買う、結婚相手を見つけるなどの交流が続いている。1970年代後半以降、瑞麗ではイネやサトウキビなどの商品作物の栽培が活発化し、政府による農村支援政策のもとで生産量や売上をのばしてきた(第2部第1章)。このような経済発展を背景に、衣服を手作りすることから、買うことへと動きが進んだ。そして、これに対応したのがナンカンの縫製技術であった。瑞麗の人は、ナンカンあるいはムーセーに出かけていって裁縫技術を習得したり、既製品の民族衣装やシャン・バッグを購入したりするこ

とができる。逆に、ナンカンの人にとって瑞麗は、商品としての衣服の出荷先であり、同時に中国製衣服素材の仕入れ先である。ここには、国境線をはさんだ小域でのやりとりが見られる。

　これに対して、西双版納州の傣は、より広域的に中国、ミャンマー、タイの衣服素材をやりとりし、その中で取捨選択をしていた。女性用スーツについては、織布素材に化学繊維を使用し、ビーズやスパンコールなどの装飾素材を加えることにより、はなやかな衣服を作りだしている。雲南省の農民の年間1人当たりの平均衣服費は80.3元というデータがあるように[佐野2007]、すべての女性にとって民族衣装が安い買い物であるとは限らない。だが一方では、より高級なもの、豪華なものを買い求めようとする人びとも存在している。その中で、隣接するミャンマーやラオスではなく、地理的に離れたタイのバンコクが民族衣装の「本場」としてクローズアップされており、タイ系民族にとっての大国としてタイが位置づけられているのである。

　次に、デザインに関する情報のやりとりについて、シャンのカレンダーの役割について述べておきたい。シャンのカレンダーには、シャン文化文芸協会が公式に発行するものとそれ以外のものとがある。このカレンダーは、衣服のデザインを伝えるメディアとして、モード業界におけるファッション雑誌やスタイルブックにあたる役割を担っていた。さらにカレンダーからモデルの写真だけが抜き出された、ポスターという形のメディアも生まれている。カレンダーやポスターが拡散すると、それまで個人や世帯、集落など比較的狭い範囲で決定されてきたデザインが、他の地域のデザインと比較されるようになる。また、衣服の製作に反映して、タイ系民族の民族衣装のトレンドを生みだすことにもつながる。

　では、タイ系民族衣装のトレンドとは何か。2つのポイント、スーツ化と装飾素材の使用をあげておきたい。タイ系民族の伝統的な民族衣装にあっては、紋織、綴織、絣織などの伝統技法によって手織りしたシンの精巧な模様や美しい色合いに重点が置かれている。このため、シンと組み合わせる上着は無地であることが多い。したがって、上下が共布のスーツになることはない。また、装飾素材をその生地に付加することは、シンについては基本的に行なわないし、上着についてもごくわずかである[Chessman2004, Prangwatanakun2008]。しかし、現在の民族衣装では、織布素材が機械織りの生地に変わっており、それ自体で美しさや特徴を主張することは難しい。そのようななか、上下を組み合わせたスーツにすることによって衣服全体でデザ

インを表し、さらにプラスティック製ビーズなどの装飾素材を使用することで差別化を図る方向へと変化が進んだと考えられる。特に装飾素材については、アカや哈尼などの他の少数民族に利用者がいたため、市場に出回っており、タイ系民族の民族衣装への転用もしやすかったと考えられる［落合2007a］。

(5) スタイルと伝統を作り続ける

　ここまで見てきたように、ラオス、ミャンマー、中国の国境域の少数民族は、周囲の国々から国境を越えて素材を取り入れながら、民族衣装の新たなスタイルを作り続けていた。それは自然素材を使った手染め手織りではないという点では、伝統からは外れている。しかし、着る人自身が素材を選び、デザインを決め、製作するプロセスに、民族集団のルールや美意識を反映させているという点では、伝統が継承されている。

　では、国境域で民族衣装が作りつづけられることの背景には、何があるのだろう。多所性と多数性の2点について考えておこう。

　まず、多所性、つまり少数民族が1つの国家に包含されてしまわなかったことをあげておきたい。人びとが別の国にいたからこそ、素材の供給、デザインの決定、衣服の製作という民族衣装にかかわる一連のプロセスを、それぞれの経済的文化的条件に応じて分担するシステムができあがった。国境域は、国家の周縁ではあるが、行き止まりの地ではない。国境線の先におなじ少数民族がいて、ものや技術、情報を融通しあうことができる。このような人びとのつながりが、素材のやりとり、そして民族衣装の作り方に反映している。

　次に、多数性、つまり少数民族が1つではなかったことをあげておきたい。国境域の少数民族は民族衣装を着ることで、自分たちと他者とを区別しようとする。さらに、政治的経済的地位の向上のため、自国の主要民族に対して、あるいは他の少数民族に対して、自分たちを主張しようとする［Sadan 2003］。東南アジアと中国の国境域では、単独の少数民族でなく、複数の少数民族が同時並行して、このことを行なっている。その結果、民族衣装を着ていること自体が国境域で生きる上での1つの方策となり、またその中で着る人個人が自分なりのスタイルを追求することにもつながっている。

現在、アパレルメーカーが発信するファッションや大量生産の衣服に対するオルタナティブとして、自然素材や手仕事といったキーワードで語られる布や衣服が注目され、その作り手として東南アジアの少数民族やその技術がクローズアップされている。ここまで見てきたように、現在の民族衣装の素材はそこからはむしろ離れる方向にある。今後は自然素材や手仕事の側面が当事者たちによって再評価されるのだろうか。また、民族衣装の入手方法が手作り品の自作から既製品の購入へと変化しつつあるなか、景頗や傣のデザイナーのように、西欧モード業界のビジネスモデルを応用する例が生まれている。これまで、民族衣装のデザインは特定の誰かのものではない状態にあった。今後は著作権の特定できる作品となっていくのであろうか。国境域の少数民族が着る民族衣装は、域内そして域外の人びととのつながりの中で、これからも変化を続け、新たな伝統が作り出されることだろう。

【引用文献】

稲村務. 2005.「ハニ――ハニ族の現在」『世界の先住民――ファーストピープルズの現在01 東アジア』明石書店. 277-289.
上田信. 2009.「タカラガイと文明」池谷和信編『地球環境史からの問い――ヒトと自然の共生とは何か』岩波書店. 137-152.
落合雪野. 2007a.「ミャンマー周縁部における種子ビーズ利用の文化」『東南アジア研究』45 (3) 382-403.
―――. 2007b.「飾る植物――東南アジア大陸部山地における種子ビーズ利用の文化」松井編『資源人類学』弘文堂. 123-159.
落合雪野・横山智. 2008.「焼畑とともに暮らす」『ラオス農山村地域研究』めこん. 311-347.
兼重努. 2005.「ジンポー――ミャンマー・中国国境をまたいで生きる人びと」『世界の先住民―ファーストピープルズの現在02 東南アジア』明石書店. 49-64.
内海涼子. 2010.「ベトナム北部のモン民族の大麻織物」『ビオストーリー』12:12-22.
佐野純也. 2007.「家計調査からみた中国農民の生活実態」『環太平洋ビジネス情報』RIM 7 (24): 163-194.
佐野孝治. 2005.「中国アパレル産業の現状と課題――「縫製工場」から「アパレルメーカー」へ」『福島大学地域創造』16(2): 66-104.
杉本星子. 2009.『サリー！サリー！サリー！インド・ファッションをフィールドワーク』風響社.
高谷紀夫. 2008.「シャン」『新版東南アジアを知る事典』平凡社. 192-193.
土佐桂子. 1997.「ファッション事情」根本敬・田村克己編『暮らしがわかるアジア読本ビルマ』河出書房新社. 162-163.
長谷川清. 2005.「タイ――山間盆地に暮らす人びと」『世界の先住民――ファーストピープルズの現在01 東アジア』明石書店.
ピラティウォン、マリナ. 2010.『ラオスを知るための60章』明石書店.
ボガトゥイリョフ、ピョートル（桑野隆・朝妻恵里子訳）. 2005.『衣裳のフォークロア』せりか書房.

吉田敏浩. 2000.『北ビルマ―――いのちの根をたずねて』めこん.
吉本忍.. 2010.「生き物との乖離」『ビオストーリー』12:56-57.
Chessman Patricia. 2004. *Lao-Tai Textiles: The Textiles of Xam Nuea and Muang Phuan*, Chiang Mai, Studio Naenna Co. Ltd.
Dell, Elizabeth. and Sandra. Dudley eds. 2003. *Textiles from Burma, Featuring the James Henry Green Collection*.
Maddition Lisa. 2003. "Kachin textiles", *Textiles from Burma*, Featuring the James Henry Green Collection.
Moeyes, Marjo. 1993. *Natural Dyeing in Thailand*, Bangkok, White lotus.
Nanthavongdouangsy, Viengkham. 2006. *Sinh and Lao women*, Vientiane, Phaeng Mai Gallery.
Prangwatanakun, Soangsak. 2008. *Cultural heritage of Tai Lue textiles*, Chiang Mai, Chiang Mai University.
Sadan Mandy. 2003. "Textile contexts in Kachin State", *Textiles from Burma*, Featuring the James Henry Green Collection.
Toyota Mika. 2003a. "Akha textiles", *Textiles from Burma*, Featuring the James Henry Green Collection.
―――. 2003b. "Clothing and courtship: Akha textiles in social context", *Textiles from Burma, Featuring the James Henry Green Collection*.

第2章
眠る
白川千尋・落合雪野

第1節　土着の蚊帳、国境を越える蚊帳

白川千尋

（1）なぜ蚊帳なのか

　私たちの身のまわりには、中国製のものがそこかしこに目につく。「メイド・イン・チャイナ」の文字は、もはやごくありふれた日常的な存在となっている。海を隔てた日本でさえそうなのだから、中国と陸続きに接した国の人びと、わけても中国国境の近くで暮らす人びとについてはいわずもがな。中国製のものが巷にあふれ、それなしでは暮らし自体が立ち行かない。そんなイメージを思い浮かべる向きも少なくないのではないだろうか。

　さて、実際はどうなのだろう。本稿では、中国との国境に近いラオス北部に暮らすタイ・ダム（黒タイ）、タイ・デーン（赤タイ）、タイ・ルーといったタイ系少数民族の蚊帳に焦点を当てることで、ほんの一端に過ぎないとはいえ、その実際の状況を明らかにしてみたい。

　ところで、なぜ蚊帳なのか。理由の1つは、私がこれまでに取り組んできたことと関係する。私は20年ほど前からオセアニアや東南アジアでマラリア対策活動に関わってきた。夜行性のハマダラカが媒介するマラリアを防ぐには蚊帳が有効であり、世界各地のマラリア対策の現場では、その配布が中心的な活動の1つとなっている。そうした活動に関わってきた私にとって、蚊帳は非常に身近なものであった。

　ところが、ラオス北部のタイ系少数民族の間で伝統的に使われてきた蚊帳（以下「伝統的な蚊帳」）は、次項以降で改めて詳しく述べるが、馴染みの蚊帳とは様子がまっ

たく違うものであった。そのために、私は「伝統的な蚊帳」と出会った途端、それに魅了されてしまい、以来その調査を行なうようになった。本稿で蚊帳に目を向ける背景には、以上のような経緯がある。

また、「伝統的な蚊帳」を含めて、蚊帳は、人間が生きてゆく上で不可欠な要素である衣食住の住に含まれるものである。加えて、睡眠や性的な営みといった人間の基本的な欲求と密接に関係する生活用具でもある。このように、人間の生活、ひいては生存を考える上で見落とすことのできない存在であるにもかかわらず、それに関する研究は、マラリア対策や産業史などの分野に若干の蓄積があるものの、衣食住に関わるほかの生活用具に関する研究に比べると、格段に少ない印象を受ける。

こうした中で、タイ系少数民族、特にタイ・ダムやタイ・デーンの「伝統的な蚊帳」は、両民族に関する文献の中で代表的な生活用具としてしばしば取り上げられてきた。例えばラオスの民族を網羅的に紹介したシャゼーの『ラオスの人びと』のタイ・ダムの項では、主な生活用具の1つに蚊帳が挙げられており、写真も掲載されている［Chazée 2002:28, 41, photo 33］。しかし、これをはじめとした過去の文献の中で、蚊帳は、衣類や寝具類などとともに織物の1つとして取り上げられることが多く、それ自体がクローズアップされることはほとんどなかった。このように、人間の生活や生存を考える上で見落とすことができないものであるにもかかわらず、研究の蓄積が限られていることが、蚊帳に焦点を当てるもう1つの理由である。

本稿の構成について簡単に述べておくと、まず次項（第1項）で、タイ・ダム、タイ・デーン、タイ・ルーの人びとの「伝統的な蚊帳」（本稿のタイトルで言うところの「土着の蚊帳」）の特徴などについて触れた後、ラオス北部のいくつかの村を取り上げ、人びとによる蚊帳の使用状況について具体的に明らかにする（第2項）。そして、彼ら彼女らの間で「伝統的な蚊帳」が使われなくなっていることを指摘し、その背景をめぐって検討を加えた後（第3項）、「伝統的な蚊帳」に代わって人びとの間に広く浸透している「近代的な蚊帳」について述べる（第4項）。最後に、「近代的な蚊帳」と人びとの関わりあいをめぐって考察を行ない（第5項）、本稿を締め括る。

(2) 土着の蚊帳[1]

　蚊帳はラオスの公用語のラオ語でムンと言うが、ラオス北部のタイ・ダム語ではイエン、タイ・デーン語ではプーイ、タイ・ルー語ではスットと言う。また、人びとが特に「伝統的な蚊帳」に限って言及する場合は、ラオ語のムン・タイ・ダム(タイ・ダムの蚊帳)、ムン・タイ・デーン(タイ・デーンの蚊帳)、ムン・タイ・ルー(タイ・ルーの蚊帳)、あるいは各民族の語に基づくイエン・タイ・ダム、プーイ・タイ・デーン、スット・タイ・ルーといった語が使われる。

　このように、各民族の言語によって呼び方は異なるものの、タイ・ダム、タイ・デーン、タイ・ルーの「伝統的な蚊帳」には、少なくとも2つの共通点がある。1つは、いずれの蚊帳も箱型をしていることである(写真1、2)。ただし、かつて日本で使われていた蚊帳のように、たたみ数畳分の空間をカバーできるような大きなものは少ない。もっぱらシングルベッドやダブルベッドほどの空間をカバーできるくらいのサイズである。

　もう1つは、網目のない布でできていることである。日本で蚊帳というと、一般的には網状のものがイメージされるだろう。タイ・ダムやタイ・デーンの「伝統的な蚊帳」と出会うまでの私の蚊帳に対するイメージも同じであり、私が関わってきたマラリア対策の現場で配布されていた蚊帳もそうしたものであった。しかし、タイ・ダム、タイ・デーン、タイ・ルーの「伝統的な蚊帳」は網状のものではない。

　以上のような共通点がある反面、タイ・ダムとタイ・デーンの2つの民族の「伝統的な蚊帳」と、タイ・ルーのそれとの間には、見落とすことのできない違いもある。タイ・ダムとタイ・デーンの蚊帳は、黒か、黒に非常に近い濃い藍色の布でできている。そうした特徴のためか、タイ・ダムの人びとの間では、タイ・ダムの「伝統的な蚊帳」を指す語として、先述のムン・タイ・ダムやイエン・タイ・ダムのほかに、「黒い蚊帳」を意味するムン・ダムやイエン・ダムという語も使われていた。また、黒っぽい蚊帳の上の方には、色鮮やかな絹糸や綿糸で織り上げられたさまざまな紋様の入った布(以下「飾り帯」)が、帯状にあしらわれている。そうした美しい「飾り帯」があしらわれた黒っぽい蚊帳が、タイ・ダムとタイ・デーンの蚊帳の典型と言える。

1　本項から第4項にかけての内容は、別稿の一部と部分的に重複があることをお断りしておく[白川 2014]。

202　　　　　　　　　　　第3部　生活

写真1　タイ・デーンの「伝統的な蚊帳」(ピアンガーム村、2008年12月)

写真2　タイ・ダムの「伝統的な蚊帳」(ノンブア村、2010年1月)

写真3　赤いタイ・ルーの「伝統的な蚊帳」(ティンタート村、2008年12月)

写真4　「飾り帯」のあるタイ・ルーの「伝統的な蚊帳」(ドゥア村、2010年10月)

表1　タイ・ダム語、タイ・デーン語、タイ・ルー語による蚊帳の各部の名称

	タイ・ダム語	タイ・デーン語	タイ・ルー語
上面	ムン(覆いの意)	ムン	ラン
側面	トー(胴の意)、チュアン	プーン	パーヴィエン
「飾り帯」	リン(舌の意)	チュー(胸の意)	未詳
鑷緒	フン(耳の意)	フー	フー

　これに対して、タイ・ルーの蚊帳も網目のない布でできている点では、タイ・ダムやタイ・デーンの蚊帳と変わらない。ただし、布の色にはヴァリエーションがあり、黒だけでなく、赤や紺などもある(写真3)。また、「飾り帯」のないものが多いのも、タイ・ダムやタイ・デーンの蚊帳と違う点である。いや、正確に言うと、「飾り帯」があるものも中にはある。しかし、あったとしても、タイ・ダムやタイ・デーンのものほど手が込んでおらず、簡素なものである(写真4)。

　タイ・ダム、タイ・デーン、タイ・ルーの人びとの間では、蚊帳は結婚の時に女性が嫁入り道具として持参するものであった。持参される「伝統的な蚊帳」は多くの場合、新婦の母親が作った。ただし、新婦が「飾り帯」を織るなどして、部分的に一緒に作ることもあった。結婚の時に持参された蚊帳は、新郎と新婦が使用した。

　蚊帳づくりのプロセスは、おおむね次のとおりである。まず、蚊帳の上面(天の部分)と側面(四方の部分)にあたる綿布を織る。綿布はこの段階ではまだ着色されておらず、白い色をしている。次に、この綿布をキアイやリュウキュウアイで染める。さらに、彩色された絹糸や綿糸を使って「飾り帯」を織り上げる。そして、最後に各部を縫い合わせて完成させる。なお、ラオス北部のタイ・ダム語、タイ・デーン語、タイ・ルー語による蚊帳の各部の名称を、表1にまとめた。

　蚊帳を完成させるまでには多くの時間が必要で、特に「飾り帯」の部分を織り上げるのに時間がかかった。私が話を聞いた女性たちの例では、1つの蚊帳を作り上げるのに2ヵ月から5ヵ月かかっている。といっても、その間、彼女たちは蚊帳づくりに明け暮れていたわけではなく、ほかの家事や農作業などもしていたようである。また、すべての部分を自分で作るのではなく、既製の綿布などを買ってきて使うこともあった。この場合は、「飾り帯」だけ自分で織り、蚊帳の上面と側面は買ってきた布を縫い合わせて作るので、すべての部分を自力で作り上げる時ほど多くの時間はかからなかった。

写真5　よろず屋で目にしたタイ・ダムの「伝統的な蚊帳」(ナムゲン村、2008年12月)

(3)蚊帳の使用状況

❖タイ・ダム

　前項では、タイ・ダム、タイ・デーン、タイ・ルーの「伝統的な蚊帳」が、網目のない布でできていることについて述べた。そうした蚊帳を私が初めて目にしたのは、2008年12月のことであった。ルアンナムター県の県都ルアンナムターの近郊に位置するナムゲンというタイ・ダムの村を訪れた時のこと。小さなよろず屋の店頭に並んでいる商品を物色して立ち去ろうとした時、店の奥のスペースに黒い幕のようなものが吊るしてあるのが目に入った。それがタイ・ダムの蚊帳であった(写真5)。

　しかしながら、私は当初それが蚊帳であることにまったく気付かなかった。それまでの私にとっての蚊帳のイメージは網状のものであり、よろず屋で目にしたものはといえば、イメージからかけ離れていたからである。よろず屋で店番をする者が仮眠をとる時に使っていたのであろうその蚊帳は、大げさに言えば、私のそれまでの「蚊帳観」を覆すようなものであった。そのせいか、ナムゲン村で初めて「伝統的な蚊帳」

表2　ナムゲン村の人びとの蚊帳の使用状況

番号	年齢	聞き取り対象者（もしくは本人とその家族）が使用していた蚊帳とその枚数		結婚時に持参した蚊帳
1	76	市販の蚊帳(中国製・綿)	1	「伝統的な蚊帳」
2	57	「プロジェクト蚊帳」	5	「伝統的な蚊帳」
3	40代	市販の蚊帳(タイ製・化繊)	3	不明
4	46	「プロジェクト蚊帳」	2	市販の蚊帳(タイ製)
		市販の蚊帳(中国製・綿)	1	
5	45	市販の蚊帳(ラオス製・化繊)	3	「伝統的な蚊帳」
6	41	「プロジェクト蚊帳」	5	「伝統的な蚊帳」
7	41	「プロジェクト蚊帳」	2	市販の蚊帳
8	38	市販の蚊帳(タイ製・化繊)	1	市販の蚊帳
		「プロジェクト蚊帳」	1	
9	35	「プロジェクト蚊帳」	4	市販の蚊帳
10	25	市販の蚊帳(タイ製・化繊)	4	市販の蚊帳

年齢は聞き取り時点のもの。

を目にした時の光景は、はっきりと記憶に残っている。

　ちなみに、この「伝統的な蚊帳」は、私が立ち寄った時に店番をしていた中年(50代くらい)の女性が、その5年ほど前、つまり2003年頃に自分で作ったものであった。蚊帳の上面と側面は黒いビロードのような化学繊維の布であったから、おそらく市販の布を買ってきて縫い合わせたのだろう。しかし、蚊帳の上部には美しい「飾り帯」があしらわれていた。女性の年齢から考えて、彼女が結婚した時に嫁入り道具として持参した蚊帳ではないと思われるが、蚊帳が作られた具体的な経緯については、残念ながら聞きそびれてしまった。

　さて、よろず屋でも使われているくらいだから、ナムゲン村やその周辺地域では、「伝統的な蚊帳」が普通に使われているように思われるかもしれない。果たしてそうなのだろうか。本項では、ラオス北部のいくつかの村の例を取り上げることで、人びとがどのような蚊帳を使っているのか、実際の状況を明らかにしてみたい。

　最初に取り上げるのはナムゲン村の例である。この村は、ベトナム北部のディエンビエンフー方面から移住してきたタイ・ダムの人びとによって1895年に作られたという。村の人口は2128人、戸数は385戸で、民族別に見ると300戸近くがタイ・ダムであり、84戸がタイ・デーン、5戸がカムーである(2010年10月時点)。先に触れたよ

写真6　市販のタイ製の「近代的な蚊帳」(ナモータイ村、2008年12月)

うに、この村はルアンナムターの街の近郊にあり、街とともに盆地の中に位置している。このため、人びとは稲作に携わっており、ほかにトウモロコシやマメ類などの栽培、パラゴムノキの植林なども行なっている。

　ナムゲン村では、10人のタイ・ダムの女性たちから聞き取りを行なった。[2]その結果をまとめたのが表2である。そこに示したように、聞き取りを行なった時点では、10人全員が「伝統的な蚊帳」を使っていなかった。彼女たちが使っていた蚊帳はすべて、網目のある蚊帳である。こうした網状の蚊帳のことを、本章では「伝統的な蚊帳」に対比させて「近代的な蚊帳」と呼ぶ(写真6)。

　表に示したように、女性たちが使っていた「近代的な蚊帳」には、「プロジェクト蚊帳」と市販の蚊帳がある。「プロジェクト蚊帳」は化学繊維でできており、ラオス政府や国際機関が実施している、マラリア対策をはじめとした保健医療プロジェクトの中で配布されたものである。このため、ここでは便宜的に「プロジェクト蚊帳」と

2.　聞き取りは2008年12月、2010年10月、2011年9月に行なった。なお、本稿は科学研究費・基盤B「『大国』と少数民族——東南アジア大陸部山地における中国ヘゲモニー論を超えて」(代表：落合雪野、課題番号20401009)による研究成果の一部であり、本稿のもととなった聞き取りもすべてこの研究費によって実施した。

いう語を使っている。ちなみに、人びとの間でも、「プロジェクトの蚊帳」を意味するムン・コンカーンというラーオ語が使われていた。

　一方、市販の蚊帳は、保健医療プロジェクトを通じて配布されたものではなく、街中の店などで売られているものである。表中の市販の蚊帳のうち、タイ製やラオス製の蚊帳は化学繊維でできており、青、緑、ピンクなどの単色であることが多かった。これに対して、中国製の綿の蚊帳は白の単色である。これらの市販の蚊帳は、ムン・タイ（タイの蚊帳）、ムン・チン（中国の蚊帳）、ムン・ラオ（ラオスの蚊帳）といった形で、もっぱら作られた国の名前で呼ばれていた。

　ナムゲン村の女性たちは、聞き取りを行った時点では、全員が「伝統的な蚊帳」を使っておらず、代わりに「近代的な蚊帳」を使用していた。ただし、彼女たちの中には、「伝統的な蚊帳」を使った経験のある者が半数近くいた。表中の1、2、5、6番の4人である。彼女たちはいずれも、結婚の時に嫁入り道具として「伝統的な蚊帳」を持参していた。そして、当初はそれを使っていたものの、後にそれに代えて「近代的な蚊帳」を使用するようになっている。例えば2番の女性は、20年ほど前から「近代的な蚊帳」を使うようになったという。

　これに対して、4番と、7番から10番までの5人の女性たちは、結婚の時に「伝統的な蚊帳」ではなく、「近代的な蚊帳」を持参している。市販のものを購入して持参したようだ。彼女たちはいずれも、結婚当初から一貫して「近代的な蚊帳」を使い続けており、「伝統的な蚊帳」は使ったことがないという。

　結婚の時に「近代的な蚊帳」を持参した5人の女性たちの年齢は、いずれも40代以下である。一方、「伝統的な蚊帳」を持参した4人は、いずれも40代以上である。女性たちはかつて、10代半ばから後半で結婚することが普通であったという。これらのことを念頭に置くならば、20年から30年くらい前、つまり1980年代頃から、結婚の時に「伝統的な蚊帳」を作らず、市販の「近代的な蚊帳」を購入するなどして持参する例が見られるようになったと考えることができる。

❖ タイ・デーン

　次に取り上げるのはピアンガームという村の例である。この村も、ナムゲン村と同じくルアンナムターの街の近郊に位置し、街とともに盆地の中にある。このため、人びとは稲作に携わっているほか、コリアンダー、タマネギ、トウガラシ、ナスとい

表3. ピアンガーム村の人びとの蚊帳の使用状況

番号	年齢	聞き取り対象者(もしくは本人とその家族)が使用していた蚊帳とその枚数		結婚時に持参した蚊帳
1	58	市販の蚊帳	3	「伝統的な蚊帳」
2	52	市販の蚊帳(タイ製)	4	「伝統的な蚊帳」
3	40代	「伝統的な蚊帳」	1	「伝統的な蚊帳」
		市販の蚊帳(タイ製)	1	
4	49	市販の蚊帳(タイ製、中国製)	4	「伝統的な蚊帳」
5	48	「伝統的な蚊帳」	1	「伝統的な蚊帳」
		「プロジェクト蚊帳」	2	
6	42	市販の蚊帳(タイ製、中国製)	3	「伝統的な蚊帳」
7	40	「伝統的な蚊帳」	1	「伝統的な蚊帳」
		市販の蚊帳ないし「プロジェクト蚊帳」	4	
8	37	「プロジェクト蚊帳」	1	市販の蚊帳(タイ製)

年齢は聞き取り時点のもの。

った野菜の栽培やパラゴムノキの植林なども手がけている。村の人口は264人、戸数は70戸で、その8割近くをタイ・デーンが占めている(2010年10月時点)。村は、ルアンナムター県の南東に位置するルアンパバーン県ビエンカム郡のムアンブントンから移住してきたタイ・デーンの人びとによって、1971年に作られたという。

ピアンガーム村では、8人の人びとから聞き取りを行なった。その結果をまとめたのが表3である。このうち、1番は男性で、2番以降はすべて女性である。また、7番までの7人はタイ・デーンだが、8番の女性はタイ・ダムである。彼女はタイ・デーンの男性と結婚している。

先に取り上げたナムゲン村では、聞き取りを行なった時点で「伝統的な蚊帳」を使っていた者はいなかったが、表3に示したように、ピアンガーム村では3人の女性が「伝統的な蚊帳」を使っていた。彼女たちは夫とともにそれを使用しており、表3の3番と7番の2人は1年を通じて使っていた。これに対して、5番の女性は気温の低い時期(主として12月から1月)にだけ「伝統的な蚊帳」を使用し、そのほかの時期は「プロジェクト蚊帳」を使っていた。

このように、ピアンガーム村では「伝統的な蚊帳」を使い続けている人びとに出会

---

3. 聞き取りは、先のナムゲン村と同じく2008年12月、2010年10月、2011年9月に行なった。

った。ただし、村人たちによればそうした例はごく少数に過ぎず、ほとんどの人びとは「近代的な蚊帳」を使っているとのことであった。確かに表3に示した8人に関して見ても、過半数の5人は「近代的な蚊帳」だけを使っている。

　また、「伝統的な蚊帳」を使っていた3人の女性にしても、「近代的な蚊帳」と無縁ではない。既に述べたように、5番の女性は気温の低い時期以外は「プロジェクト蚊帳」を使っており、同居している息子は「プロジェクト蚊帳」を常用している。また、1年を通じて「伝統的な蚊帳」を使っている7番の女性にしても、同居している4人の子どもたちはいずれも「近代的な蚊帳」を常用しており、3番の女性の家族もタイ製の市販の蚊帳を使っている。

　3番の女性については詳細が不明だが、5番と7番の女性は、結婚の時に母親と協力してつくった「伝統的な蚊帳」を持参している。両者ともに「飾り帯」の部分を織り、そのほかの部分は母親が作ったという。ただし、2、4、6番の3人の女性と1番の男性の妻もまた、結婚の時にそれぞれの母親が作った「伝統的な蚊帳」を持参している。そして、当初はそれを使っていたものの、やがてそれに代えて「近代的な蚊帳」を使用するようになっている。「近代的な蚊帳」を使うようになった時期はさまざまで、6番の女性は10年ほど前から使うようになったらしいが、2番の女性は結婚後1年しか「伝統的な蚊帳」を使用せず、それ以降はもっぱら「近代的な蚊帳」を使い続けているとのことであった。

❖ **タイ・ルー**
　最後に取り上げるのはタイ・ルーの人びとの例である。ただし、タイ・ダムやタイ・デーンの場合のように、1つの村での聞き取りによるまとまったものではない。2つの村のごくわずかな人びとから得た断片的なものに過ぎないが、参考までに取り上げておこう。

　取り上げる2つの村は、ポンサーリー県のマイ村とルアンパバーン県のハートコー村である。マイ村のあるポンサーリー県はラオス最北の県で、北側と西側は中国の雲南省、東側はベトナムに接している。マイ村は、中国国境に近い県中西部の街ブンヌアの近郊にある。人びとのほとんどはタイ・ルーで、稲作などに携わっている。村は、1958年に雲南省の西双版納州からブンヌアに移住してきたタイ・ルーの人びとによって、1966年に作られたという。

写真7　紅白のストライプが入ったタイ・ルーの「伝統的な蚊帳」(マイ村、2010年10月)

　もう1つの村ハートコーのあるルアンパバーン県は、ポンサーリー県の南隣にあり、北側がベトナムと接しているものの、中国とは接していない。マイ村と同じくタイ・ルーの人びとが多いこの村は、県の北部を北から南へ貫流するウー川の近くにある。この川沿いには、旧市街がユネスコの世界文化遺産に指定されている古都ルアンパバーンと、ラオス北部の街ウドムサイを結ぶ幹線道路が並行して走っており、村の中も通っている。

　マイ村では、45歳と40歳のタイ・ルー女性2人から話を聞いた。このうち、40歳の女性の家では、聞き取りを行なった時点で「伝統的な蚊帳」が使われていた。「伝統的な蚊帳」は2つあり、1つは赤の綿布、もう1つは紅白のストライプが斜めに入った綿布でできている(写真7)。彼女の家ではそれらに加えて、赤の化学繊維でできたタイ製の「近代的な蚊帳」も使われていた。彼女によれば、「伝統的な蚊帳」は内部が暖かいため、家族の中でも年配の者が使っているとのことであった。

　これに対して、45歳の女性の家では「近代的な蚊帳」が使われていた。家には6つの蚊帳があるが、すべて「プロジェクト蚊帳」であった。ただし、聞き取りを行

4.　マイ村での聞き取りは2010年10月、後出のハートコー村での聞き取りは2011年9月に行なった。

なった時には既に使わなくなっていたものの、彼女は「伝統的な蚊帳」も持っていた。その蚊帳は、1981年に結婚した時に、母親が市販の布を買ってきて縫い合わせ、作ったものである。

一方、ハートコー村では57歳と50代のタイ・ルー女性2人から話を聞いた。このうち57歳の女性は、結婚の時に当初は母親が作った「伝統的な蚊帳」を嫁入り道具として持参しようとしていた。しかし、火事で焼けてしまったため、急遽市販の蚊帳を購入して持参したという。彼女の家では、聞き取りを行なった時点で2つの蚊帳が使われていたが、どちらも「近代的な蚊帳」であった。ちなみに、彼女には2人の娘がいるが、彼女自身は自分の母親のように、娘たちが結婚する時に「伝統的な蚊帳」を作ってやることはせず、市販の「近代的な蚊帳」を買って持たせている。

もう1人の50代の女性の家でも、「伝統的な蚊帳」は使われていなかった。使われていたのは、「プロジェクト蚊帳」とタイ製の市販の蚊帳であった。ただし、彼女はかつて使っていた「伝統的な蚊帳」を持っていた。黒一色で飾り帯のないその蚊帳は、彼女が16歳で結婚する時に、母親がワタの栽培から染色までのすべての工程を自ら手がけたものである。しかし、彼女自身は、自分の2人の娘たちが結婚する時に「伝統的な蚊帳」を作ることはせず、「近代的な蚊帳」を買って持たせたという。

(4) 使われなくなる土着の蚊帳

前項の例からは、タイ・ダム、タイ・デーン、タイ・ルーのいずれの人びととの間でも、土着の「伝統的な蚊帳」が使われなくなっていることがわかる。そうした傾向は特にタイ・ダムの人びとに関して強く、ナムゲン村では聞き取りの対象とした人びと全員が「伝統的な蚊帳」を使っていなかった。

タイ・ダムの人びとが多く暮らす村について言うと、私はナムゲン村のほかに、ルアンナムター県の5つの村(ノンブア、パサ、プン、ポン、マイ)と、ルアンパバーン県の3つの村(ターブー、ナーゴ、フワイホック)を訪れたことがある。しかし、「伝統的な蚊帳」が実際に使われているところに行きあたったのは、私が初めて「伝統的な蚊帳」を目にしたナムゲン村のよろず屋の例が唯一であった。悉皆調査をしたわけではないので、私の知らないところで「伝統的な蚊帳」が使用されていることもあっただろう。

5. ノンブア村は2008年12月、ポン村は2010年1月、それ以外の村は2011年9月に訪れた。

とはいえ、どの村でも、話を聞くことのできた人びとは皆「近代的な蚊帳」を使っていた。ただし、ナムゲン村の場合と同じく、特に40代以上の女性たちのほとんどは、結婚の時に嫁入り道具として「伝統的な蚊帳」を持参し、夫とともに使用していた経験を持っていた。

一方、前項の例からは、タイ・デーンやタイ・ルーの人びとの中には、「伝統的な蚊帳」を使い続けている人びとがいることがわかる。しかし、そうした人びとは少数派に過ぎない。タイ・デーンの人びとが多く暮らす村について言うと、前項で取り上げたピアンガーム村以外では、ルアンパバーン県の2つの村（ガン、ポーンシアン）を訪れる機会があった[6]。しかし、どちらの村でも、「伝統的な蚊帳」が使われているところを目にしたことはない。

タイ・ルーの人びとがマジョリティを占める村に目を転じると、前項で取り上げたハートコー村とマイ村のほかには、ポンサーリー県で1つ（ドゥア）、ルアンナムター県で2つの村（ティンタート、ノンカム）を訪れた[7]。しかし、これらの村で「伝統的な蚊帳」が使われているところに行きあたったのは、ドゥア村の60代とおぼしき女性の例だけであった。ただし、タイ・デーンの人びとにせよ、タイ・ルーの人びとにせよ、話を聞くことのできた中年以上の女性のほとんどが、結婚の時に「伝統的な蚊帳」を持参し、使っていた経験を持っていたことは、タイ・ダムの女性たちの場合と同じである。

以上のように、私が訪れた村々では、かつては「伝統的な蚊帳」が嫁入り道具の1つとして持参され、広く使われていたものの、やがて「近代的な蚊帳」に取って代わられるようになってゆき、私が訪れた時には「近代的な蚊帳」の使用が一般的なものとなっていた。それでは、人びとはいつ頃から「伝統的な蚊帳」の代わりに「近代的な蚊帳」を使うようになったのだろうか。あるいは、そうした傾向はいつ頃から強まったのだろうか。

残念ながら、これらの問いに答えるための十分な情報は未だ得ることができていない。前項のタイ・ダムの人びとのところでは、1980年代頃から、結婚時に「近代的な蚊帳」を持参する例が見られるようになったと考えることができる、と述べた。しかし、それはあくまでも、わずかな情報を手がかりにした推測に過ぎない。また、「近代的な蚊帳」を使うようになった時期には、当然のことながら、村によって、さらに

---

6. 2つの村は2011年9月に訪れた。
7. ドゥア村は2010年10月、ティンタート村とノンカム村は2008年12月に訪れた。

は個人によって差があろう。いずれにせよ、この点について明らかにすることは今後の課題とするほかない。

ただし、人びとが「近代的な蚊帳」を使うようになった時期について確たることは言えないものの、その理由については多少なりとも情報を集めることができた。したがって、以下ではこの点について、前項で取り上げた順にナムゲン村のタイ・ダムの人びととの例から見てゆこう。

前項で提示した表2の1番の女性は、表中にも示したように、結婚の時に「伝統的な蚊帳」を持参している。その後、一時的に家族で別の村に移り住んだことがあり、その時に「伝統的な蚊帳」を持ってゆこうとしたが、重いので断念し、それ以来「近代的な蚊帳」を使うようになったという。それまで使用していた「伝統的な蚊帳」に比べて、中が明るく、当初は違和感を持ったものの、1、2週間ほどで慣れたとのことであった。

ただし、彼女のように移住を機に「近代的な蚊帳」を使うようになった例は、私が聞いた範囲ではほかになく、やや特殊なものである。これに対して、結婚の時に「伝統的な蚊帳」を持参した表2の1、2、5、6番の4人の女性たちのうち、5番と6番の2人は、中が暑くて暗いため「近代的な蚊帳」に代えたと話していた。また、結婚時に市販の蚊帳を持参した8番の女性は、自身は「伝統的な蚊帳」を使った経験がないものの、両親が「伝統的な蚊帳」を使っていた。しかし、やはり中が暑くて暗いので、「近代的な蚊帳」を使用するようになったという。

同じような話は、ピアンガーム村のタイ・デーンの人びとからも聞いた。例えば前項で提示した表3の5番の女性は、既に述べたように、気温の低い時期にだけ「伝統的な蚊帳」を使い、それ以外の時期は「プロジェクト蚊帳」を使用していた。なぜなら、「伝統的な蚊帳」は中が暑すぎ、また暗すぎるためであるという。同じ表の6番の女性も、「伝統的な蚊帳」の短所として中が暑いことを、2番と4番の2人も、中が暗いことを、それぞれ挙げていた。さらに、2番の女性は、「伝統的な蚊帳」には網目がないため、中にいると息苦しく感じることも指摘していた。ただ、暑い、暗い、息苦しいといった感覚には個人差があるようで、1年を通じて「伝統的な蚊帳」を使い続けていた7番の女性は、「暑くない、慣れている」と話していた。

なお、表3の4番の女性は、中が暗いことのほかに、重くて洗いにくいことも「伝統的な蚊帳」の短所として挙げていた。彼女によれば、「伝統的な蚊帳」は2人がか

りで洗わなければならず、干し上がるのにも2、3日かかったという。ちなみに、タイ北部のチェンマイ周辺の村で織物に関する調査を行なったボウイーも、調査対象者の多くが、かつて使われていた手織りの蚊帳が重く、洗うのが大変だったと不満を漏らしていたことに触れている[Bowie 1993:144-145]。

　一方、ハートコー村とマイ村の4人のタイ・ルー女性たちに関して見ると、前項で見たように、ハートコー村の50代の女性とマイ村の45歳の女性の2人が、結婚の時に「伝統的な蚊帳」を持参し、当初それを使っていたものの、後に「近代的な蚊帳」を使用するようになっている。この2人のうち、前者は今でも「伝統的な蚊帳」が好きだという。しかし、まわりの人びとの多くが「近代的な蚊帳」を使っているので、自分も使用するようになったと話していた。また、後者は洗う時に重くて大変なため、10年ほど前から「伝統的な蚊帳」を使わなくなったという。

　以上に取り上げたナムゲン、ピアンガーム、ハートコー、マイの各村で聞いたものと同じような話は、それ以外の村の人びとからもしばしば聞くことができたものである。中でも多かったのが、「伝統的な蚊帳」の中が暑い、あるいは暗いため、「近代的な蚊帳」に代えたという話であった。こうした話の中でなされる暑い、暗い、さらには息苦しいといった「伝統的な蚊帳」に対する否定的な評価は、人びとが「伝統的な蚊帳」以外の蚊帳を知らなかった頃には、表に出てこなかったものではないかと思われる。そうした評価は、人びとが「近代的な蚊帳」の存在を知り、それとの関係で「伝統的な蚊帳」を比較し、とらえ直す中で、強く意識されるようになったと考えた方が良いのではないだろうか。

　例えばルアンパバーン県のターブー村で出会った60歳のタイ・ダム女性は、18歳で結婚した時に母親が作ってくれた「伝統的な蚊帳」を当初は使っていたものの、中が暗いので「近代的な蚊帳」に代えたと話していた。しかし、よく話を聞いてみると、実際には、まわりの人びとが、「伝統的な蚊帳」に比べて「近代的な蚊帳」の方が中が明るくて良いと口々に言うので、「近代的な蚊帳」を使うようになったという。この例からは、女性の「伝統的な蚊帳」に対する暗いという否定的な評価が「近代的な蚊帳」との関係でなされていることがよくわかる。

　この例からはまた、女性が「近代的な蚊帳」を使うようになった背景に、まわりの人びとの意見があることが見て取れる。彼女に限らず、人びとは概して周囲の人びととの動向に敏感なようであった。まわりの人びとの多くが使っているので「近代的な

蚊帳」を使うようになったという先のハートコー村のタイ・ルー女性の例は、その典型である。前項で取り上げたハートコー村のもう一人のタイ・ルー女性(57歳)の例も、これと似たようなものと言える。前項で述べたように、彼女は自分が結婚した時には「伝統的な蚊帳」を持参したが、自分の娘たちの結婚にあたっては市販の蚊帳を買って持たせている。その理由について、彼女は「今どき誰も『伝統的な蚊帳』など使わない」からだと話していた。また、ルアンパバーン県ポーンシアン村の40代のタイ・デーン女性の場合は、はじめは16歳で結婚した時に母親が作ってくれた「伝統的な蚊帳」を使っていた。しかし、周囲の人びとから「あなたは古臭い人ね」と言われるので、10年あまり前から「近代的な蚊帳」を使うようになったという。

　これらの例を念頭に置くならば、「伝統的な蚊帳」に代えて「近代的な蚊帳」を使うことは、人びとにとってある種の流行のようなものとしてとらえられていたと理解した方が良いように見える。逆に、「今どき誰も『伝統的な蚊帳』など使わない」というハートコー村の女性の言葉や、「伝統的な蚊帳」を使い続けていたポーンシアン村の女性に対するまわりの人びとの「あなたは古臭い人ね」という言葉からは、「伝統的な蚊帳」を使うことが人びとの間で流行にそぐわないものとして否定的にとらえられていたことがうかがえる。

　こうしたとらえ方は、若い人びとの間ではとりわけ強くなる傾向にあったようだ。例えばルアンパバーン県ガン村の70代のタイ・デーン女性は、年配の人びとの中には「伝統的な蚊帳」を好む者もいるが、若い人びとは「近代的な蚊帳」の方を好むと語っていた。実際、彼女の2人の娘たちは、結婚する時に嫁入り道具として「伝統的な蚊帳」を持って行くことを嫌がった。そのため、市販の蚊帳を買って持たせたという。「伝統的な蚊帳」を使うことを否定的にとらえるこうした姿勢は、私が訪れた村だけに限られたものではない。例えばタイ北部のルーイ県に住むタイ・ダムの人びとの間では、「伝統的な蚊帳」は時代遅れ(old-fashioned)なものとみなされており、それを使っていると笑われたという[Amantea 2009:34]。

　人びとが「伝統的な蚊帳」の使用をやめて「近代的な蚊帳」を使うようになった背景を理解する上では、暑い、暗い、息苦しいといった「伝統的な蚊帳」に対する人びとの否定的な評価だけでなく、「伝統的な蚊帳」を使うことに対する以上のような人びとの姿勢も考慮に入れる必要があろう。また、後者により関心を向けるならば、前者は必ずしも人びとが「伝統的な蚊帳」の使用をやめた直接の理由ではないので

はないか、という疑念も浮かんでくる。人びとが流行に左右されるようにして「近代的な蚊帳」を使うようになったのだとすれば、暑い、暗い、息苦しいといった否定的な評価は、「伝統的な蚊帳」の使用をやめたことの初発の理由ではなく、実際のところは、むしろそのことを後付け的に説明するものとして持ち出されたものなのかもしれない。

(5)「近代的な蚊帳」

　前項では、「伝統的な蚊帳」が人びとの間で使われなくなっていることや、その背景について述べた。これに対して、本項では、「伝統的な蚊帳」に代わって人びとの間に広く浸透している「近代的な蚊帳」に目を向けたい。
　(3)「蚊帳の使用状況」で触れたように、「近代的な蚊帳」は、その入手先に応じて「プロジェクト蚊帳」と市販の蚊帳の2つの種類に分けることができる。前者は、マラリア対策などの保健医療プロジェクトの中で配布されたものである。プロジェクトには、ラオス政府によって行なわれているもののほか、私が訪れた村を対象としたものに関して言うと、アジア開発銀行(ADB)やヨーロッパ連合(EU)といった国際機関が主体のものもあった。これらの主体が行なうプロジェクトの中で、蚊帳は、村の保健所などを通じて、あるいはプロジェクトの担い手から直接、人びとに配布されているようであった。
　ただし、どの主体が行なうにせよ、またどのようにして配布されるにせよ、「プロジェクト蚊帳」が「伝統的な蚊帳」と違って、化学繊維でできた網目のある蚊帳であることに変わりはない。それらの多くはラオス製のものではなく、国外で製造されたもののようであった。例えばナムゲン村で目にしたマラリア対策の啓発ポスターには、日本の住友化学社が製造しているオリセットという蚊帳の写真が掲載されていた(写真8)。この蚊帳は、殺虫剤が練り込まれたポリエチレン製の繊維によってできており、世界保健機関(WHO)による推奨を受けていることもあって[8]、マラリア対策プロジェクトなどを通じて世界的に配布されている。アジアでは中国やベトナムの工場で作られている[伊藤・奥野 2006:10]。
　一方、市販の蚊帳は、人びとが暮らす村の近くの街の店などで売られていること

8.　http://www.sumitomo-chem.co.jp/csr/africa/olysetnet.html、2015年3月15日閲覧。

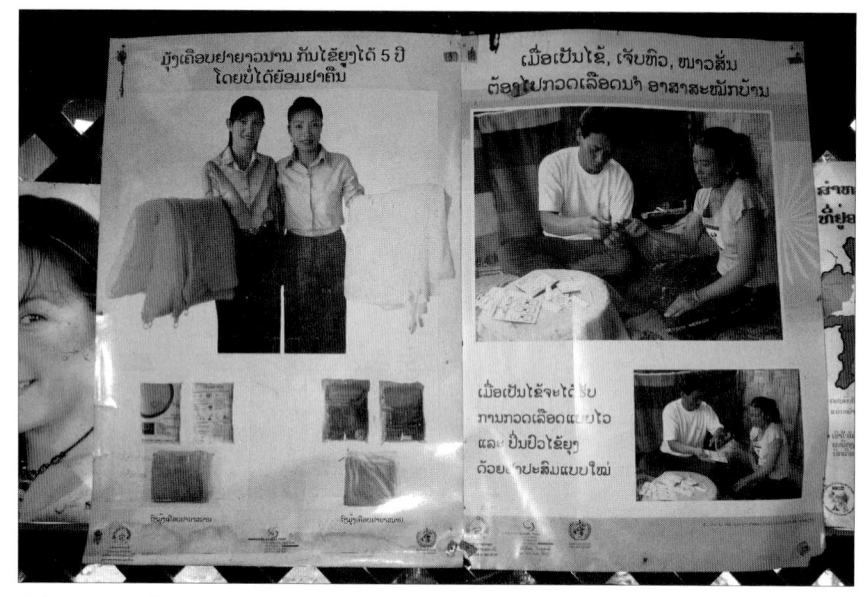

写真8　マラリア対策のポスター。左側の女性2人が持っているのが蚊帳。その左下にオリセット蚊帳の写真が見える（ナムゲン村、2010年10月）

が一般的である。通常こうした店は蚊帳のほかにもさまざまな生活用具を扱っているが、中でも布団や枕といった寝具類を扱っている店が少なくない。日本でもそうだが、このことからは、ラオスでも蚊帳が寝具に分類される生活用具であることが窺える。

　私は、人びとによる蚊帳の使用状況に関する聞き取りと並行して、ラオス北部各地の店で扱われている市販の蚊帳に関する調査も行なった。その結果をまとめたのが表4である。[9] 一見してわかるとおり、私が訪れたラオス北部の街（ないし地域の拠点）の店でもっとも目にしたのは、タイ製の蚊帳であった。表からは、とりわけ「USA」という蚊帳が非常に多くの店で売られていることがわかる。この蚊帳は、蚊帳を梱包しているビニール袋の表面に、「メイド・イン・USA」ならぬ「モダン・フロム・USA」という文字が印刷されたものである（写真9）。また、同じタイ製のもののうち、表の中で「万里」と記載した蚊帳は、蚊帳の入っているビニール袋に万里の長城の絵が印刷されている。

9.　表4のブンヌア市場内の店（8番から13番）については2010年10月、ナムバーク市場内の店（35番から39番）については2011年9月、それ以外の店については2008年12月に調査を行なった。

第2章　眠る

表4　ラオス北部各地の店で扱われていた蚊帳

番号	店の立地場所	タイ製 USA	タイ製 万里	タイ製 TB	中国製	ベトナム製	「プロジェクト蚊帳」
1	ムアンシン市場内	○	○				
2	ムアンシン市場内	○	○				
3	ルアンナムター市場内	○	○		○		
4	ポンサーリー市場内	○	○		○		
5	ポンサーリー市場内	○	○		○		
6	ポンサーリー市場内	○			○		
7	ポンサーリー市場内	○					
8	ブンヌア市場内	○					
9	ブンヌア市場内	○					
10	ブンヌア市場内	○			○		
11	ブンヌア市場内				○		
12	ブンヌア市場内				○		
13	ブンヌア市場内				○		
14	ブンタイ市場周辺	○		○			
15	ブンタイ市場周辺	○					
16	ブンタイ市場周辺	○					
17	ムアンコア内	○					
18	ムアンコア内	○					
19	ムアンコア内	○					
20	ムアンコア内	○					
21	ムアンコア内				○		
22	ウドムサイ・ルーサイ市場内	○	○	○			○
23	ウドムサイ・ルーサイ市場内	○	○	○			○
24	ウドムサイ・ルーサイ市場内	○	○				○
25	ウドムサイ・ルーサイ市場内	○		○		○	
26	ウドムサイ・ルーサイ市場内	○		○			○
27	ウドムサイ・ルーサイ市場内	○		○			
28	ウドムサイ・ルーサイ市場内	○		○			
29	ウドムサイ・ルーサイ市場内	○		○			
30	ウドムサイ・ルーサイ市場内	○					○
31	ウドムサイ・ルーサイ市場内	○					

32	ウドムサイ・ルーサイ市場内			○			
33	ウドムサイ・ルーサイ市場内			○			
34	ウドムサイ・ルーサイ市場内						○
35	ナムバーク市場内	○	○				
36	ナムバーク市場内	○	○				
37	ナムバーク市場内	○					
38	ナムバーク市場内		○				
39	ナムバーク市場内			○			
40	ルアンパバーン・ポーシー市場内	○	○	○			
41	ルアンパバーン・ポーシー市場内	○	○				
42	ルアンパバーン・ポーシー市場内		○				
43	ルアンパバーン・ポーシー市場内	○					○
44	ルアンパバーン・ポーシー市場内	○					
45	ルアンパバーン・中国市場内				○		
46	ルアンパバーン・中国市場内				○		
47	ルアンパバーン・中国市場内				○		

　この「万里」と「USA」は、四方を吊って使う箱型の蚊帳である。これに対して、表中の「TB」はそうではない。商品名とおぼしき「ツイン・ベル(Twin Bell)」という文字と、ベルの絵がビニール袋に印刷されたこの蚊帳は、テントのような形をしており、傘のように開いて使用する(**写真10**)。このように、「TB」は先の2つの蚊帳と形状が異なる。しかし、これら3種類のタイ製の蚊帳はいずれも、青、緑、ピンクなどの単色で、化学繊維でできている。

　蚊帳の店頭での価格は、サイズによって異なる。例えば「USA」の場合、もっとも小さい1人用のサイズで2万キープから3万キープ台、その1つ上の2人用くらいのサイズで3万キープ台後半から4万キープ台、それより大きいものになると5万キープ台以上といった具合である[10]。ただし、「万里」の中には、蚊帳の側面に花の柄が織り込まれているものがあり、そうした種類で、なおかつサイズが大きなものには、12万キープから13万キープと桁違いに高い値段がついていた。なお、ここで述べた価格は店によって異なる。

　以上に見てきたタイ製の蚊帳に比べると、**表4**からもわかるように、中国製の蚊帳

10. 各調査時を通じておおむね1万キープが100円ほどであった。

第2章 眠る 221

写真9 「モダン・フロム・USA」という文字が袋に印刷されたタイ製の蚊帳（ルアンナムター、2008年12月）

写真10 テント状の蚊帳（ブンタイ、2008年12月）

を扱っている店は限られていた。これは私にとって想定外のことだった。私は当初、中国との国境に近いラオス北部で巷に出まわっている蚊帳のほとんどは中国製ではないかと考えていた。実際、私が訪れた街の店では、数多くの中国製の生活用具が売られていた。しかし、そうした生活用具やタイ製の蚊帳に比べると、蚊帳を扱っている店で中国製の蚊帳を目にすることは予想に反して少なく、場合によっては意識して探してみても見つからないほどであった。

　表に示したように、中国製の蚊帳を扱っていた店は11軒ある。そのうちの3軒（45、46、47番）は、ルアンパバーン市内のタラート・チンという市場の中にある。直訳すると中国市場となるその名前からもわかるように、この市場には中国人の店が軒を連ねており、中国製の蚊帳を扱っていた3軒の店も中国人のものであった。同じような状況は、ブンヌアの4軒の店（10、11、12、13番）にも当てはまる。中国製の蚊帳を売っているこれらの店も、中国人が経営するものであった。このように、中国製の蚊帳は、中国人の店を中心としつつ、かぎられた数の店でしか目にすることができなかった。[11]

　タイ製の蚊帳とは異なり、中国製の蚊帳には、化学繊維だけでなく綿のものもあった。ただし、両者とも色はもっぱら白である。また、形状に関して見ると、大半は箱型のものであったが、ルアンパバーンの中国市場の3軒の店で売られていた蚊帳はいずれも、天井から1点で吊るす円錐形のものであった。この円錐形の蚊帳の店頭での価格は、小さいサイズで6万キープから8万キープ、大きいサイズで14万キープであり、先に見たタイ製の「USA」に比べると高価である。しかし、箱型の蚊帳について言えば、「USA」の価格とあまり変わらず、価格とサイズの対応関係も似たようなものであった。なお、先述のとおり、中国製の蚊帳には化学繊維と綿のものがあった。ただし、価格の面で両者に大差はなく、化学繊維よりも綿のものの方が数千キープ高い程度であった。

　中国製の蚊帳を扱っている店が限られていたことに加えて、想定外だったことがもう1つある。ラオス製の市販の蚊帳を売っている店が皆無だったことだ。村で話を聞いた人びととの中には、**表2の5番のナムゲン村の女性のように**、ラオス製の蚊帳を

---

11. なお、表中のウドムサイのルーサイ市場は、2005年に開業した中国系資本の市場で、中国人市場という通称を持つという［高井 2013:221-222］。しかし、私が把握し得たかぎりでは、同市場内で中国製の蚊帳を扱っている店は見あたらなかった。

使っている者がわずかながらいた。このため、ラオス製の蚊帳を扱っている店にいずれ行きあたるだろうと思っていた。しかし、ラオス北部各地の店で、ラオス製の蚊帳が売られているところを目にすることはなかった。その要因については、市販の蚊帳の中でタイ製の蚊帳がマジョリティを占めている要因などと併せて、次項で考えたい。

　表4に戻ると、表に示したように、いくつかの店では「プロジェクト蚊帳」も売られていた。そうした店のほとんどは、ウドムサイのルーサイ市場にある。これらの店で売られている「プロジェクト蚊帳」には、世界エイズ・結核・マラリア対策基金（Global Fund）の文字やロゴの入った説明書などが、蚊帳の入った袋に同封されているものが多かった。この基金はその名称のとおり、世界各地のHIVエイズ、結核、マラリアの対策活動を資金面で援助することを目的として、2002年に設立されたものである。ウドムサイのルーサイ市場の店で売られていた蚊帳は、おそらくこの基金の資金援助を受けて購入され、ラオス北部でのマラリア対策活動を通じて配布された後、未使用のまま店へと転売されたのだろう。

　最後に本項を終える前に、タイ製と中国製の市販の蚊帳の流通ルートについて簡単に触れておきたい。ラオス北部に関していうと、タイ製の蚊帳がタイからラオスへ国境を越えるルートは少なくとも2つある。1つは、タイ東北部からメコン川を渡って首都ヴィエンチャンへ入るルートである。表4のポンサーリー、ブンタイ、ウドムサイ、およびルアンパバーンのポーシー市場の店の中には、このルートを経てラオスに入ってきた蚊帳を、ヴィエンチャンから仕入れている店が少なからずある（4、5、6、14、22、25、26、41、43番）。

　もう1つは、タイ北部からメコン川を渡り、ラオス北西端に位置するボーケーオ県のフエイサーイへ入るルートである。表4のムアンシン、ルアンナムター、ウドムサイの店の中には、このルートを経てラオスに入ってきた蚊帳を、フエイサーイから仕入れている店があった（1、2、3、30番）。

　また、これら2つのルートを経てルアンパバーンやウドムサイといった大きな街に運ばれた蚊帳については、さらにルアンパバーンからナムバーク（表4の37番）、あるいはウドムサイからポンサーリー、ブンタイ、ムアンコアと流通してゆくルートがある。国境を越えてヴィエンチャンとフエイサーイからラオスへ運び込まれたタイ製の蚊帳は、こうした国内の流通ルートを通じて末端へと浸透してゆくわけである。

一方、中国製の蚊帳に関して見ると、ラオス北部で蚊帳が中国からラオスへ国境を越える主なルートは、雲南省西双版納州磨憨から陸路でルアンナムター県ボーテンへ入るルートである。ルアンナムターやポンサーリーの中国製の蚊帳を扱っていた店の中には、磨憨、もしくはその北に位置する勐臘の街で仕入れた蚊帳を、このルートを通じて搬入している店があった（表4の3、4、5、6番）。

(6)国境を越える蚊帳を使いこなす人びと

　前項で述べたように、ラオス北部の人びとの間で使われている「プロジェクト蚊帳」や市販の蚊帳のうち、前者の多くはラオスの国外で製造されたと見られるものである。また、後者の中でマジョリティを占めているのはタイ製の蚊帳である。そのことを踏まえるならば、人びとの間には、国外で作られた蚊帳が、国境を越えて広く浸透するようになっていることがわかる。
　一方、市販の蚊帳の中でタイ製の蚊帳がマジョリティを占めているということは、改めて次のことを思い出させてくれる。ラオスの位置する東南アジア大陸部の中で、その北隣の中国だけでなく、経済成長の著しいタイもまた、域内大国と言えるような存在になっているということである。タイ製の蚊帳の存在感の大きさは、そのことを例証しているように見える。
　ところで、中国に非常に近いところに位置し、中国から輸入された生活用具が大量に出まわっているにもかかわらず、ラオス北部各地の店で中国製の蚊帳が目につかず、逆にタイ製の蚊帳がマジョリティを占めているのはなぜなのか。この問いに対して十分に答えることは未だできないが、関連することとして興味深いのは、店の関係者や一般の人びとの蚊帳に対する評価である。
　ルアンナムターの店（表4の3番）で店主と蚊帳の話をしていた時、なぜ中国製やラオス製の蚊帳を売らないのかと聞いてみた。すると店主はこう答えた。「タイ製の蚊帳は品質が良くてよく売れる」。同じように、ムアンシンの店（表4の1番）の店主も、「ラオス製の蚊帳もあるが、タイ製の方が品質が良いので扱っている」と語っていた。
　タイ製の蚊帳に対するこうした好意的な評価は、人びとの側からもしばしば聞くことができた。中には中国製の蚊帳を評価する者もいたものの、人びとと話をしていて聞こえてくる好意的な評価の多くは、タイ製の蚊帳に対するものであった。それ

らの評価は、おおむね次の2点に集約される。価格が高くないことと、品質が良いことである。

　前項で見たように、店頭の価格は、タイ製の蚊帳も中国製の蚊帳もあまり大きく変わらない。とするならば、同じような価格帯の中で品質が良いと考える蚊帳の方を人びとが選ぶことは、すぐに理解できる。また、店側が、売れる蚊帳の方を多く店頭に並べようとすることも肯ける。これらの点を踏まえるならば、人びとの側にタイ製の蚊帳に対する好意的な評価があり、それを背景として、店側もタイ製の蚊帳の方が売れるためにそれを多く供給している。その結果、タイ製の蚊帳の方が中国製やラオス製の蚊帳よりも多く流通するようになっている、と考えることができるかもしれない。

　一方、人びとの蚊帳に対する評価からは、彼ら彼女らが、国境を越えて浸透してくる「近代的な蚊帳」を、大波に呑み込まれるようにして、ただ受動的に受容しているわけではないことが窺える。人びとは蚊帳をめぐって自分たちなりの評価を行なっており、それを参考にしながら市販の蚊帳を購入している。そのような人びとの姿勢は、受動的ではなく、能動的と形容した方が良いように見える。

　同じような姿勢は、人びとによる「近代的な蚊帳」の使い方にも見て取ることができる。タイ・ダム、タイ・デーン、タイ・ルーといった民族の違いを問わず、ラオス北部で出会った人びとからは、「近代的な蚊帳」を使う場合、その周囲に布などをカーテンのように垂らしているという話を頻繁に聞いた。外国人の私が寝室として使われている空間に入り込むことは憚られたため、ごくわずかな機会しかなかったものの、実際にそのようにして「近代的な蚊帳」が使われているところを目にしたこともある。

　なぜそのように蚊帳のまわりに布などを垂らすのか。それは、蚊帳の内部を見えないようにするためである。タイ・ダムにせよ、タイ・デーンにせよ、タイ・ルーにせよ、1つの家屋の中で複数の世代の家族が同居している場合が多い。家屋の中は、1つの大きな部屋があるだけで、いくつかの部屋で区切られているわけではない。夫婦ごとに別々の部屋を持っている場合もなくはないが、ルアンナムターなどの街を除けば一般的ではない。つまり、両親とその息子夫婦や娘夫婦といった具合に、もっぱら複数の夫婦とその子どもたちが、1つの部屋の中で寝起きを共にしているのである。こうした中で、個々の夫婦は、網目があるために、普通ならば中が透けて見えてしまう「近代的な蚊帳」の周囲に布などを垂らすことで、自分たちが使っている蚊

帳の内部をほかの家族から覗かれないようにすることができる。加えて、まわりを布などで囲うことによって保温性が高まるため、気温の低い時期には中が暖かくなるというメリットもある。

　そのようにして「近代的な蚊帳」が使われている様子は、「伝統的な蚊帳」の姿を彷彿させる。「伝統的な蚊帳」は、網目のない布でできているために透過性がなく、内部が見えない。このため、個々の夫婦はそれを使用することで、起居を共にするほかの家族の視線が届かない自分たちだけの空間を作り出すことができた。こうした「伝統的な蚊帳」の持つ室内を隔てる機能を念頭に置くならば、それは蚊帳というよりも、むしろ帳と呼んだ方が正確なのかもしれない［白川 2013］。

　「伝統的な蚊帳」が持っていた帳としての機能は、網目があるために透過性の高い「近代的な蚊帳」には期待できない。マラリア対策などのプロジェクトで配布されていることからもわかるように、「近代的な蚊帳」はマラリアを媒介するハマダラカやそのほかの生物から身を守るためのツールである。この点で、それは蚊帳であって、帳ではない。そのような「蚊帳としての蚊帳」が広く浸透する中で、「かつては蚊帳で夫婦の空間を作っていたが、今の蚊帳は中が透けて見えるので、布などで仕切りを作ったりして、中が見えないようにしている」というピアンガーム村のタイ・デーン女性（表3の4番）の言葉がはっきりと示しているように、人びとはその周囲に布などを垂らすことにより、「伝統的な蚊帳」が持っていた帳としての機能を、「近代的な蚊帳」に補完的に付け加えている。先に見た人びとの蚊帳に対する評価だけでなく、以上のような人びとの「近代的な蚊帳」の使い方からも、彼ら彼女らが国境を越えて浸透してくる「近代的な蚊帳」を、ただ受動的に受容しているわけではないことが理解できる。

　人びとの間で使われている蚊帳は、網目のない土着の「伝統的な蚊帳」から、網目のある「近代的な蚊帳」へと大きく変化した。しかし、使われる蚊帳は変わったものの、使われ方自体は変化していない。人びとは、「伝統的な蚊帳」が持っていた帳としての機能を補完することによって、本来そうした機能を持たない「近代的な蚊帳」を使用している。そこからは、国境を越えて入ってくる自分たちが作り出したものではないモノを、自分たちの価値観や暮らしのあり方に即して使いこなそうとする人びとの能動的な姿勢を、端的に見て取ることができる。

【引用文献】

伊藤高明・奥野武. 2006.「マラリア防除用資材オリセット®ネットの開発」『住友化学』2:4-11.
白川千尋. 2013.「蚊帳か、帳か?」『月刊みんぱく』427:21.
―――. 2014.「憩うためのモノから愛でるモノへ」落合雪野・白川千尋編『ものとくらしの植物誌――東南アジア大陸部から』臨川書店. 170-186.
高井康弘. 2013.「盆地世界に現れた地方都市――ラオス北部サイの変貌」藤井勝・高井康弘・小林和美編『東アジア「地方的世界」の社会学』晃洋書房. 219-240.
Amantea, Franco. 2009. *Dress, Textiles, and Identity of the Black Tai of Loei Province, Northeast Thailand*. Bangkok. White Lotus.
Bowie, Katherine A. 1993. "Assessing the Early Observers: Cloth and the Fabric of Society in 19th-century Northern Thai Kingdoms." *American Ethnologist*. 20(1):138-158.
Chazée, Laurent. 2002. *The Peoples of Laos: Rural and Ethnic Diversities*. Bangkok.White Lotus.

第2節　傣の染織と蚊帳

落合雪野

　第3部第1章で紹介したように、国境域のフィールドワークで、私は少数民族の民族衣装について調べていた。その時、手織りの布について聞いてみると、衣服だけでなく、布団や蚊帳もあわせて作っていたという人がラオス北部のタイ系民族にしばしば現れた。そこでラオス北部の調査では、布という素材を仲立ちに、前節筆者の白川千尋は蚊帳、私は衣服について、聞き取りを重ねて行なうことがあった。

　では、雲南省の傣の人びとは「伝統的な蚊帳」を使うのであろうか。ここでは、前節で取り上げたラオス北部の「伝統的な蚊帳」について、中国雲南省の傣の側から補足しておくことにする。そして、伝統的な染織と植物利用という観点から、蚊帳の位置づけを考えてみたい。

❖熱帯雨林民族文化博物館

　雲南省の傣には「伝統的な蚊帳」がある。このことに最初に気づいたのは、2009年11月、国際シンポジウムのために西双版納熱帯植物園を訪れ、園内にある熱帯雨林民族文化博物館を見学した時であった。ここには民族植物学の研究に関連して、西双版納州の少数民族による植物利用を紹介するコーナーが設けられており、その一角に傣の家の室内が再現されていた。

　「傣族伝統民居」というキャプションを掲げたその部屋には、衣服、敷布団、毛布、枕などが展示されていた。その1組の布団の上に蚊帳が張ってあったのである。濃い藍色の布を箱形に縫い合わせた蚊帳で、ラオス北部で見たタイ・デーンやタイ・ダムの蚊帳とよく似ている。しかし、短辺の上部に赤い布のベルトが輪になるように縫いとめてあり、そこに竹竿を差し込んで両側から張ってある。タイ・デーンやタイ・ダムの蚊帳では、「耳」と称される布製のでっぱりが本体の四隅についていて、そこに1本ずつひもをかけて蚊帳を支えるものが多かったため、この張り方に関心を抱いた。そして、タイ・デーンやタイ・ダムの蚊帳を特徴づける豪華な「飾り帯」がない。こちらは、藍色一色のシンプルな蚊帳であった。

博物館を訪れた翌日、植物園に近い傣のC村を見学する機会があった。村の埋葬林や上座仏教寺院などを案内してもらいながら、傣の男性に聞いてみると、蚊帳は「スット」と呼び、確かに使っていたことがあるという。

❖ 徳宏州

　2010年と2011年の雲南省でのフィールドワークでは、この出会いを発端に、染織について聞き取りを行なう際には、できる範囲で蚊帳についても話を聞いてみた。蚊帳を話題に出すと人びとがいぶかしむとか反問するということはなく、好意的に、時には自慢げに語るようすが印象的であった。こうして、いくつかの情報が集まってきた。

　2010年8月、徳宏州瑞麗市弄島鎮N村で傣（タイ・マオ）の女性から情報を得ることができた。この75歳の女性（第3部第1章、Pさんの祖母）は、結婚した当時から30年くらい前まで、綿布を織り、キアイや野生植物を使って染色し、家族や自分用に衣服を作っていたという人である。蚊帳については、傣語で「ムン・スット」と呼ぶ。結婚する時、女性が蚊帳、敷布団、毛布、枕、衣服、衣服を入れるつづら、洗濯用のたらい、鏡台、食器などを用意する習慣があり、この女性もこのような生活用具を持参して結婚した。蚊帳については、白い綿布を織って、箱形に縫いあわせたものであった。藍色に染めたりはしないし、飾り帯をつけることもないという。現在、この蚊帳は女性の手元にはなく、使われてはいない。また、その後新たに作ることもなかった。ただし、結婚を機会に蚊帳を新調するということは続いていて、女性の娘と孫娘がそれぞれ結婚した時には、市販の蚊帳を購入して贈った。孫のPさんはその蚊帳を実際に使用しているという。

　弄島鎮の市場で探してみたところ、近代的な蚊帳が確かに販売されていた。ピンク色や紫色の網状の化学繊維でできており、1人用30元（390円）と2人用40元（520円）とがあった。店員は瑞麗市で生産されたものだという。また、同じ村には、タイ製のポリエステルの蚊帳を購入して使用しているという72歳女性がいた。

❖ 西双版納州

　2011年3月、西双版納州勐腊県勐侖鎮のML村とMF村で、手織りや藍染めを継承している傣（タイ・ルー）の女性たちに聞き取りを行なった。そのうちの2人から、

写真1　傣の「伝統的な蚊帳」(雲南省西双版納州勐腊県勐侖鎮、2011年3月)

蚊帳について聞くことができた。

　ML村の77歳の女性は、布を織って、家族の衣服を作ったり、他の少数民族と物々交換したりしていた経験のある人である。22歳の時に母親が蚊帳を作ってくれ、それを使っていたが、つぶれたため捨ててしまったという。その蚊帳を思い出してもらいながら、話を聞く。蚊帳は傣語で「スット・ファイ」という。濃い藍染の綿布で仕立てた箱形のものであった。寝る時に蚊帳を使う理由は、カをよけるため、暖かく過ごすため、そして、中を暗くするためだという。蚊帳の絵を私のノートに描いて、どこかに飾りがあったかと聞いてみると、実物を見たことのある彼女の息子が、長細い布が長辺と短辺の上部から等間隔で垂れ下がっているようすを描き足した。このような布を付けるのが自分たちのやり方だという。現在、新たに蚊帳が作られることはなく、彼女の娘が結婚したときには、市販の蚊帳を買って贈ったという。

　MF村では、70歳の女性がキアイによる藍染を続けていた。私たちが訪れた時には哈尼から依頼されて、哈尼が織った綿布を染める作業をしているところだった。この人には、蚊帳の実物を見せてもらうことができた(写真1)。その蚊帳は現在使われておらず、円筒形に丸めてしまいこんであった。4人が四隅を持って広げてみると、

藍染の綿布で作った箱形の蚊帳で、長辺と短辺の上部に等間隔に細長いベルト状の布がついていた。本体の布は手織りであったが、ところどころに大小の藍色の布を当てて細かくかがってあった。このあて布は、手織りの布や機械織りの布など複数の種類があり、蚊帳を補修しながら使い続けてきたことを示している。一方のベルト状の布は、表に赤色無地の綿布、裏に青い花柄のプリント綿布を使用して縫い合わせたもので、本体に縫いとめた部分が輪になっている。「耳」はついていないので、この輪に竹竿を通して蚊帳を張るのであろう。またベルトの先端は先が尖った形になっていて、ベージュ色の綿糸で作った小さな丸い房飾りが3個ずつ縫いとめてある。居合わせた傣の人たちが、短辺が両手を広げた幅よりも短いから、この蚊帳は1人用だと判断していた。両手を広げた長さを「ワー」と言い、物の長さを計る単位になっているのである。昔は結婚した時に新しい蚊帳を作る習慣があったそうだが、現在は作られてはいない。この女性の娘が結婚した時には、市販の蚊帳を買って贈ったという。

❖おわりに

　雲南省徳宏州と西双版納州の調査では、ごく少数の人たちからではあったが、傣の「伝統的な蚊帳」について情報を得ることができた。そのポイントをまとめると、次のようになる。
①蚊帳は基本的な生活用具の1つで、染織にかかわる仕事として女性が作るもの、結婚の際に新調されるものとされていた。
②徳宏州のタイ・マオの場合、蚊帳の形状は箱形で、本体に白い綿布が使用された。
③西双版納州のタイ・ルーの場合、蚊帳の形状は箱形で、本体は藍染の綿布、本体上部にベルト状の布が加えられていた。張り方は、ベルト状の布の輪に竹竿を通すものであった。
④「伝統的な蚊帳」は現在ほとんど使用されていないが、結婚の際に市販の蚊帳を贈るという習慣が残っており、市販の蚊帳は使い続けられている。
　つまり、傣の蚊帳をラオス北部の蚊帳と比較してみると、蚊帳の形状については相互に異なる特徴が認められるが、蚊帳の基本的なあり方や、現在の状況については共通した状況にあると言えるだろう。
　さらに布製品としての蚊帳について、気づいたことを書きとめておきたい。

ラオス北部でも雲南省でも、「伝統的な蚊帳」は、染織の仕事とのかかわりの中で、手織りの綿布の用途としてとらえられていた。蚊帳の本体を構成する生地は、観察したところ単純な平織りであるから、織ること自体はさほどむずかしいものではない。もし使用を思いとどまらせる理由があるとすれば、第3部第2章第1節にもあるように、洗濯することの難しさの方が大きいだろう。手持ちの資料を計測してみると、巻きスカート1着が90×140cm、毛布1枚が180×100cm程度の布でできているのに対し、タイ・ダムの蚊帳は天井と側面に200×180cmの布3枚と180×180cmの布2枚を縫いあわせていた。ボリュームの点で、蚊帳は他の布製品の比ではないのである。資料の蚊帳を浴槽で洗浄したことがある。ほこりを洗い落とすのは時間をかければできるが、乾かすのが問題であった。重すぎて洗濯機では脱水できないし、水切りしたのち干場に運ぶのに苦労した。ラオス北部の聞き取りで、タイ・デーンやタイ・ダムの女性たちが洗うのが大変と言っていたことを実感した。

　雲南省の傣の蚊帳は、タイ・デーンやダイ・ダムの「伝統的な蚊帳」のような飾り帯はないので、アンティーク・テキスタイルとして売買やコレクションの対象にはなっていない。ラオス各地のアンティーク・ショップでは、蚊帳全体が売られている例は少ないが、切り取られた飾り帯が店頭に並ぶ光景はしばしば目にする。しかし、熱帯雨林民族文化博物館の展示で、また傣の村で、蚊帳の全体像を見た時、また、女性たちから生活用具を整える仕事の1つとして蚊帳の製作について話を聞いた時、全体があってこその蚊帳であり、飾り帯だけが切り取られ、本体が見捨てられるということがいかに例外的であるかを思い知らされた。

　雲南省の傣の人びとにとって、「伝統的な蚊帳」は染織に関する伝統を表すモノの1つである。しかし、染織のうち民族衣装については、第3部第1章で示したように、工業製品素材や既製品の購入が進んでいて、その変化は急速に進んでいる。手織りを続けていた人、蚊帳について語ってくれた人は、みな高齢者であった。2010年西双版納熱帯植物園では、伝統染織に関連した技術や植物利用の知識が失われつつある現状に対し、その保全や活用を進めるために、研究プロジェクトを立ち上げたところであった。テクニックや文様の美しさだけが染織を評価する基準ではない。植物利用にもとづく染織技術や布とともにある暮らしを体現するモノとして、蚊帳の存在があらためて注目されるのである。

あとがき

　本書は、科学研究費補助金基盤研究B「『大国』と少数民族—東南アジア大陸部山地における中国ヘゲモニー論を超えて」(20401009)による研究の成果を公開したものである。この研究プロジェクトには、研究代表者として落合雪野が、研究分担者として白川千尋、松田正彦、柳澤雅之、横山智が参加し、2008年度から2011年度にかけて、ミャンマー、ラオス、ベトナム、中国雲南省でフィールドワークをおこなった。また、ボナンノ・ジャンルカは、2009年のミャンマー北部での調査に同行した。本書の論考は、この研究プロジェクトで得た知見を中心に、それぞれが個別におこなってきた研究の成果を加えて、執筆したものである。フィールドワークにあたって、ご協力をいただいた各国の研究機関、観察や聞き取りを受けいれてくださった国境域の方々に、心から感謝を申し上げたい。

　研究プロジェクトの構想や成果の検討にあたっては、京都大学地域研究統合情報センター共同研究「東南アジア大陸部における人・モノ・情報・技術のフロー」(2007年～2008年度、代表：落合雪野)と「ストックとフローからとらえる東南アジア大陸部山地：自然資源利用におけるストック概念の再検討」(2009年度、代表：松田正彦)の機会を活用している。また、本書ができあがるまでの段階では、兼城糸絵さん(鹿児島大学法文学部准教授)に、中国語の表記についてご教示をいただいた。

　めこんの桑原晨さんには、本書の企画にご賛同をいただき、刊行にいたるまでの2年半の間に、多くのご支援をいただいた。とくに、「国境域の臨場感を描く」「筆者の直感を伝える」といった方針をご提示いただいたことは、筆者ひとりひとりへの大きな刺激となった。一般の研究書とはやや異なった性格を持つ書籍として、研究の成果を社会に開くことができたのは、このご助言のおかげである。ここに記して深く御礼を申し上げたい。

2014年5月

落合 雪野

索引

あ

アウンサン … 14, 27, 65
アカ（人） … 134-136, 141, 148, 154, 158, 160, 172-175, 177, 195
ASEAN … 15, 19, 45
アヘン …… 14-15, 28, 115
移住 …… 14, 56, 57, 59, 60, 105, 108, 111, 112, 115, 127, 150, 163, 178, 183, 187, 206, 209, 210, 214
稲作 …… 14, 56, 57, 59, 60, 105, 108, 111, 112, 115, 127, 150, 163, 178, 183, 187, 206, 209, 210, 214, 234
イネ …… 14, 56, 57, 59, 60, 105, 108, 111, 112, 115, 127, 150, 163, 178, 183, 187, 206, 209, 210, 214, 234
ヴィエンチャン … 14, 56, 57, 59, 60, 105, 108, 111, 112, 115, 127, 150, 163, 178, 183, 187, 206, 209, 210, 214, 234
雨季作 …… 14, 56, 57, 59, 60, 105, 108, 111, 112, 115, 127, 150, 163, 178, 183, 187, 206, 209, 210, 214, 234
ウドムサイ ……… 14, 56, 57, 59, 60, 105, 108, 111, 112, 115, 127, 150, 163, 178, 183, 187, 206, 209, 210, 214, 234
ウドムサイ県 …… 14, 56, 57, 59, 60, 105, 108, 111, 112, 115, 127, 150, 163, 178, 183, 187, 206, 209, 210, 214, 234
陸稲 …… 14, 56, 57, 59, 60, 105, 108, 111, 112, 115, 127, 150, 163, 178, 183, 187, 206, 209, 210, 214, 234

か

化学繊維 …… 178, 185-186, 188-190, 192-194, 206-208, 211, 217, 220, 222, 229
化学肥料 …… 75-77, 79, 87, 101, 114, 120, 136
拡大メコン圏 16, 22, 45, 58
華人 ……… 34, 38, 134, 165
カチン（人） …… 14, 72, 95, 172, 178-182, 184
カチン州 … 8, 12, 15, 20, 25-26, 29, 31, 83, 171, 178-181, 184, 186
カチン独立機構（KIO）……… 11, 28-29, 66
カムー（人） …… 134-135, 206
カヤー州 … 15, 26
カレン州 … 15, 26
カレン民族同盟（KNU） …………… 28, 66
乾季作 …… 72, 74-779, 89, 100-101, 141-142, 163-164
換金作物 … 84, 89, 119, 121, 131-132, 153
観光客 …… 17, 31, 39, 55, 58, 60, 71, 83, 182-183, 189, 191
観光地 …… 14, 83, 170
漢人 ……… 13, 21, 57-58, 95, 98-99, 103-104, 115, 131-132, 141, 147, 155, 163
キアイ …… 170, 188, 204, 229-230
絹糸 …… 170, 180, 201, 204
キャッサバ … 102-104, 114-115, 119, 121, 126, 130-132, 141
キン（人） … 13, 19, 33, 36-40, 58-60, 105, 108-109, 115, 124-125
昆明 ……… 8, 17, 38, 49, 95-96, 126, 144, 154-155
経済回廊 … 45, 49, 51, 53
経済特区 … 11, 97-98
携帯電話 … 16, 57, 59, 73, 113, 124-125, 127

索引　　235

ケシ　………14-15, 21, 28-29, 32, 39, 84, 106, 115, 119
検問所　……9, 11, 71, 80-81
国際国境ゲート　　9-11, 16, 31, 46-49, 51, 58, 71, 163-164, 175, 185-186
国境ゲート…8-9, 11-13, 18, 30-32, 36, 46-51, 53-58, 60, 69, 71, 79-80, 95, 118, 134, 137, 152, 157 -162, 164
国境線　……8-9, 12-13 15, 17, 31, 33-36, 44, 49, 53-54, 71-72, 76, 77, 80-81, 95-97, 107-108, 118, 135, 164, 193-195
国境貿易　…29-31, 36, 70

さ

栽培技術　…119, 139, 147, 163
在来品種　…76-77, 113
ザオ（人）…37, 108
サトウキビ…16, 116, 139, 141, 148, 150, 152-154, 157-162, 164, 173, 193
サパ　………39, 105-106
サワンナケート県　46-47, 50, 141
西双版納州…8, 10, 17, 19, 135-136, 139, 144-146, 152-154, 157, 171-173, 175-177, 185, 188, 190, 192-194, 210, 224, 228-231
資金　………7, 15, 28-29, 31, 54, 75-76, 83, 103 , 140, 154, 223
シャン（人）……14, 18, 20-21, 26-27, 69, 71-73, 75-77, 81, 83-84, 91, 95, 172, 185-187, 189-190, 193-194, 196
シャン州　…8, 16, 19-21, 25-26, 28-29, 65, 67-70, 79-80, 82-83, 90-91, 94-96, 98-101, 103-104, 171, 177, 179, 185-187, 189-190, 192-193
シュエリー川　…8, 71, 96-77, 80, 96, 193
ジュズダマ属……170, 172-173, 176-177, 193, 183

植民地　……12, 14, 26-27, 35, 37-38, 65
植民地期　…19, 34, 37-38, 106, 115
植民地政府…26, 37-38, 70, 83
景頗（人）…8, 69, 98-99, 101-104, 171-172, 178, 181-184, 196
景洪　………176-177, 188, 191-193
森林産物　……16, 102, 109, 116, 119, 123, 131
スイカ　……73, 98, 100, 137-139, 141-142, 144
スイギュウ…75-77, 109, 113
水田　………8, 12, 71-72, 76, 84, 86-89, 96, 100-102, 111, 114, 120, 131, 133, 157, 137, 139, 141-142, 144, 148, 153-154, 156-157, 162-163, 193
水稲作　……39, 75, 84, 89, 99, 101, 109, 129-130, 154, 162
ソンラー省…35-36, 39-40

た

ターイ（人）………37-38, 41, 116
徳宏州　……8-9, 11, 20-22, 95-97, 99, 101, 103-104, 171, 178-179, 181-186, 188, 190-191, 193, 229, 231
タイ（人）　………16, 185
傣（人）……8, 46, 69, 95-96, 98-102, 104, 129-131, 135, 171-172, 176-178, 183, 185, 188-192, 194, 196, -228-232
タイ・ダム（人）…19, 174, 199, 200-201, 204-207, 209-210, 212-216, 225, 228, 232
タイ・デーン（人）……19, 199-202, 204-206, 208-210, 212-214, 216, 225-226, 228, 232
タイ・ヌア（人）…174
タイ・マオ（人）…186, 229, 231
タイ系民族…12, 44, 185-186, 189-191, 193-195, 228

ダイズ　　…… 84, 86, 100, 121
タイ製　　…… 134, 173-175, 185, 189-193, 206-212, 218-225, 229
タウンヂー … 67, 69, 82-84, 86-88, 185
棚田　……… 20, 71, 86, 89, 94, 105-114, 119-121, 126-127, 129-133
タラート・チン　… 134, 222
チェンラーイ県　… 16, 186
チャイントン　…… 186, 192-193
中国元　…… 16, 76, 80
中国語　…… 58, 69, 98-99, 137, 147, 163, 233
中国人　…… 31, 54, 56, 61, 71, 98, 137, 140, 153, 157, 189, 222
中国製　…… 57-58, 69, 73-75, 77, 116, 123, 126, 132, 134-135, 173, 175, 177, 179, 185-190, 192-194, 199, 206, 208, 209, 219-220, 222-225
通貨　……… 16, 30, 76, 148
通行許可証 … 9, 11, 157, 164
ディエンビエン省 …………………… 8, 36
ディエンビエンフー ………………… 206
定期市　…… 18, 39, 107-108, 115-118, 123-124, 126, 129, 132-134, 173
手織り……… 170-174, 179-184, 187-188, 191, 194-195, 215, 228, 229, 231-232
電動バイク … 57
トウモロコシ　…… 39-40, 84, 100, 102-104, 114-115, 119, 121, 126, 130-132, 141, 144, 147, 161, 207
土地利用　… 59, 90, 100, 102, 119, 129, 133, 136-137, 162

な

内戦　……… 15, 27-28, 44, 6566, 178
ナンカン　…… 31, 68-69, 71, 76-77, 79-81, 179, 185-187, 189, 193-194
難民　……… 15, 44, 66

二期作……… 73, 77-78, 100-101, 130, 132, 162, 164
ネーピードー　…… 25, 82
農業技術　…… 18, 76, 79, 81, 88, 94, 129, 139
農産物……… 17, 19-20, 49, 71, 87, 93, 109, 115-116, 119, 123 ,131
農薬　……… 75-76, 87, 101, 114, 120, 136, 138, 147-148
農林産物　…… 49, 51, 140, 157, 161-162, 164

は

バイク……… 16, 46, 55, 57, 59, 31, 73, 85, 88, 97, 118, 120, 124-125, 127, 131, 137, 158
ハイブリッド品種　…… 75-77, 79, 81, 101, 131
パオー（人）　…… 18, 69, 83-86, 88-91
パオー民族機構（PNO）… 83-84, 86, 88, 90
ハザン省　… 3, 36, 105, 110
パスポート　…… 9, 46, 55-56, 157, 163-164
バナナ……… 50, 116, 130-131, 141, 144-150, 156-157, 162-163
哈尼（人）… 3, 8, 129-133, 152, 172, 175-177, 195, 230
ハニー（人）… 37, 108, 111, 129
ハノイ　…… 16, 37, 108, 124, 133
バモー……… 178-179, 181-182
パラウン（人）…… 72, 187
パラゴムノキ　…… 16, 103-104, 130-131, 135-136, 140-141, 144-145, 147, 207, 209
バンコク　…… 16, 49, 191, 193-194
翡翠　……… 16, 83, 98
ビルマ（人）　…… 13-14, 18, 25-27, 65, 68, 70, 72, 83, 181
普洱　……… 8, 154
河口　……… 3, 58, 60
プーノーイ 134-136, 140-141, 148, 175
フエイサーイ　…… 49, 223
紛争　……… 14, 18, 32-34, 65, 93, 178

ベトナム製 … 58, 116, 124, 174-174, 219
ホアパン県 … 8, 121
ホー（人）… 147, 163, 175
ボーテン …… 2, 17, 49, 163-164, 175, 224
ポンサーリー県 … 3, 8, 19, 50, 121, 134-135, 137, 139, 141, 144, 146, 150, 152, 154, 156, 158, 160-164, 171-175, 210-211, 213
紅河州……… 8, 18, 115, 118

ま

麻薬 ……… 14-15, 29, 32
芒市 ……… 95-96, 181, 183
マンダレー … 25, 69-71, 83, 185-187
ミッチーナー …… 178-184
民族衣装…… 14, 19, 39, 90, 116, 169-179, 181-185, 189, 191, 193-196, 228, 232
ムアンコア … 174, 219, 223
ムアンシン … 158, 173-175, 219, 223-224
ムーセー …… 2, 29-31, 53-57, 68-71, 76-77, 79-81, 95-96, 98, 186-186, 190, 193
メコン川 …… 12, 16-17, 45, 49, 163, 223
綿糸 ……… 170, 173-177, 179, 181, 191, 201, 204, 231
綿布 ……… 170, 173-178, 185, 187-190, 204, 211, 229-232
磨憨 ……… 3, 10, 175, 177, 224
モーラミャイン … 26, 49
モン（人）… 14, 18, 21, 26-27, 37, 39, 58-61, 105-108, 110-113, 115-117, 119, 121, 123-127, 129, 132, 134-135, 174, 196
勐腊 ……… 175, 177, 192-193, 224
勐腊県……… 175-178, 191-193, 229-230

や

焼畑 ……… 12, 39, 71, 84, 86, 91, 94, 98, 102-103, 106, 112, 114-115, 130-131, 135, 144, 147, 150, 152, 154, 172, 196
ヤンゴン …… 25, 69-70, 73, 83, 178, 180-181, 186-187
雲南省……… 9-10, 14, 16-22, 34, 37, 45-46, 49, 69, 76-77, 79, 95, 98, 126, 129, 133-136, 154, 163, 171-172, 175, 177-178, 188, 194, 210, 224, 228, 229-233

ら

ラーオ（人）…… 13, 134-135, 172, 185
ラーショー … 98, 185
ライチャウ省 …… 3, 8, 18, 20, 36, 39, 107, 110, 115, 123-124, 127, 129
ラオカイ …… 3, 38, 58-60, 108
ラオカイ省 … 3, 8, 36, 39, 105, 110
ラオス製 …… 174, 206, 208, 217, 222-225
ランソン省 … 3, 36
リュウキュウアイ …………… 170, 173, 204
ルアンナムター … 153, 174, 205, 207-208, 219, 221, 223-225
ルアンナムター県 … 2, 8, 16, 19, 46, 134-136, 144, 153, 156-161, 164, 171-175, 205, 209, 212-213, 224
ルアンパバーン … 16, 34, 38, 44, 134, 174, 211, 220, 222-223
ルアンパバーン県 …… 171, 209-213, 215-216
瑞麗 ……… 2, 53-57, 95-98, 103-104, 181-182, 186-189, 193-194, 229
瑞麗江……… 96-97, 99
ルビー ……… 16, 83, 98
ローカル国境ゲート … 11, 46-47, 49, 51, 157-158, 161-164, 175, 193

わ

ワタ ……… 130, 170, 172, 180-181, 187, 212

落合雪野(おちあい・ゆきの)
1967年生まれ。
鹿児島大学総合研究博物館准教授。
京都大学大学院農学研究科博士後期課程修了。
博士(農学)。
専門：民族植物学、東南アジア研究。

白川千尋(しらかわ・ちひろ)
1967年生まれ。
大阪大学大学院人間科学研究科准教授。
総合研究大学院大学文化科学研究科修了。
博士(文学)。
専門：文化人類学。

松田正彦(まつだ・まさひこ)
1972年生まれ。
立命館大学国際関係学部教授。
京都大学大学院農学研究科博士後期課程中退。
博士(農学)。
専門：熱帯農業生態学、ミャンマー地域研究。

柳澤雅之(やなぎさわ・まさゆき)
1967年生まれ。
京都大学地域研究統合情報センター准教授。
京都大学大学院農学研究科博士後期課程修了。
博士(農学)。
専門：農業生態学、ベトナム地域研究。

横山　智(よこやま・さとし)
1966年生まれ。
名古屋大学大学院環境学研究科教授。
筑波大学大学院地球科学研究科博士後期課程中退。
博士(理学)。
専門：地理学、ラオス地域研究

ボナンノ・ジャンルカ (Bonanno Gianluca)
1983年生まれ。
京都大学東南アジア研究所連携助教。
立命館大学大学院国際関係研究科博士後期課程修了。
博士(国際関係学)。
専門：国際関係論、政策科学、東南アジア地域研究。

国境と少数民族

初版第 1 刷発行　2014 年 7 月 25 日
定価 2800 円＋税
編著者　落合雪野
装丁　水戸部功
発行者　桑原晨
発行　株式会社めこん
〒 113-0033 東京都文京区本郷 3-7-1
電話 03-3815-1688　FAX 03-3815-1810
URL： http://www.mekong-publishing.com
組版　面川ユカ
印刷・製本　太平印刷社

ISBN978-4-8396-0280-2　C1030　￥2800E
0397-1404280-8347

JPCA 日本出版著作権協会
　　　　http://www.e-jpca.com/

本書は日本出版著作権協会（JPCA）が委託管理する著作物です。本書の無断複写などは著作権法上での例外を除き禁じられています。複写（コピー）・複製、その他著作物の利用については事前に日本出版著作権協会（電話 03-3812-9424　e-mail:info@e-jpca.com）の許諾を得てください。

めこんの本

オリエンタリストの憂鬱
――植民地主義時代のフランス東洋学者とアンコール遺跡の考古学
藤原貞朗
定価4500円+税
★サントリー学芸賞受賞★渋沢・クローデル賞受賞。
19世紀後半にフランス人研究者がインドシナで成し遂げた学問的業績と植民地主義の政治的な負の遺産が織り成す研究史。

フィリピン歴史研究と植民地言説
レイナルド・C.イレート他著／永野善子訳
定価2800円+税
アメリカのオリエンタリズムと植民地主義に基づくフィリピン研究を批判。ホセ・リサールの再評価を中心にフィリピンの歴史をフィリピン人の手に取り戻そうという熱い試みです。

ラオス農山村地域研究
横山智・落合雪野編
定価3500円+税
社会、森林、水田、生業という切り口で15名の研究者がラオスの農山村の実態を探った初めての本格的研究書。焼畑、商品作物、水牛、中国の進出…今のラオスを理解する上で欠かせないテーマばかりです。

ディアスポラの民モン――時空を超える絆
吉川太惠子
定価3500円+税
ベトナム戦争でCIAに軍事訓練を受けて「特殊部隊」として組織された山岳民族モンは、戦争終結後、国を追われて四散。現在はラオスに残ったモン以外に、約30万人が海外に暮らしています。この「流浪の民」をアメリカ・フランス・オーストラリアに追って6年。徹底した面接調査をもとに彼らの特性をまとめあげた文化人類学の力作です。

現代ラオスの政治と経済　1995-2006
カム・ヴォーラペット／藤村和広・石川真唯子訳
定価4000円+税
2007年パリで出版されたあと、ラオス本国でも発売されて注目を浴びた、現代ラオスの政治・経済の概説書の完訳です。豊富な資料に基づき、1975年の解放後のラオスの政治・経済の流れをバランスよく解説し、さらにラオスの未来を予測します。

ムエタイの世界――ギャンブル化変容の体験的考察
菱田慶文
定価2500円+税
かつてはタイの国技と言われた最強の格闘技「ムエタイ」がなぜギャンブル・スポーツになったのか？現役プロ格闘家が国立カセサート大学に留学し、ムエタイ修行をしながらたどりついた結論は「ムエタイはタイ社会を映す鏡である」。